사울로서는
천국에 갈 수 없습니다

For Saul, you can't go to heaven

사울로서는 천국에 갈 수 없습니다

미가엘 선교회 지음

좋은땅

인사말

구약은 메시야의 초림에 대한 예언의 말씀입니다. 신약은 메시야의 재림에 대한 예언의 말씀입니다. 결론적으로 메시야가 재림하신다는 것이 핵심 요소입니다. 신약의 모든 포커스가 메시야의 재림에 맞춰져 있습니다.

예수 그리스도가 이 땅에 재림하셔서 믿는 백성들을 구원해 주시고 불신자들을 징벌해 주신다는 것입니다.

그러면 신랑 되신 그리스도를 우리가 맞이하기 위해서 무엇을 준비해야 합니까.

첫째는 복음에 합당한 예복을 갖춰 입고 믿음 생활을 살아야 한다는 것입니다.

둘째는 깨어 기도하며 살아야 한다는 것입니다.

예수 그리스도가 이 땅에 재림하시기는 하는데 언제 재림하실지 아무도 모릅니다.

예수님이 말씀했듯이 아들도 그 사실을 모른다는 것입니다. 오늘 오실지, 내일 오실지, 모레 오실지 아무도 알 수 없다는 것입니다. 오직 아버지만 아신다는 것입니다.

'마태복음 25:13' '그런즉 깨어 있으라 너희는 그 날과 그 시를 알지 못하느니라'고 말씀합니다.

그런즉 우리가 예수님의 재림을 어떤 마음으로 기다리고 있어야 합니까?

우리가 영적으로 깨어 기도하며 신랑을 맞이할 수 있도록 기다리고 있어야 한다는 것입니다. 그런데 신랑 예수님을 기다리는 신부들이 경계해야 할 것이 있습니다.

그것이 무엇입니까. 신랑 예수님이 초저녁에 온다고 잔뜩 기다리고 있었는데 초저녁이 지나도 오시지 않는 겁니다. 초저녁이 지나고 새벽녘에 오실까 생각하고 잔뜩 기다리고 있었는데 동이 떠올라도 신랑을 오시지 않는 것입니다. 해가 중천에 뜨고 대낮이 되었는데도 오신다는 신랑은 오시지 않는 것입니다.

이때 우리들은 어떻게 합니까. 신부들은 긴장감이 풀어지고 나태해질 수 있다는 것입니다.

아무리 기다려도 신랑이 안 오니까 나중에는 기다림을 포기해 버릴 수 있다는 것입니다.

우리 그리스도인들이 이것을 조심해야 한다는 것입니다. 하루, 이틀, 한 달, 일 년이 지나도 신랑은 반드시 오시니까 끝까지 긴장을 늦추지 말고 깨어 기도하며 신랑을 맞이할 수 있도록 해야 한다는 것입니다.

그리하여 신랑 예수님이 온다는 음성이 들려오면 그 즉시 달려나가 신랑을 맞이해야 할 줄 믿습니다. 오늘 안 오신다고 나태해지거나 느슨해지지 말고 신랑 예수님은 반드시 재림하신다는 믿음을 가지고 간절히 사모하며 기다려야 할 줄 믿습니다. 하나님의 때에 신랑 예수님은 반드시 재림하시는 것입니다.

사울로서는 천국에 갈 수 없습니다

우리는 이것 때문에 방심하지 말고 신랑이 오늘 오신다는 마음으로 깨어 준비하고 있다가 신랑을 맞이하는 우리 모두가 되어야 할 줄 믿습니다. 이것이 바로 신부가 갖추고 있어야 할 복음의 합당한 예복인 것입니다. 우리 크리스천들은 복음의 합당한 예복을 갖춰 입고 신랑 예수님을 기쁨으로 맞이하는 하나님의 자녀들이 다 되시기를 소망합니다.

할렐루야 아멘.

목차

1. 예수 그리스도의 세계라

마태복음 1:1-24

하나님이 우리 인간을 창조하신 목적이 어디에 있었습니까. 웨스터민스터 신앙고백서 제1항에 보면 '사람이 제일 되는 것은 하나님을 영화롭게 하고 영원토록 기쁘게 하는 데' 있다고 기록하고 있습니다.

성경은 자주 이러한 표현이 등장합니다. '고린도전서 10장 31절'에 '그런즉 너희가 먹든지 마시든지 무엇을 하든지 다 하나님의 영광을 위하여 하라'고 말씀합니다. '시편 57편 11절'에 '하나님이여 주는 하늘 위에 높이 들리시며 주의 영광은 온 세계 위에 높이지기를 원하나이다'라고 하나님을 찬양하고 있습니다. 인류를 창조된 목적대로 모든 피조물(인간, 만물, 우주)들은 하나님께 영광 돌리며 살아가야 하는 것입니다.

'마태복음 1장'은 최초로 지음받은 아담이 살았던 에덴 동산을 다시 회복해 주시는 회복의 장입니다. 새 예루살렘을 회복해 주는 장입니다.

하나님은 우리 인간을 위하여 최초로 에덴을 마련해 주셨습니다.

에덴 동산을 창설하신 후 동산을 관리할 청지기로 우리 인간을 선택하여 주셨습니다.

그 내용이 창세기 2장에 나와 있습니다. 하나님은 우리 인간을 에덴 동산을 관리하는 청지기로 세워 주시면서 지켜야 할 법을 제정해 주셨습니다. 하나님은 우리 인간에게 동산 청지기로 살면서 무엇을 지키라고 말씀하여 주셨습니까. '동산에 있는 모든 실과는 임의로 먹을 수 있지만, 동산 중앙에 있는 선악과는 따 먹지 말라는 금지령'이었습니다. 우리 인간이 동산 청지기로 살면서 하나님이 금지한 법만큼은 반드시 지켜야 했습니다. 만약 하나님이 금하신 법을 어기고 선악과를 따 먹는 경우는 어떻게 된다고 말씀하여 주셨습니까. 반드시 죽을 것이라고 경고하여 주셨습니다.

그런데 우리 인간이 하나님이 금하신 법을 지켰습니까.

아니면 어겼습니까. 하나님이 금하신 법을 그만 어기고 사단의 유혹을 받아 선악과를 따 먹고 말았습니다.

이때 하나님은 우리 인간을 어떻게 하셨습니까. 하나님의 명령에 불순종한 우리 인간을 징계하셨습니다. 에덴 동산을 관리하는 청지기의 역할을 박탈하시고 에덴에서 추방시켜 버리셨습니다. 하나님의 징계에도 불구하고 우리 인간을 사랑하셔서 여자의 후손을 통하여 인류를 구원할 메시야를 보내 주시겠다고 약속하여 주셨습니다. 하나님은 우리 인간을 위하여 새로운 대안을 마련해 주신 말씀이 '창세기 3장 15절'에 나와 있습니다. '내가 너로 여자의 원수가 되게 하고, 너의 후손도 여자의 후손과 원수가 되게 하리니, 여자의 후손은 네 머리를 상하게 할 것이요'라며 메시야를 보내 주시겠다고 약속하여 주셨습니다. '창세기 3장 15절' 약속이 오늘 드디어 마태복음 1장에서 성취되고 있는 것입니다.

수천 년 전에 메시야를 보내 주시겠다고 한 약속이 '마태복음 1장'에서 이루어지고 있는 것입니다. '창세기 3장 15절'의 약속대로 인류의 메시야가 여자의 후손으로 이 땅에 오신 것입니다.

본문 1절에 기록된 말씀처럼 인류의 메시야가 우리 믿음의 조상 아브라함과 다윗의 계보를 통하여 오게 된 것입니다. 그러면 인류의 메시야가 이 땅에 오신 목적이 어디에 있었습니까. 메시야가 이 땅에서 하실 일이 무엇입니까. '마태복음 1장 21절'에 메시야가 이루실 목적이 무엇인지 나와 있습니다. '아들을 낳으리니 이름을 예수라 하라 이는 그가 자기 백성을 저희 죄에서 구원할 자이심이라'고 말씀합니다. 바로 이 목적을 이루기 위해서 메시야가 이 땅에 오신 것입니다. 인간의 범죄로 말미암아 잃어버린 에덴 동안을 다시 회복해 주시기 위해서 메시야가 오신 것입니다. 인류를 죄악에서 구원해 주기 위해서 예수님은 가장 낮은 말구유에서 탄생하셨습니다. 그후 예수님은 소외된 영혼들을 섬기시고 돌보시는 데 목숨까지 바치셨습니다. 십자가에 죽으시고 부활하시므로 인류의 죄를 용서하여 주셨습니다. 그런즉 누구든지 '그리스도 예수'를 믿으면 죄를 용서받고 구원을 받을 수 있는 것입니다. '에베소서 1장 7절'에 '우리가 그리스도 안에서 그의 은혜의 풍성함을 따라 그의 피로 말미암아 구속 곧 죄 사함을 받았으니'라고 말씀합니다.

지금은 부활 승천하셔서 하나님 우편에 앉아 계셔서 우리를 위해 중보기도를 해 주시고 있습니다. 이후로 우리 예수님은 심판주로 다시 이 땅에 강림하시기 위하여 하나님의 명령을 기다리시고 있는 중입니다. 초림주로 오실 때에도 자기 뜻대로 오시지 않으시고 하나님이 작정하신 날에 오신 것처럼 강림하실 때도 하나님이 작정하신 날에 오시는 것입니다. 하나님의 때에 오시는 것입니다. 우리 예수님은 하나님의 때에 오시기 때문에 재림의 날을 아무도 알지 못합니다. 오직 하나님 아버지만 아십니다. 예수님은 그 사실을 직접 말씀하여 주셨습니다. '마가복음 13장 32절'에 '그러나 그 날과 그 때는 아무도 모르나니 하늘에 있는 천사들도 아들도 모르고 아버지만 아시느니라'고 말씀하여 주셨습니다.

장차 우리 예수님이 재림주로 오실 때에는 아브라함과 다윗의 혈통에서 오시는 것이 아닙니다. 마지막 때 우리 예수님은 어떤 모습으로 오십니까. '사도행전 1장 10-11절'에 '올라가실 때에 제자들이 자세히 하늘을 쳐다보고 있는데 흰 옷 입은 두 사람이 저희 곁에 서서' '가로되 갈릴리 사람들아 어찌하여 서서 하늘을 쳐다보느냐 너희 가운데서 하늘로 올리우신 이 예수는 하늘로 가심을 본 그대로 오시리라 하였느니라'고 말씀하여 주십니다. 예수님은 제자들에게 자신이 재림하실 때에 하늘에서 구름을 타시고 직접 강림하신다고 말씀하여 주셨습니다.

우리 예수님은 요한계시록에 기록된 말씀대로 우레와 천둥소리를 동반한 채 하늘에서 구름을 타시고 강림하신다는 것입니다. 우리 예수님이 심판주로 오실 때에는 모든 인류가 강림하시는 영광스러운 예수님의 모습을 지켜보는 가운데 오신다고 성경은 말씀하시고 있습니다.

예수님이 십자가에 죽으실 때 창으로 찌른 로마 군병도 눈으로 본다는 것을 요한계시록 1장에서 말씀하시고 있습니다.

성경은 예수님의 재림 시 나타날 징조에 대해서 이렇게 말씀합니다. '데살로니가전서 4장 16절'에 '주께서 호령과 천사장의 소리와 하나님의 나팔로 친히 하늘로 좇아 강림하시리니 그리스도 안에서 죽은 자들이 먼저 일어나고 그 후에 우리 살아 남은 자도 저희와 함께 구름 속으로 끌려 올려 공중에서 주를 영접하게 하시리니 그리하여 우리가 항상 주와 함께 있으리라'고 말씀합니다. '베드로후서 3장 10절'에는 '그러나 주의 날이 도적 같이 오리니 그 날에는 하늘이 큰 소리로 떠나가고 체실이 뜨거운 불에 풀어지고 땅과 그 중에 있는 모든 일이 드러나리로다'라고 말씀합니다.

'마태복음 26장 64절'에도 '예수께서 가라사대 네가 말하였느니라 그러나 내가 너희에게 이르노니 이 후에 인자가 권능의 우편에 앉은 것과 하늘 구름을 타고 오는 것을 너희가 보리라 하시니'라고 말씀합니다. 주가 재림하실 때는 우리 예수님께서 천사장의 나팔 소리와 함께 하늘에서 구름을 타시고 오시는 장면을 모든 인간들이 지켜볼 것이라고 말씀하시고 있는 것입니다. 수천 년 전에 잠들었던 사람뿐만 아니라 현재 살아 있는 모든 사람들도 빠짐 없이 주의 강림을 보게 될 것이라는 것입니다. 예수님을 십자가에 죽인 빌라도도 볼 것이요 예수님을 십자가에 못박히게 한 유대의 종교 지도자들, 로마 네로도, 유대인을 학살한 히틀러도, 철학자 소크라테스도, 애굽의 바로도, 바벨론의 느부갓네살도, 북한 김일성도 하늘에서 구름을 타시고 오시는 예수님을 다 볼 것입니다.

예수님의 강림을 못 볼 사람은 아무도 없습니다. 아담으로부터 출생한 모든 인류가 예수님을 다 볼 것이라는 것입니다. 우리도 살아생전에 오신다면 우리 눈으로 하늘에서 구름을 타시고 오시는 예수님의 모습을 직접 볼 것입니다.

다시 한번 주님의 재림 시 무슨 징조가 일어납니까. 온 우주가 진동하며 해와 달과 별들이 빛을 잃고 온 땅은 칠흑같이 어두움에 잠기게 될 것입니다. 천지가 떠나갈 듯 천둥소리와 우레가 천지를 진동할 것입니다. 사람들이 천둥소리에 너무 놀라서 이게 무슨 일이야 하면서 탄식할 것입니다. 사람들이 다 무서워 놀랄 것입니다. 사람들이 토굴 속에 숨어 있든지 동굴 속에 숨어 있든지 어느 곳에 있든지 지축이 흔들리고 부서지니까 너무 무서워 견딜 수 없는 공포심에 사로잡혀 밖으로 나와서 하늘을 쳐다볼 것입니다. 이때 하늘에서 그리스도가 강림하신다는 것입니다. 그래서 모든 인류가 주의 강림하시는 영광스러운 모습을 다 본다는 것입니다.

그러면 우리 예수님이 강림하시면 또 어떤 일이 일어납니까. 하나님을 믿는 백성들은 천국에 들어가게 하시고, 믿지 않는 불신자들은 지옥에 들어가게 한다는 것입니다. 하지만 아직은 결정되지 않았습니다. 이 점을 뒷받침해 주는 말씀이 있습니다. '고린도전서 15장 22절'에 '아담 안에서 모든 사람이 죽은 것같이 그리스도 안에서 모든 사람이 삶을 얻으리라' '그러나 각각 자기 차례대로 되리니 먼저는 첫 열매인 그리스도요 다음에는 그리스도 강림하실 때에 그에게 붙은 자요' '그 후에는 나중이니 저가 모든 정사와 모든 권세와 능력을 멸하시고 나라를 아버지 하나님께 바칠 때'라는 말씀에서 보듯이 아직 우리가 가야 할 나라가 결정되지 않았다는 것을 확인해 볼 수 있는 말씀입니다.

우리 인간들은 어느 곳에 잠들어 있는 상태라고 말씀하시고 있습니다.

예수님이 십자가에 매달린 강도에게 오늘 내가 나와 함께 낙원에 있으리라고 한 그 말씀을 보면 모든 사람이 천국이 아니라 낙원에 머물고 있을 것이라는 것입니다. 이것은 확실한 것은 아니지만 성경 말씀을 통해서 보니까, 그렇다는 것입니다. 예수님이 재림하신 후 예수님의 판단에 따라 천국과 지옥으로 분류된다는 것입니다. '각각 차례대로 되리니 먼저는 첫 열매인 그리스도요 그에게 붙은 자가 다음이라고 한 말씀'에서 그 뜻을 찾아볼 수 있습니다. 우리 인간들은 첫 열매인 그리스도를 통하지 않고서는 어느 누구도 천국에 갈 수 없습니다. 예수 그리스도를 통해서만 천국에 갈 수 있습니다. '요한복음 14장 2절'에서도 '내 아버지 집에 거할 곳이 많도다 그렇지 않으면 너희에게 일렀으리라 내가 너희를 위하여 처소를 예비하러 가노니' '가서 너희를 위하 처소를 예비하면 내가 다시 와서 너희를 내게로 영접하여 나 있는 곳에 너희도 있게 하리라'고 말씀합니다.

본 말씀의 배경을 보면 아직 예수님이 재림하시지 않았기 때문에 우리가 거처할 처소를 다 예비하지 않았다는 것을 시사해 주시고 있습니다. '너희를 위하여 처소를 예비하면 내가 다시 온다'는 말씀에서 힌트를 발견할 수 있습니다. 우리 인간들은 잠들어 있는 상태에서 심판주로 오시는 우리 예수님을 보기 위해서 곧 깨어날 것이라는 것입니다.

이러한 측면에서 생각해 볼 때 우리는 심판주로 오실 주님을 맞을 준비를 철저히 해야 한다는 것입니다. 우리 예수님은 열 처녀의 비유를 통해서 우리가 주님을 어떻게 맞을 준비를 해야 하는지 알려 주셨습니다.

저는 기회 있을 때마다 열 처녀의 비유를 말씀하고 있습니다. 왜냐하면 이것이 우리에게 꼭 필요한 말씀이기 때문입니다. 열 처녀의 비유의 말씀을 잊어버리면 안 되기 때문입니다. 항상 기억하고 있어야 합니다.

본 비유에서 열 처녀는 아름답게 단장하고 신랑이 오기만을 기다렸습니다. 그러나 온다는 신랑은 오지 않고 자꾸만 시간이 흘러갔습니다.

이제나 저제나 신랑이 오기만을 기다렸는데 오신다는 신랑은 오시지 않고 지연되었습니다. 처녀들은 기다리다가 지친 나머지 그만 잠들고 말았습니다. 아무리 기다려도 오시지 않으니까 오늘도 오실 것 같지 않아서 긴장을 풀고 그만 잠들고 만 것입니다. 이것이 문제라는 것입니다. 신부가 다 잠들어 있는데 그때 마침 신랑이 온다는 전갈이 들려왔습니다. 여기에서 신랑 맞을 준비를 잘한 다섯 신부와 준비하지 않은 다섯 처녀의 운명이 어떻게 바뀌었습니까.

신랑을 맞이하기 위해서 철저히 준비했던 다섯 신부는 신랑을 기쁨으로 영접하고 천국 잔치에 참여하게 되었습니다. 이윽고 잔칫집 출입문이 굳게 잠기게 되었습니다. 그러나 준비하지 못한 다섯 처녀는 그제서야 시장에 가서 기름을 마련하여 등불을 켜고 신랑을 맞이하려고 했지만 이미 잔칫집 문은 굳게 닫힌 상태였습니다. 늦게 돌아온 다섯 처녀들이 문을 두드리며 열어 달라고 애원하였지만 닫힌 문은 더 이상 열려지지 않았습니다. 그렇습니다.

열 신부들이 신랑 맞을 준비를 잘한 것 같았지만 그렇지 못했습니다. 다섯 신부들은 준비를 잘하여서 신랑을 맞이하여 천국 잔치에 참여할 수 있었지만, 준비를 소홀히 한 다섯 처녀들은 천국 잔치에 참여하지 못하고 버림을 받게 된 것입니다. 그런즉 우리가 대충 준비하면 안 된다는 것입니다. 신부들은 신랑 맞을 준비를 철저히 해야 한다는 것입니다.

우리가 장차 올 신랑 맞을 준비를 철저히 하지 못하면 천국 잔치 자리에 초청을 받을 수 없습니다. 우리들에게 이러한 불상사가 일어나지 않도록 평상시 철저히 준비해야 할 줄 믿습니다. 준비하지 못하고 있다가 신랑이 왔다는 소식에 우왕좌왕하면서 맞이하지 못한다면 얼마나 억울합니까. 이러한 불상사가 일어나지 않도록 조심해야 하는 것입니다. 아직 시간이 많이 남아 있다고 여유를 부리면 곤란합니다. 이곳저곳을 다니면서 시간 낭비를 할 때가 아니라는 것입니다. 유명한 명승지나 찾아다니며 구경할 때가 아니라는 것입니다. 소문난 음식점을 찾아다니면서 먹을 때가 아니라는 것입니다. 물론 우리가 구경도 해야 하고 먹고 싶을 때는 먹어야 하지만 넋을 잃고 살지 말아야 하는 것입니다. 예수님이 재림하시면 마지막으로 하실 일이 있는데 그 일이 무엇입니까. 성도와 불신자들을 분류하시는 작업을 하신다는 것입니다. 양(성도)과 염소(불신자)를 나누는 작업을 하신다는 것입니다. 알곡(성도)과 가라지를 가려내는 작업을 하신다는 것입니다. 그리하여 가라지는 먼저 나누어 불사르게 단으로 묶어 지옥으로 보냄을 받게 하신다는 것입니다. 예수님은 왼편에 있는 염소들에게 뭐라고 말합니까.

'저주를 받은 자들아 나를 떠나 마귀와 그 사자들을 위하여 예비된 영영한 불에 들어가라' '바깥 어두운 데로 내어 쫓김을 당하고 슬피 울며 이를 갈이 있을 것이라'고 말씀하여 주셨습니다.

다음은 신실한 성도, 양들에게 예수님은 뭐라고 말씀합니까. '착하고 충성된 종아 내가 작은 일에 충성하였으매 내가 많은 것으로 네게 맡기리니 내 주인의 즐거움에 참예할지어다'라고 말씀하여 주시고 있습니다. 이렇듯 예수님이 재림하시는 목적은 이 세상을 새롭게 재편하여 새 하늘과 새 예루살렘을 만들기 위해서 강림하시는 것입니다.

그런즉 우리는 오늘 당장 예수 신랑이 오신다는 마음으로 정신 바짝 차리고 근신하여 깨어 기도하며 기다리고 있어야 한다는 것입니다. 우리 주 예수님께서 심판주로 오시는 것은 새 하늘과 새 예루살렘을 세우기 위해서 오시는 것입니다. 이때 예수님은 믿는 백성들은 새 하늘과 새 예루살렘으로 영접하여 주실 것입니다. 예수님을 불신했던 불신자들은 한 사람도 새 하늘과 새 예루살렘에 들어오지 못할 것입니다. '데살로니가전서 5장 1절' '형제들아 때와 시기에 관하여는 너희에게 쓸 것이 없음은 주의 날이 도적 같이 이를 줄을 너희 자신이 자세히 앎이라 저희가 평안하다 안전하다 할 그 때에 잉태된 여자에게 해산 고통이 이름과 같이 멸망이 홀연히 저희에게 이르리니 결단코 피하지 못하리라' '그러므로 우리는 다른 이들과 같이 자지 말고 오직 깨어 근신할찌니라'고 말씀합니다.

자 본문을 통하여 하나님이 약속해 준 메시야가 어떻게 이 땅에 오셨는지 확인해 보겠습니다.

본 18절 '예수 그리스도의 나심은 이러하니라 모친 마리아
가 요셉과 정혼하고 동거하기 전에 성령으로 잉태된 것이

나타났더니'

예수 그리스도가 이 땅에 어떻게 오셨는지 본문은 말씀하시고 있습니다. 본문에는 그 모친 마리아가 요셉과 정혼하고 동거하기 전에 성령으로 잉태된 것이 나타나게 되었다고 기록하고 있습니다. 누가복음 1장에서는 마리아가 잉태하기 전 가브리엘 천사가 요셉에게 꿈에 나타나 '네 아내는 성령으로 잉태하여 아기가 생겼다'고 말씀하여 주셨습니다, 마태복음은 이러한 기록이 없습니다. 마리아가 요셉과 정혼하기 전에 성령으로 잉태된 것이 나타났다고만 말씀하여 주시고 있습니다.

우리 본 말씀을 단순하게 볼 것이 아니라 요셉 입장에서 생각해 본다면 이 사건은 요셉으로 하여금 기절초풍할 일이었습니다. 비록 자기와 정혼한 상태였지만 아직까지 결혼을 하지 않았는데 애를 가졌으니 다른 남자와 아이를 가진 것이 분명해 보였습니다. 요셉으로서는 큰 충격이 아닐 수 없었습니다. 도저히 이해할 수 없는 사태가 벌어지고 만 것입니다. 이것은 간음죄에 해당되는 일로 도저히 용납할 수 없는 일이었습니다. 이스라엘 법으로 돌에 맞아 죽을 범죄였습니다. 당시 율법으로 명시해 놓았기 때문입니다.

본 19절 '그 남편 요셉은 의로운 사람이라 저를 드러내지
아니하고 가만히 끊고자 하여'

요셉은 마리아가 성령으로 잉태된 것을 모른 채 마리아가 간음 죄를

범했다고 생각하였습니다. 그래도 의로운 요셉은 그 사실을 폭로하기보다는 자신의 선에서 조용히 끝내려고 했습니다.

요셉은 이 문제를 드러내 마리아에게 피해를 입힐 바엔 아무도 모르게 덮으려고 했습니다. 이것만 봐도 요셉은 의로운 사람이었습니다. 마리아가 상처 입을까 봐 이렇게 배려해 줄 사람이 어디 있습니까. 의로운 요셉이니까 그렇게 한 것입니다. 간음 죄를 범한 여인을 끄집어내서 돌에 맞아 죽게 해도 될 판인데 요셉은 그렇게 하지 않았습니다. 아무 일도 아닌 것처럼 무마하려고 했습니다. 남에게 누명을 씌우려고 하기보다는 오히려 자기가 누명을 뒤집어쓰려고 했습니다. 이렇게 했다가 나중에 들통이 나면 얼마나 조롱을 받고 바보 취급을 받겠습니까.

그렇지만 의로운 요셉은 마리아에게 생긴 이 일을 대수롭게 생각하지 않았습니다. 우리의 상식으로는 납득이 가지 않지만 우리는 의로운 요셉처럼 그렇게 하지 못한 것이 마냥 부끄럽기 짝이 없습니다. 우리는 요셉처럼 그렇게 하지 못하니까요. 부끄러운 일이지요. 우리는 나에게 손해가 올까 봐 별의별 수작을 다 벌이고 공작을 서슴지 않을 텐데 요셉은 그렇게 하지 않았습니다. 우리는 조금도 손해를 보지 않으려고 폭로하고 난리 법석을 떨 텐데 요셉은 조용히 감추려고 했습니다.

아직도 우리는 남의 허물을 까발리고 남이 억울한 일을 당해야 쾌감을 느끼는 매몰찬 사람들입니다. 요셉의 의로운 삶을 보면서 우리도 요셉처럼 온전히 변화받았으면 좋겠습니다.

본 20절 '이 일을 생각할 때에 주의 사자가 현몽하여 가로

되 다윗의 자손 요셉아 네 아내 마리아 데려오기를 무서워 말라 저에게 잉태된 자는 성령으로 된 것이라'

의로운 요셉이라도 섣불리 결정하지 못하고 이 일이 무슨 일인지 생각하고 있었습니다. 당연한 것 아닙니까. 결정하기가 쉽지 않았겠지요. 판단을 내리지 못하고 망설이고 있었습니다. 이때 '요셉이 잠들어 있는데 주의 사자가 현몽하여 꿈에 나타나 말합니다.'

주의 사자는 요셉에게 이렇게 말했을 것입니다. '그래 나도 너의 마음을 충분히 이해한다. 아내에 대한 배신감이 누구보다도 크겠지. 믿는 도끼에 발등 찍힌다는 말처럼 미운 생각이 들겠지. 의로운 요셉아 이것만은 알아라. 네 아내 마리아를 데려오기를 무서워 말라. 저에게 잉태된 자는 성령으로 된 것이라. 알았지? 의로운 요셉아.' 요셉은 심히 갈등하고 있었는데 꿈에 사자가 현몽하여 성령으로 잉태되었다라고 말해 주고 있습니다. 요셉의 의심을 풀어 주고 있습니다.

'요셉아, 네 아내 마라아가 잉태된 것은 남의 남자로 잉태된 것이 아니라 하나님의 거룩한 성령의 신으로 말미암아 잉태된 거야. 마리아는 간음죄를 범한 것이 아니란다. 그러니 네 아내를 의심하지 말고 데려와 함께 살라.'고 말씀하여 주신 것입니다. 이 상황에서 요셉이 주의 사자의 말을 받아들이지 아니하고 거부했다면 큰 낭패가 아닐 수 없었습니다. 요셉이 부정적인 입장에서 생각한다면 요셉은 이렇게 나올 수도 있었습니다. '아니 사자 님, 제 아내가 성령으로 잉태되었다고 하는데요 저보다 그것을 믿으라고 하시는 거예요. 어느 바보가 그것을 믿겠어요. 사자님, 더 이상 저를 설득하지 마세요. 콩으로 메주를 쑨다 하여도 저는 안 믿을 테니까요. 저한테 더 이상 강요하지 마세요. 이러한 일을 창세로부터 지금까지 듣지도 보지도 못한 일인데 과연 저보다 받아들이라는 것입니까. 받아들일 수 없습니다.' 요셉은 얼마든지 이렇게 나올 수 있었습니다. 변수가 생길 수 있었습니다.

하지만 요셉은 어떻게 했어요? 거부하지 않았습니다. 사자 님이 말씀한 대로 그대로 믿고 따랐습니다. 요셉은 주의 사자가 현몽하여 말한 '네 아내 마리아가 데려 오기를 무서워 말라. 저에게 잉태된 자는 성령으로 된 것이라. 알았니?' 하니까 변명을 하지 않았습니다. 발뺌하지 않았습니다. 의로운 요셉은 액면 그대로 받아들이고 믿음으로 순종을 합니다. 이래서 의로운 요셉이 된 것입니다.

본 21절 '아들을 낳으리니 이름을 예수라 하라 이는 그가
자기 백성을 저희 죄에서 구원할 자이심이라 하니라'

'네 아내 마리아가 아들을 낳을 것이다 아들을 낳으면 그 이름을 예수' 라 하라고 말씀합니다. 이 아들로 말할 것 같으면 '자기 백성을 저희 죄에서 구원할 자이심이라'는 것입니다. 또다시 요셉은 퉁명스럽게 '누구의 아들인 줄도 모르는데 아들을 낳는다는 것입니까. 저에게 너무 과한 것을 요구하시는 것 아닙니까. 더군다나 예수라는 이름은 저희 가문에 있지도 않습니다.' 요셉은 이렇게 나올 수도 있었습니다.

요셉이 이렇게 나왔어요? 아닙니다. 요셉은 사자의 말처럼 이 아들은 하나님의 아들임을 믿고 사자의 말에 전적으로 순종합니다. 주의 사자는 지금 놀라운 선물을 선사하고 있습니다. 본 말씀은 천지창조와 같은 말씀입니다. 에덴 동산을 회복해 주시는 말씀입니다.

예수 그리스도의 이름이 주의 사자의 입으로부터 선포되고 있습니다.

사도 바울은 이 비밀을 '에베소서 3장 9절'에 '영원부터 만물을 창조하신 하나님 속에 감추었던 비밀의 경륜이 어떠한 것을 드러내게 하려 하심이라'라고 하며 창세로부터 감추었던 비밀이 드러나는 날이 바로 아기 예수님이 탄생한 성탄절이 었던 것입니다.

주의 사자가 첫째 밝혀 준 비밀이 무엇입니까. 죄로 말미암아 죽을 수밖에 없는 우리 인생들을 구원해 주시기 위해서 아기 예수로 오신다는 것입니다. 우리 인간은 오직 예수 그리스도를 통해서만 죄사함을 받을 수 있고 구원을 받을 수 있습니다. 예수님 외에 어느 누구도 죄를 사해 줄 수 없고 구원해 줄 수 없습니다. 우리는 죄의 노예로 살다가 죽을 인생들이었습니다. 아무도 우리를 죄의 노예에서 해방시켜 줄 사람이 없었습니다. 원래 노예는 스스로 벗어날 수 없다고 합니다. 돈 많은 사람이 노예를 불쌍히 여기사 주인에게 돈을 지불해 주어야만 노예에서 해방되어 자유인이 될 수 있었다고 합니다. 우리 인간도 마찬가지로 죄의 노예에서 벗어날 수 없었습니다.

그런데 예수 그리스도께서 우리의 죄값을 십자가에서 지불해 주셔서 우리를 죄의 노예에서 해방시켜 주신 것입니다. 하나님 아버지의 아들이 되게 하여 주신 것입니다. 할렐루야입니다. '마태복음 9장 6절' '그러나 인자(예수 그리스도)가 죄를 사하는 권세가 있는 줄로 너희로 알게 하려 하노라' 하시고 친히 '너희의 죄가 다 사하여졌느니라'고 말씀합니다. 우리 인간의 죄를 사해 주셨다고 선포하여 주시고 있습니다.

> 본 23-25절 '보라 처녀가 잉태하여 아들을 낳을 것이요 그 이름을 임마누엘이라 하리라 이 뜻은 하나님이 우리와 함께 계시다 함이라'
> '요셉이 잠을 깨어 일어나서 주의 사자의 분부대로 행하여 그 아내를 데려 왔으나 아들을 낳기까지 동침치 아니하더니 낳으매 이름을 예수라 하니라'

아기 예수의 이름을 다른 이름으로 부른다면 임마누엘이라 부른다는 것입니다. 이 임마누엘이라는 이름도 예언서에서 이미 예언해 준 이름입니다. 임마누엘이란 하나님이 우리와 함께 하여 주신다는 뜻입니다.

하나님이 우리와 함께 계셔 주시는 것은 아기 예수님 때문입니다. 아기 예수님이 탄생한 성탄절에 하나님이 우리와 함께하여 주시는 축복을 받으시기 바랍니다. 하나님이 우리와 함께 계셔 주시는 축복이 최고의 복인 줄 믿습니다. 하나님이 우리 교회와 함께하여 주시는 축복, 하나님이 우리 가정과 함께하여 주시는 축복, 하나님이 우리 민족과 함께하여 주시는 축복, 하나님이 내 가는 길에 함께하여 주시는 축복, 이 많은 금보다 더 귀한 복인 줄 믿습니다. 우리 모두 다 하나님이 함께하는 축복 임마누엘의 축복을 받으시기 바랍니다.

2. 예수 그리스도의 탄생

마태복음 2:1-11

아기 예수님이 탄생하였습니다. 예수님 생신을 축하합니다. 올해도 성탄절을 맞이할 수 있도록 하신 하나님께 감사와 영광을 돌립니다. 성탄절을 맞이한 우리는 그 의미를 생각하면서 이 복된 날을 겸허하게 보내야 하겠습니다. 2000년 전 아기 예수는 어디에서 출생하였습니까. 유대 베들레헴에서 탄생하였습니다. 그런데 이날에 아기 예수와 함께 한 번도 빠짐없이 등장하는 인물들이 있습니다. 그들이 누구입니까. 동방 박사입니다. 동방 박사들은 평생 별을 연구하다가 아기 예수께 경배드리는 축복의 주인공들이 되었습니다.

일찍이 동방 박사들은 밤만 되면 동산 언덕에 올라가 하늘에 떠 있는 별을 관찰하고 연구를 하였습니다. 하늘에 떠 있는 별만큼은 모르는 별이 없을 정도로 훤히 알고 있었습니다. '친구여 오늘 밤은 좋은 징조가 있을 것 같지 않은가!' '그렇군. 오늘 밤은 좋은 징조가 있을 것 같군. 오늘 밤을 기대해 봅시다.' 동방 박사들은 좋은 친구들이었습니다. 그들은 한 가지 꿈을 이루기 위해서 평생 별을 연구하는 데 일생을 받쳤습니다.

한 해도 아니고 수년 동안 별만 연구하다 보니 어느덧 생과 사를 함께 하는 동반자들이 되었습니다. 이제는 서로에게 중요한 삶의 동반자로 함께하게 되었습니다. 동방 박사들이 여기까지 오는 과정 속에서 항상 좋은 일만 있었던 것이 아닙니다. 서로에게 어려운 일도 있었을 것입니다. 때로는 힘든 일도 있었을 것입니다.

그러나 한번 맺은 친구로 힘들 때도 늘 함께했습니다. 힘들다고 변하지 않았습니다. 손해가 된다고 갈라서지 않았습니다. 좋은 친구란 한번 맺은 우정을 끝까지 가는 것입니다. 좋은 친구란 나쁠 때도, 좋을 때도 평생 동행하는 것이 진정한 친구입니다. 참된 친구란 친구 곁에서 함께 있어 주는 것입니다. 친구란 성공했다고 교만하지 않습니다. 성공을 못 했다고 버리지 않습니다. 이것이 우리가 바라는 진정한 친구상이 아닐까요. 이러한 친구들이 그리워지는 지금입니다.

동방 박사들은 오직 한 가지 꿈을 좇아 함께 걸었습니다. 처음부터 이들이 절친한 사이였는지 아니면 별을 연구하다가 절친한 친구들이 되었는지 모르겠지만 아마 어릴 때부터 친구 사이는 아니었을 것으로 추측할 수 있습니다. 오직 별 때문에 아마 이 자리까지 오지 않았을까 짐작해 볼 수 있습니다. 오랜 세월 동안 별을 관찰하면서 우정이 싹텄다고 할 수 있습니다.

우리도 어릴 때 별에 대한 이야기를 많이 듣고 성장하였습니다. 실제적으로 하늘에 떠 있는 별을 많이 바라보고 청소년 시절을 보냈다 해도 과언이 아닙니다. 우리는 그 아름다운 별을 보고 꿈을 꾸며 자랐습니다. 동네 어른들은 어린 저희들에게 별에 대해서 신기한 이야기를 해 주곤 했습니다. 어느 날 그동안 보이지 않던 별이 나타나면 으레 어른들은 큰 왕이 태어났는가 보다 하면서 신비한 말씀을 해 주셨습니다.

하늘에 떠 있는 별똥이 갑자기 떨어지는 날이면 아마 큰 인물이 떨어졌다라고 이야기를 해 주셨습니다. 이처럼 별은 우리의 꿈이었고 전부였습니다. 어른들은 별을 통해서 역사의 흥망성쇠를 이야기해 주셨고 역사의 흐름을 알려 주셨습니다. 별을 보고 역사를 진단했고, 별을 보고 역사를 관망할 수 있었습니다. 별은 우리에게 역사의 흐름을 일깨워 준 희망의 별이었습니다.

사실 별의 상징성은 우리가 생각했던 범위보다 더 포괄적이고 광범위합니다. 우리 나라뿐만 아니라 고대 사회에서도 별이 주는 현실성은 대단한 것이었습니다. 동방 박사가 평생 동안 별을 연구하게 된 동기도 여기에 있었습니다. 원래 동방 박사들은 유대인들이 아니었을까 생각해 볼 수 있습니다. 꼭 맞는 것은 아닙니다. 예를 들어 이스라엘 민족이 바벨론에 사로잡혀 70년을 살았습니다. 70년이 지나서 고국으로 귀환할 때 대부분의 유대인들은 고국으로 돌아오지 아니하고 바벨론에 그대로 남은 유대인들이 많았습니다. 그들이 아니었을까 생각해 볼 수 있습니다. 동방 박사들이 성경에 예언된 메시야 사상을 갖고 있었는지 잘 모르겠지만 아무튼 그들이 그렇게 수년 동안 별을 연구하게 된 동기도 선조들로부터 별에 대해서 신비한 말들을 전해 들었기 때문이었을 것입니다. 아마 그 예언들은 이 세상에 가장 선하고 의로운 왕이 태어날 것이라는 예언이었을 것입니다. 하나님께서 인류를 구원할 메시야를 이 땅에 보내 주실 것이라는 예언을 그들도 믿었을 것으로 믿어 마지않습니다.

인류를 구원할 메시야가 탄생할 것을 믿었을 것입니다. 동방 박사들은 인류를 구원할 왕이 나타나기를 손꼽아 기다렸고 그 왕을 맞이하기 위해서 수년 동안 별을 연구하면서 준비하였던 것입니다.

언제 별이 가장 빛나는 줄 아십니까. 한밤중이 아닙니다. 동틀 바로 직전 새벽녘입니다. 별은 새벽녘에 가장 빛나는 것입니다. 시대가 어두울수록 새벽을 기다린다는 말이 있습니다. 오늘 우리 시대도 어느 민족 못지않게 새벽을 기다리고 있습니다. 새벽은 우리에게 어두운 밤의 아픔을 씻어 주는 만병통치약입니다. 그러나 어찌된 일인지 동방 박사들이 그렇게 기다리던 별은 한밤중이 지나고 동틀 새벽녘이 다가왔어도 나타나지 않았습니다. '이제 날이 새려 하니 그만 돌아갑시다.' '그럽시다. 오늘도 우리가 기다리던 예언의 별은 나타나지 않을 것 같소.'

'참 많이 기다렸는데 너무 아쉽지 않소. 다시 한번 하늘을 처다봅시다.' 그들은 지친 몸을 이끌고 다시 한번 힘을 내어 희망찬 하늘을 처다보게 되었습니다. 그런데 신기하게도 지금까지 나타나지 않았던 이상한 별이 하늘에 나타난 것입니다. 날이 새자 이윽고 그 별은 보이지 않았습니다. 그다음 날 동방 박사들은 만만의 준비를 하고 어제 나타났던 별을 재차 확인하기 위해서 일제히 동산 언덕에 오르게 되었습니다.

그때 마침 어제 나타났던 그 별이 하늘에 떠 있는 것이었습니다.

동방박사들은 일제히 환호성을 질렀습니다. '친구들이여, 보았지? 어제 나타난 저 별을 오늘도 보았지.' '그래. 나도 똑똑히 보았지. 저 별은 우리가 지금까지 소망하던 그 별이 분명해. 인류가 소망하던 왕이 이 땅에 출현한 징조임이 확실해! 확실해! 확실해!' 그 이상한 별은 동방 박사들을 향해 환히 웃고 있었습니다.

그러더니 어디론가 움직여 가는 것 같았습니다. 동방 박사들은 그 별의 동태를 더 자세히 살피기 위해서 여행 준비를 단단히 하고 그 별을 따라 여행을 하기로 했습니다. '친구여, 우리 함께 그 이상한 별을 따라 여행을 한번 떠나 봅시다.' '그럽시다. 우리 함께 출발을 해 봅시다.'

(1) 유대인의 왕으로 나신 이가 어디 계시뇨

> 본 2절 '유대인의 왕으로 나신 이가 어디 계시뇨 우리가 동방에서 그의 별을 보고 그에게 경배하러 왔노라 하니'

현재 이스라엘 민족을 다스리는 왕은 로마가 지명하여 세운 헤롯이었습니다. 헤롯은 잔인하고 악랄한 왕이었지만 겉으로는 별 문제가 없어 보였습니다. 왜 그렇습니까. 정치와 종교가 서로의 유익을 위하여 밀착된 채 협력관계에 놓여 있었기 때문입니다. 로마는 체제 유지를 위해 종교 지도자들을 포섭하여 그들의 자리를 보존해 준다는 명목 아래 로마 정부에 협력만 해 주면 모든 지위와 자리를 보장해 주었습니다.

사실 종교 지도자들이 로마와 유착 관계에 있으면서 타락하지 않았다면 기적이 아닐 수 없습니다. 당시의 종교 지도자들은 명목상 종교 지도자들이지 사명을 잃어버린 채 로마 정부에 아부하며 자리 보존만 하고 있었습니다. 백성들은 비록 로마의 지배를 받고 있었지만 자기들에게 직접적인 피해를 입히지 않으면 현실에 안주하면서 편안히 살 수 있었습니다.

그러나 백성들은 영적으로 피폐해질 대로 피폐해진 상태였습니다. 그들의 영혼은 병든 채 살아가야만 했습니다. 백성들의 형편이 어떻게 되든 아랑곳하지 않고 정치와 아합한 종교 지도자들은 자리 보존만 되면 그것이 진정한 평화라고 외쳐 댔습니다. 모든 것이 잘될 거라며 백성들을 속였습니다. 억압과 탄압의 정치인 대명사 헤롯이 그 중심에 서 있었지만 종교 지도자들은 자기들 지위에 이상이 생기지 않으면 입을 딱 다문 채 벙어리로 살았습니다. 이때 동방 박사들이 예루살렘에 이르러 '유대인의 왕으로 나신 이가 어디 계시뇨 우리가 동방에서 그의 별을 보고 그에게 경배하러 왔노라'고 말합니다.

이스라엘 백성들이 수천 년 동안 고대하고 기다렸던 유대인의 왕이 나셨다고 동방 박사들이 말하고 있습니다. 동방 박사들이 예루살렘에 이르러 유대인의 왕으로 나신 이가 어디 계시뇨라고 물었을 때 당시 왕 헤롯은 깜짝 놀랐습니다. 지금 자기가 왕인데 자기 말고 다른 왕이 태어났다고 하니까 내심 놀라지 않을 수 없었습니다. 헤롯은 속으로 깜짝 놀랐지만 겉으로는 내색을 하지 않고 조용히 종교 지도자들을 불러 4절에 보면 '왕이 모든 대제사장과 백성의 서기관들을 모아 그리스도가 어디서 나겠느뇨 물으니' 대제사장들과 백성의 서기관들이 자랑스럽게 답변을 해 줍니다. 저희는 그것을 다 알고 있습니다. 5-6절 '가로되 유대 베들레헴이오니 이는 선지자로 이렇게 기록된바 또 유대 땅 베들레헴아 너는 유대 고을 중에 가장 작지 아니하도다 네게서 한 다스리는 자가 나와서 내 백성 이스라엘의 목자가 되리라 하였음이니이다' 성경과 선지자들을 통해서 인류의 왕 메시야가 유대 베들레헴에서 탄생하리라고 확실하게 예언해 주었습니다. 이것을 누구보다도 대제사장과 백성의 서기관들은 손바닥을 들여다보듯 너무 잘 알고 있었습니다. 그들은 알고 있는 부분을 헤롯에 잘 설명해 주었습니다.

그런데 이상합니다. 메시야가 베들레헴에서 탄생할 것을 훤히 알고 있었고 줄줄이 외우고 있으면서도 왜 그들은 지금 이렇게 태연하지요. 마치 먼 나라에서나 있는 일처럼 무관심하지요. 아니 동방 박사들은 유대인의 왕으로 나신 이를 경배하러 왔다는데 정작 경배해야 할 대제사장들과 백성의 서기관들은 왜 이렇게 가만히 있지요. 조금 있다가 경배하러 가실 건가요.

빨리 베들레헴에 달려가서 경배해야지 여기서 뭣들 합니까. 그들은 전혀 모르는 것처럼 처음 듣는 소식처럼 무관심하였습니다. 그들의 말처럼 유대 베들레헴에서 메시야가 탄생할 것이라고 입이 마르고 닳도록 외쳐 댔지만 베들레헴에서 유대인의 왕이 탄생할 리 없다며 일부러 거부하였습니다. 선지자들이 그렇게 예언해 주었음에도 불구하고 종교의 중심지가 예루살렘인 만큼 메시야가 나온다면 유대 베들레헴이 아니라 예루살렘에서 나올 것이라고 생각하였습니다. 그들은 메시야가 촌구석 베들레헴이 아니라 종교의 중심지 베들레헴에서 등장해야 한다고 여겼기 때문에 유대인의 왕이 탄생했다고 하여도 누구 하나 베들레헴에 가서 환영해 주는 이가 없었습니다. 동방 박사들이 헛소리를 한다고 간주하였습니다. 이상한 사람들이 와서 이상한 소리를 한다고 푸대접하였습니다.

유대인의 왕으로 오실 자는 다윗과 같이 큰 정치적인 힘을 가지고 당장에 로마를 물리치고 그들에게 자유를 줄 왕이 출현할 것이라고만 몰

두하고 있었습니다. 그러니 동방 박사들의 말은 귀에 들어오지도 않았습니다. 참으로 안타까운 것은 그들이 그렇게 기다리고 기다렸던 메시야가 자기들 눈앞에 탄생하였는데 왜 아무도 모르고 있었고 모른 척했을까요. 현 이스라엘 백성들의 영적인 상태를 진단해 본다면 어떤 모습일까요. 영적으로 칠흑같이 어두움에 갇혀 있다는 것을 보여 주고 있습니다. 당시 어느 시대보다 최고의 종교 전성기를 구가하고 있었지만 영적으로는 가장 어두운 시대였고 가장 타락하고 부패한 시대였음을 말해 주고 있습니다.

오늘날 우리 시대도 별 차이가 없습니다. 지금 우리가 종교의 전성기를 누리고 있는지 모르겠지만 성탄의 정신과 상관없이 흘러가고 있지 않은지 두려운 마음이 들 수밖에 없습니다. 우리는 지금 영적인 분별력을 상실한 채 메시야에게 초점을 맞추기보다는 사람들의 초점에 맞추는 데 급급하고 있지 않은지 두려운 생각이 드는 것입니다.

9절 '박사들이 왕의 말을 듣고 갈새 동방에서 보던 그 별이 문득 앞서 인도하여 가다가 아기 있는 곳 위에 머물러 섰는지라'

(2) 별을 보고 가장 크게 기뻐하더라

10절 '저희가 별을 보고 가장 크게 기뻐하고 기뻐하도라'

하늘에 나타난 그 별은 바로 인류의 메시야 예수 그리스도입니다.

성탄절은 예언이 이루어진 날입니다. 하나님께서 그 예언대로 인류의 메시야 되신 아기 예수님을 보내 주신 날이 성탄절입니다, 수천 년 동안 선지자들과 예언자들을 통해서 전해 준 예언이 성취된 날이 성탄절입니다. 축 성탄 아기 예수님이 오신 것을 축하합니다.

요즘 우리는 별을 볼 여유가 많지 않습니다. 높은 빌딩 쇼윈도의 찬란하게 빛나는 것들이 많기 때문에 하늘의 별을 바라볼 수 있는 공간이 사실 없습니다. 별을 바라보는 낭만이 사라지고 있습니다. 높은 건물에 가려서 하늘에 떠 있는 별을 못 보고 사는 것은 우리의 비극입니다.

우리는 하늘에 떠 있는 별을 바라보는 사람들이 되어야 한다는 것입니다. 별을 바라보는 사람은 가장 기뻐하는 인생을 살 수 있습니다. 별과 같이 빛난 인생을 살 수 있습니다. 별은 누구를 상징합니까. 예수 그리스도를 상징합니다. 우리가 별을 바라본다는 것은 예수 그리스도를 바라본다는 것입니다. 예수 그리스도를 바라보는 자는 별과 같이 빛나게 되어 있습니다.

아무쪼록 별은 우리들에게 무한한 세계를 열어 주는 축복의 통로입니다. 별은 우리에게 꿈을 꾸게 하는 신비가 있습니다. 별은 우리에게 슬픔을 주지 않습니다. 별을 보고 우는 사람이 있습니까? 없습니다. 나는 별을 보고 슬퍼할래요 하는 사람이 있습니까? 없습니다. 별은 우리를 실망시키지 않습니다. 별을 바라보시고 무한한 꿈을 가지시기 바랍니다.

사랑하는 형제 자매여 그러나 별을 바라본다는 것은 쉬운 일이 아닙니다. 오랜 인고의 세월이 필요합니다. 별은 우리들에게 기다림을 요구합니다. 동방 박사들이 그랬던 것처럼 말입니다. 별을 바라본다고 당장에 꿈이 이루어지는 것이 아닙니다. 그렇더라도 포기하지 마시고 끝까지 별을 바라보시기 바랍니다. 별을 바라보는 자는 언젠가는 반드시 아름다운 꿈이 이루어지게 되어 있습니다. 하지만 이렇게 빠른 인터넷 시대에 기다린다는 것은 정말 어리석게 보일 수밖에 없습니다. 그것은 시대에 맞지 않는 낙후된 생각이라고 여길 수 있습니다. 우리 주위를 보더라도 젊은 나이에 보란 듯이 성공을 하고 높은 지위를 차지하게 되면 오히려 그러한 사람들이 별이 되는 경우가 많이 있습니다. 물론 세상 기준으로 볼 때 남보다 성공을 하고 출세를 했을 때 당연히 사회로부터 인기와 명예를 얻을 수 있습니다. 이러한 사람들이 스타가 되고 별이 되기도 합니다. 우리는 이러한 환경에 익숙해졌기 때문에 별다른 이의를 대지 않습니다. 그러면 이러한 사람들만이 스타가 되고, 별이 된다는 말입니까. 우리 믿음의 사람들은 이러한 기준으로 살아서도 안 되고 평가받아서는 안 됩니다. 우리 믿음의 사람들은 이런 세상 가치관으로 인생을 평가하면 안 됩니다. 우리 믿음의 사람들은 세상의 인기나 명예에 대해서 영향을 받아서는 안 됩니다. 우리 믿음의 사람들은 세상에서 성공을 했느냐 못 했느냐는 아무 상관이 없습니다.

  우리 믿음의 사람들은 내가 성공을 했느냐 못 했느냐가 중요한 것이 아니라 내가 지금 무엇을 위해 살고 있느냐가 중요한 것입니다. 이 세상에서 가장 값진 일은 하나님의 영광을 위하여 사는 것입니다. 더 나아가 우리가 남에게 봉사하는 삶이 가장 우리 인생을 빛나게 하는 삶입니다. 우리가 이웃을 섬기는 일이야말로 별과 같이 빛난 인생이 되는 비결입니다. 하나님의 영광을 위하여 얼마나 성실하게 살았느냐에 따라 별과 같이 빛난 인생이 되느냐 마느냐가 판가름 나는 것입니다. 우리의 진짜 꿈은 하늘에 떠 있는 별에 있다고 생각하고 인내하며 살아야 합니다. 오래 참는 자가 하나님의 꿈을 이룰 수 있습니다. 별과 같이 빛난 인생을 살고자 하는 자는 하늘 나라를 사모하고 하나님의 나라를 이 땅에 실현하고자 기도해야 합니다.

> 다니엘 12장 3절 '지혜 있는 자는 궁창의 빛과 같이 빛날 것이요 많은 사람을 옳은 데로 돌아오게 한 자는 별과 같이 영원토록 비치리라'

(3) 엎드려 아기께 경배하고

> 11절 '집에 들어가 아기와 그 모친 마리아의 함께 있는 것을 보고 엎드려 아기께 경배하고 보배함을 열어 황금과 유향과 몰약을 예물로 드리니라'

드디어 동방 박사들은 별을 따라 가다가 왕이 태어난 집을 발견하였습니다. 마태복음에는 집이라고 하였지만 누가복음에는 구유에 탄생했다고 기록하고 있습니다. 구유란 마굿간이요 동양에서는 헛간입니다. 마굿간에서 우리 주 예수 그리스도 메시야께서 탄생하신 것입니다.

동방 박사들은 집에 들어가 엎드려 아기 예수께 경배합니다. 그리고 보배합을 열어 황금과 유향과 몰약을 예물로 받칩니다. 성탄절은 무슨 날입니까. 유대인의 왕으로 나신 아기 예수께 경배하는 날입니다. 동방 박사들은 이 한 가지 목적 때문에 베들레헴에 온 것입니다. 바로 아기 예수로 오신 인류의 메시야에게 경배하러 온 것입니다. 오늘 우리도 동방 박사들처럼 인류의 메시야를 경배하기 위해서 얼마나 대망하며 준비하고 있는지 성찰해 볼 필요가 있습니다.

본문을 통해서 우리는 무슨 교훈을 얻을 수 있습니까. 동방 박사들은 베들레헴에 와서 무엇을 했습니까. 아기 예수께 경배하였습니다. 메시야를 경배하였습니다. 이것입니다. 성탄절은 아기 예수께 경배하는 날이라는 것입니다. 우리도 동일합니다. 성탄절은 아기 예수께 경배하는 날이 되어야 한다는 것입니다. 만약 동방 박사들이 그 인고의 세월을 견디지 못하고 포기해 버렸다면 오늘 성탄의 기쁨과 감격을 체험하지 못했을 것입니다. 수많은 시간들을 참고 인내했기에 성탄의 기쁨과 감격을 누리게 되었던 것입니다. 아기 예수께 경배하는 최고의 축복을 받게 된 것입니다. 인류의 왕이신 아기 예수께서 탄생한 성탄이 있기에 감격할 수 있고 환희에 찬 삶을 살 수 있는 줄 믿습니다.

그동안 우리가 성탄절 정신을 잊어버리고 살았다면 이제는 성탄절 정신을 회복해야 합니다. 그 정신이 무엇입니까. 우리끼리 메리크리스마스 하면서 선물 주고받는 것이 아닙니다. 크리스마스 정신은 아기 예수께 경배하는 날이 되도록 해야 합니다. 할렐루야 아기 예수께 경배합니다. 성탄을 축하합니다.

3. 회개하라 천국이 가까이 왔느니라

마태복음 3:1-10

세례 요한이 역사에 등장하기 전까지 약 400년 동안 하나님의 선지자들의 활동이 전무하였습니다. 주의 선지자들의 활동이 전무하다 보니 하나님의 뜻을 알 수가 없었습니다. 사람들은 하나님을 알지 못하고 살았습니다. 하나님께서 무슨 말씀을 하시는지 사람들은 주의 음성을 들을 수가 없었습니다.

그러나 당시 종교 지도자들이 없었던 것이 아닙니다. 예루살렘에는 종교 지도자들이 넘쳐 났습니다. 하지만 그들은 물욕, 정욕에 사로잡혀 하나님은 안중에도 없고 사리사욕에 눈이 멀어 하나님의 뜻과는 무관하게 살아갔습니다. 종교 지도자들은 하나님과 아무 상관 없는 삶을 살아간 것입니다. 오직 자신들의 욕망만을 위하여 살아갔습니다. 하나님의 뜻대로 산다는 것은 거의 불가능한 일이었습니다.

'예레미야 23장 17절, 21-22절'에 예레미야 선지자는 종교 지도자들에게 이렇게 외치고 있습니다. '이는 사악이 예루살렘 선지자들에게로서 나와서 온 땅에 퍼짐이라 하시니라' '…너희에게 예언하는 선지자의 말을 듣지 말라 그들은 너희에게 헛된 것을 가르치나니 그들의 말한 묵시는 자기 마음으로 말미암은 것이요 여호와의 입에서 나온 것이 아니니라' '그들이 항상 나를 멸시하는 자에게 이르기를 너희가 평안하리라 여호와의 말씀이니라 하며 또 자기 마음의 강퍅한 대로 행하는 모든 사람에게 이르기를 재앙이 너희에게 임하지 아니하리라 하였느니라' '…이 선지자들은 내가 보내지 아니 하였어도 달음질하여 내가 그들에게 이르지 아니 하였어도 예언하였은 즉 그들이 만일 나의 회의에 참예하였더면 내 백성에게 내 말을 들려서 그들로 악한 길과 악한 행위서 돌이키게 하였으리라'고 말씀합니다.

사람들은 하나님의 뜻을 모른 채 자기 정욕대로 육체의 만족만을 위하여 살아갔던 것입니다. 그런데 오랜 세월의 침묵을 깨고 누가 나타나고 있습니까.

'하나님께로서 보내심을 받은 사람 세례 요한이 등장'하고 있습니다.

'요한복음 1장 6절'에 '하나님께로서 보내심을 받은 사람이 났으니 이름은 요한이라' 마태복음에는 세례 요한의 출생에 대한 기록이 없지만 누가복음에는 상세하게 나와 있습니다. '누가복음 1장 6절' 이하를 보면 요한의 부친은 사가랴와 엘리사벳이었습니다. 이들은 하나님 앞에 의인이었고 주께 충성하는 믿음의 제사장들이었습니다. 하지만 연로한 이분들에게 자녀가 없었습니다. 그러니 얼마나 마음이 허전 했겠어요. '누가복음 1장 25절'에 보면 엘리사벳이 고백하기를 '주께서 나를 돌아 보시는 날에 인간에게 내 부끄러움을 없게 하시려고 이렇게 행하심이라 하더라'고 고백합니다. 이 늙은 노부부가 한결같이 주님께 충성하며 믿음으로 살았습니다.

드디어 때가 되자 하나님은 사가랴와 엘리사벳의 가정에 자녀를 주시 겠다고 말씀하여 주십니다. 사가랴는 제사장으로서 성전에 들어가 분향 을 하였는데 '주의 사자가 그에게 나타나 너의 간구함을 들었다며 네 아 내 엘리사벳이 네게 아들을 낳아 주리니 그 이름을 요한이라 하라'고 알 려 주었습니다. 세례 요한의 출생은 하나님이 직접 개입하셔서 사가랴 의 가정에서 태어나게 하신 것입니다.

하나님은 아무나 택한 것이 아니라 하나님을 경외하는 경건한 가정을 택하여 세례 요한이 태어나게 하시고 있는 것입니다. 세례 요한의 출생 은 하나님이 배후에서 섭리해 주신 것입니다. 우리도 하나님을 경외하 는 경건한 가정이 될 때 세례 요한과 같은 인물이 우리 가정에서 태어날 줄 믿습니다. 세례 요한의 가정과 예수님의 가정은 친척관계로서 세례 요한은 예수님보다 약 6개월 빨리 태어났습니다. 예수님의 사촌 형이었 습니다. 이제 청년으로 성장한 세례 요한은 역사의 전면에 등장합니다.

본 1-2절 '그 때에 세례 요한이 이르러 유대 광야에서 전파
하여 가로되'
'회개하라 천국이 가까왔느니라 하였으니'

세례 요한의 활동 무대는 어디였습니까. 유대 광야였습니다. 유대 광 야로부터 세례 요한의 메시지가 전파되기 시작합니다. 세례 요한은 광 야에서 백성들에게 무슨 메시지를 전파합니까. 세례 요한의 메시지를 잘 들어 보겠습니다. 세례 요한의 첫 메시지는 회개하라였습니다. '회개

하라 천국이 가까웠느니라'고 뜻밖의 메시지였습니다. 아무도 예상하지 못한 메시지였습니다. 사람들이 듣기에 가장 싫은 메시지였습니다. 지금까지 어느 누구도 시도하지 않은 사람들의 심기를 건드리는 메시지였습니다. 회개하라고 메시지를 전하니까 죄악으로 죽어 있던 심령들이 회개의 메시지를 듣고 깜짝 놀란 것입니다. 사람들은 이것이 무슨 소리냐 하면서 충격을 받은 것입니다. '회개하라니' 하며 사람들은 세례 요한을 주목하게 되었습니다. 왜냐하면 이러한 메시지는 수백 년 동안 어디에서도 들어보지 못했기 때문입니다. 그런데 오랜 세월의 침묵을 깨고 하나님의 말씀이 광야에서부터 들려오기 시작합니다. 예루살렘 한복판이 아니라 빈들에서 하나님의 음성이 들려오기 시작합니다. 유능한 종교 지도자도 아니고 예루살렘의 엘리층도 아니고 아무도 주목하지 않았지만 하나님이 친히 준비한 사람을 통하여 하나님의 말씀이 증거되고 있습니다.

'회개하라 천국이 가까웠느니라' 하나님의 말씀은 어두캄캄한 동굴 속에 찬란한 빛이 섬광처럼 비춰 오는 것과 같습니다. 진리의 빛이 비춰 오기까지 사람들의 마음은 콘크리트처럼 굳어 있었습니다. 죄악만큼은 사람들은 아무도 모르게 꽁꽁 감춰 두려고 합니다. 죄악만큼은 겹겹이 쌓아 둔 채 고이고이 파묻어 두려고 합니다. 죄만큼은 가장 은밀한 곳에 꼭꼭 숨겨 두려고 합니다. 죄만큼은 아무도 침범하지 못하도록 견고한 성벽을 쌓아 두려고 합니다. 사람들은 죄악의 성을 쌓고 아무도 건드리지 못하도록 철저히 감시하고 배수진을 쳐 놓고 있습니다.

죄는 사람들의 마지막 보루입니다. 사람들은 죽을 때까지 이 죄의 전

선을 지키려고 사투를 벌이고 있습니다. 그러나 세례 요한은 그 죄악의 성을 건드리고 있습니다.

죄악으로 겹겹이 쌓아 있던 인간성을 파헤치고 있습니다. 인간들이 아무리 견고한 성을 쌓아 놓았다 하더라도 다 파헤쳐지고 말 것입니다. 곧 모래성처럼 무너지고 말 것입니다. 세례 요한의 핵심 메시지는 회개였습니다. 다른 메시지가 아니었습니다. 오늘날도 우리가 변함 없이 한결같이 전해야 할 핵심 메시지는 회개입니다.

회개의 메시지야말로 하나님의 핵심 진리입니다. 사실상 회개의 메시지가 없는 것은 가짜 복음입니다. 하나님의 핵심 진리가 아닙니다. 가짜입니다.

어제나 오늘이나 우리가 변함 없이 전해야 할 메시지는 회개의 메시지입니다.

우리가 영적으로 죽은 영혼을 어떻게 살릴 수 있습니까. 과학이나 경제로 살릴 수 있습니까. 학문이나 철학으로 살릴 수 있습니까. 이것으로 죽어 있는 영혼을 살릴 수 없습니다. 죽어 있는 영혼을 살릴 수 있는 유일한 것은 복음밖에 없습니다.

죽은 영혼을 살리는 길은 회개하고 하나님께 돌아와 하나님을 믿게 할 때만 가능합니다. 그 방법이 바로 회개의 메시지를 전하는 것입니다. 우리는 우리 자신이 회개할 뿐 아니라 이제는 적극적으로 회개의 메시지를 전하는 증인들이 되어야 합니다. 왜 그래요? 회개만이 죽어 있는 영혼을 살릴 수 있기 때문입니다. 우리가 회개하지 아니하면 어떻게 됩니까. 멸망을 당하기 때문입니다. 사람들이 회개하지 않아도 멸망을 당하지 않을 것이라고 생각하는 것은 착각입니다. 죄가 존재하는 곳에는 멸망밖에 없습니다. 우리가 회개해야 죄가 사라지고 하나님의 용서가 임한다는 것을 알아야 합니다.

회개한 무엇입니까. 단순히 우리의 잘못을 뉘우치는 것만이 회개가 아닙니다.

회개란 우리가 가던 길을 수정하는 것이 회개입니다. 죄악으로 가던 길을 하나님께 돌이키는 것이 회개입니다. 세상 낙을 즐기며 사는 삶을 청산하고 하나님께로 향하는 것이 회개인 것입니다. 우리가 회개한다고 하면서 가던 길을 수정하지 않는 것은 회개한 것이 아닙니다. 회개는 반드시 잘못된 삶을 고치고 수정하는 결단이 있어야 합니다. 새로운 변화가 있어야 합니다. 세례 요한이 전한 회개의 메시지는 이것을 요구하고 있습니다.

> 본 3절 '저는 선지자 이사야로 말씀하신 자라 일렀으되 광야에 외치는 자의 소리가 있어 가로되 너희는 주의 길을 예비하라 그의 첩경을 평탄케 하라 하였느니라'

이사야 선지가 예언한 말씀이 자기에게 응했다고 말씀합니다. 자기는 광야의 외치는 자의 소리라는 것입니다. '너희는 주의 길을 예비하라 그의 첩경을 평탄케 하라고 외치는 자의 소리'라는 것입니다. 그렇다면 우리가 어떻게 해야 주의 길을 예비할 수 있습니까. 두말할 필요도 없이 회개하는 삶에 있습니다.

회개하는 삶이 주의 길을 예비하는 것입니다. 주의 길을 예비한다는 것은 왕이신 메시야를 맞을 준비를 한다는 것입니다. 본 절 말씀처럼 과연 우리는 왕이신 메시야를 맞을 준비를 얼마나 잘하고 있습니까. 아니면 왕을 맞을 준비를 하기는커녕 전혀 준비하지 못하고 있습니까. 왕을 맞을 준비를 하지 못하면 안 됩니다. 우리는 철저히 왕(예수 그리스도)을 맞을 준비를 해야 할 줄 믿습니다. 세례 요한의 주된 관심은 잠시 후에 오실 메시야를 영접하도록 하기 위한 것입니다. 그러나 본 말씀은 당시뿐 아니라 현재를 살아가는 우리 그리스도인들에게 해당되는 말씀입니다. 우리도 역시 세례 요한의 당부처럼 오실 메시야(재림주로 오실 메시야)를 맞을 준비를 잘해야 한다는 것입니다. 초림주로 오셨다가 승천하신 우리 예수님은 장차 재림주로 오실 텐데 언제 또 다시 오실지 아무도 알 수 없습니다.

　이 땅에 재림주로 다시 오시기는 오시는데 오신다는 날짜를 정해 놓지 않았습니다. 아들도 천사도 모르고 오직 하나님밖에 알 수 없다고 예수님은 말씀하셨습니다. 이 세상 어느 누구도 재림주가 언제 강림하실지 아무도 예측할 수 없습니다.

　오늘 오실지, 내일 오실지, 새벽에 오실지, 한밤중에 오실지, 정오에 오실지, 잠잘 때 오실지, 외출했을 때 오실지, 여행 갔을 때 오실지, 모레 오실지 아무도 단정 지을 수 없고 예단할 수 없다는 것입니다. 우리는 이것 때문에 철저히 예비하고 깨어 있어 준비하는 것 외에 다른 방법이 없습니다.

아무튼 우리가 철저히 준비하고 예비할 때만 재림주로 오실 메시야는 맞이할 줄 믿습니다. 메시야가 오신다는 것을 아무도 몰랐을 때에도 한 줄기 빛이 되어 주의 길을 예비하도록 외치는 이사야처럼, 세례 요한처럼 우리도 주의 길을 예비하라고 외쳐야 할 줄 믿습니다. 이 귀한 사명은 감당하는 것은 이사야나 세례 요한에게만 국한된 것이 아니라 우리 믿는 모든 성도들이 감당해야 할 사명입니다.

'너희는 주의 길을 예비하라'고 외치는 자가 있어야 예비하지요. 우리가 이러한 예언자가 되어야 할 줄 믿습니다.

본 4절 '이 요한은 약대 털옷을 입고 허리에 가죽띠를 띠고 음식은 메뚜기와 석청이었더라'

세례 요한의 청빈한 생활을 보여 주고 있습니다. 그의 소박하고 꾸임 없는 생활입니다. 얼마나 멋져요. 그렇지만 이것은 결코 쉬운 일이 아닙니다. 이렇게 살라고 한다면 세례 요한처럼 살 사람이 별로 없을 것이기 때문입니다. 오늘날 우리들에게 세례 요한의 삶은 경종을 울려 주고 있지만 실천하지는 못하고 있습니다. 탐욕과 과욕에 물들어 버린 우리들은 세례 요한이 살아온 삶과는 너무 동떨어진 삶이 아닌지 회개해야 합니다. 우리는 많은 경우에 자기는 소박하고 청빈한 삶을 살지 않으면서 회개하고 돌이키라고 하니까 전혀 감동을 주지 못하는 것입니다. 사람들에게 진한 감동을 주려면 자기가 먼저 전한 메시지와 생활이 동일하여야 합니다. 전하는 사람의 말과 생활이 일치되어야 감동을 받는 것입니다.

우리는 많은 부분에 있어서 말과 행동이 서로 동떨어져 있습니다. 우리의 말과 생활이 일치하지 않기 때문에 감동이 없는 것입니다. 우리의 속과 겉이 일치하지 않기 때문에 감동이 없는 것입니다. 이러한 측면에서 생각해 볼 때 우리가 힘써서 개선해야 할 부분이 있다면 우리의 말과 생활이 일치할 수 있도록 해야 한다는 것입니다.

우리의 말과 행동이 일치하기 위해서는 어떻게 해야 합니까. 우리의 지나친 욕심과 탐심을 내려놓아야 합니다. 우리는 대부분 지나친 욕심과 탐욕 때문에 일치하지 못할 때가 비일비재합니다. 우리가 지나친 탐심과 욕심을 가지고 과연 세례 요한의 발자취를 따라가겠습니까. 우리는 절대로 따라갈 수 없습니다. 탐욕과 탐심을 내려놓아야 세례 요한의 발자취를 따라갈 수 있는 것입니다. 세례 요한처럼 산다고 사람들에게 존경받고 대접받는 것이 아닙니다. 하지만 우리가 세례 요한의 발자취를 따라가려면 사람들의 존경도 대접도 내려놓아야 합니다.

예루살렘의 지도자들은 사람들에게 존경받고 대접은 받았지만 세례 요한의 발자취는 따라가지는 못했습니다. 어쨌든 우리가 세례 요한의 발자취를 따라갈지 모르겠지만 그래도 천천히 그 발자취를 따라가야 할 줄 믿습니다. 만약 우리가 세례 요한의 발자취를 따라가지 못한다면 우리 인생은 실패한 인생이 될 수밖에 없습니다.

하나님은 세례 요한을 통해서 우리 사역자들이 걸어가야 할 신앙의 길이 무엇인지 이정표를 정해 주셨습니다. 이것은 우리 각자가 알아서 가야 할 신앙의 이정표입니다. 이것은 누가 강요해서 되는 것이 아닙니다.

우리 각자가 두렵고 떨리는 마음으로 가야 할 신앙의 길입니다. 지금은 우리가 알 수 없지만 마지막 때는 신앙의 길을 간 사람과 그러지 못한 사람들의 운명이 갈라질 것입니다. 아무쪼록 우리 자신들만이라도 아니 저만이라도 이 신앙의 길을 가기를 원합니다.

> 본 5-6절 '이 때에 에루살렘과 온 유대와 요단강 사방에서
> 다 그에게 나아와'
> '자기들의 죄를 자복하고 요단강에서 그에게 세례를 받더
> 니'

세례 요한이 회개의 메시지를 전파하자 사람들의 반응이 어떻게 나오고 있습니까.

세례 요한이 외친 회개의 메시지는 사람들에게 큰 울림이 되었습니다. 사람들의 마음에 찔림이 되었습니다. 그동안 하나님의 말씀을 듣지 못해 사람들의 심령은 메마를 대로 메말라 있었습니다.

사람들의 마음들이 황폐화되어 있었습니다. '아모스 8장 11절'에 '주 여호와께서 가라사대 보라 날이 이를지라 내가 기근을 땅에 보내리니 양식이 없어 주림이 아니며 물이 없어 갈함이 아니요 여호와의 말씀을 듣지 못한 기갈'이라고 말씀합니다.

여호와의 말씀을 듣지 못한 기갈 때문에 갈급한 심령으로 가난한 마음으로 하나님의 말씀을 듣고자 나온 것입니다. 이들은 갈급한 마음으로 하나님의 말씀을 듣고자 나온 것입니다. 광범위한 지역의 사람들이 세례 요한에게 몰려나와 죄를 자복하고 세례를 받습니다.

결코 죄악에서 돌이키지 않을 사람들 같았지만 회개의 메시지를 듣고 그 즉시 세례 요한에게 나와서 자신들의 죄를 자복하고 세례를 받은 것입니다. 회개를 통해서 자신들의 죄를 용서받은 것입니다. 죄를 자복하자 하나님은 그들의 죄를 용서하여 주셨습니다. 사람들이 죄를 자복하기 전에는 마음들이 완악하고 강퍅하였는데 이제 죄를 자복하고 하나님의 용서를 받다 보니 마음들이 순수해지고 깨끗해진 것입니다. 회개란 이처럼 자신들의 편견과 자아를 깨뜨리고 부수는 것입니다.

자신의 교만과 자만의 마음을 버리는 것입니다. 즉 높아진 마음을 낮추는 것입니다. 그러므로 우리는 죄를 회개하기 위해서 자신의 내면을 볼 수 있어야 합니다.

자신의 내면을 못 보면 회개할 수 없습니다. 자신의 추하고 더러운 죄와 하나님의 뜻대로 살지 못하고 불순종한 죄가 보여야 회개할 수 있게 되는 것입니다.

우리의 내면이 얼마나 타락하고 부패하였는지를 보여야 회개할 수 있게 되는 것입니다. 세례를 받는다는 것은 죄를 회개하고 죄 씻음을 받는다는 것입니다.

우리의 죄를 자복하면 죄 씻음을 받을 수 있습니다.

본 7-8절 '요한이 많은 바리새인과 사두개인이 세례 베푸는데 오는 것을 보고 이르되 독사의 자식들아 누가 너희를 가르쳐 임박한 진노를 피하라 하더냐'
'그러므로 회개의 합당한 열매를 맺고'

본문에 나오는 사람들도 우리와 똑같은 사람들인 줄 알았는데 이 사람들은 같은 사람들이 아닌가 봅니다. 앞 절의 사람들과 전혀 대조적인 면이 나오고 있습니다.

앞에 나온 사람들은 자신들의 죄를 자복하는 사람들이고 본문에 나오는 사람들은 자신들의 죄를 자복했다는 말이 없습니다. 어찌된 일이지요. 이들은 자신들의 죄를 회개하고 나오지 않았나 봅니다. 종교인들은 자신들의 죄를 회개하지 않고 무엇 때문에 세례 요한에게 나왔을까요. 참으로 궁금하네요. 이유는 간단합니다.

본 7절에 나온 바리새인들과 사두개인 사람들은 율법을 철두철미하게 지키는 유명한 사람들이 아닙니까. 그래서 자신들은 의로운 사람들이라고 생각을 한 나머지 자신들은 죄를 회개할 것이 없다고 생각한 것입니다. 과연 그렇습니까?

우리가 율법을 철저히 지키면 죄를 회개할 것이 없습니까? 아니지요.

그러나 바리새인들과 새두개인들은 자신들은 죄가 없다고 생각한 나머지 회개하지 않은 것입니다. 그러니 얼마나 교만합니까. 세례 요한은 이들의 이러한 모습을 보고 독사의 자식들이라고 호되게 책망을 한 것입니다.

오늘날 우리 기독교도 바리새인과 사두개인들과 같이 현 분위기로 봐서 전혀 회개하고자 하는 마음들이 없는 것 같습니다. 왜냐하면 자신들은 죄인이 아니고 의인이라고 생각하기 때문입니다. 참으로 심각한 수준이 아닐 수 없습니다. 참으로 위험하기 짝이 없습니다. 자신의 죄악을 통곡해도 모자랄 판에 애통하여도 부족할 판에 누구 하나 죄를 회개하는 의인이 없습니다.

죄를 회개하지 않는 의인들에게 성경은 준엄하게 경고합니다. 너희가 의롭다 생각하고 죄를 철저히 회개하지 아니하면 하나님의 진노가 임하게 된다는 것을 분명히 말씀하시고 있습니다. 의인들아 너희가 회개하지 아니하면 하나님의 진노를 피할 수 없다는 것입니다. 하나님의 진노를 피하는 길은 어디에 있습니까. 우리 자신들의 죄를 철저히 회개할 때 하나님의 진노를 피할 수 있습니다.

본 8절 말씀은 우리 신앙인들에게 가장 중요한 말씀입니다. 그것이 무엇입니까?

회개의 합당한 열매를 맺는 것입니다. 이것보다 더 중요한 것이 없습니다. 현재 우리는 회개의 합당한 열매를 맺지 못하고 있습니다. 어제 잠깐 뉴스를 보는데 강남에 있는 어느 교회에서는 성도들끼리 두 패로 나뉘어서 어느 분이 소화기로 창문을 부수고 분사하는 장면을 보았습니다.

잘못하면 생명의 위험을 당할 수 있는 장면이었습니다. 우리는 지금 교회 안에서 이러한 모습을 보면서도 전혀 감각이 없습니다. 우리는 하나님의 교회가 이렇게 타락해 있고 폭력이 난무하는데도 분노가 치밀어 오르지 않습니다. 무사태평합니다.

우리와 상관이 없으면 어떻게 되든 관여치 않습니다. 지금 교회 실정이 심각한 수준입니다. 우리 모두 가슴을 찢고 재를 무릅쓰고 회개해도 모자랄 판인데 아무도 가슴을 찢는 사람들이 없습니다. 큰일입니다. 통곡해야 할 일임에도 불구하고 아무도 통곡하지 않습니다. 울어야 할 판인데 아무도 우는 사람이 없습니다. 애통해야 할 판인데 아무도 애통해 하는 사람이 없습니다. 오히려 우리는 속으로 꾀를 부리고 있는지 모릅니다. 아니 비웃고 있는지 모릅니다. 형제의 행동을 보니까 그렇습니다. 그래도 우리 교회만큼은 끄덕 없고 안전하다고 생각합니다.

그러면서 자신들은 합당한 회개의 열매를 맺었다고 자부하고 있는지 모르겠습니다. 참으로 통탄할 일입니다. 우리 신앙인들에게 이 일은 매우 중요한 사안입니다.

우리가 회개의 합당한 회개의 열매를 맺어야 하는데 회개의 합당한 열매를 맺지 아니하는 것은 굉장히 위험한 것임을 우리는 결코 간과해서는 안 된다는 것입니다.

> 본 9절 '속으로 아브라함이 우리 조상이라고 생각지 말라
> 내가 너희에게 이르노니 하나님이 능히 이 돌들로도 아브
> 라함의 자손이 되게 하시리라'

세례 요한은 분문에서 회개의 합당한 열매를 맺기 위해서는 그들이 잘못 생각하고 있는 인식에서 벗어나야 한다고 말하고 있습니다. 그것이 바로 아브라함이 우리 조상이라고 생각지 말라고 한 것입니다. 사실 이 말은 무서운 말씀입니다.

아니 그들은 평생 아브라함이 자신들의 조상임을 자랑하며 살아왔는데 우리 조상이라고 하지 말라니 이게 무슨 조화입니까. 그들 입장에서

는 맞지 않는 말입니다. 그들은 지금까지 아브라함의 자손이라는 자부심으로 아브라함이 누리고 있는 모든 축복권을 자동적으로 받는다고 착각해 왔는데 그들의 논리를 반박해 버리니까 큰 충격이 아닐 수 없었습니다.

물론 자랑스러운 믿음의 조상을 가진 그들에게 특권일 수 있지만 회개의 합당한 열매를 맺지 아니한다면 그런 특권은 아무 소용이 없다는 것입니다. 아브라함의 자손이라는 것 때문에 잘못을 범해도 무마될 것이라고 생각하는 것은 위험천만한 일이 아닐 수 없습니다. 아브라함의 자손이라는 것 때문에 모든 것이 무사 통과될 것이라고 착각을 하지 말라는 것입니다.

이스라엘 백성들은 아브라함의 자손이라고 자랑스럽게 살아왔는데 아브라함의 자손이라고 생각지 말라고 하니 얼마나 큰 충격을 받았겠습니까. 큰 충격이지요.

아브라함의 자손으로서 효력이 상실된다는 것입니다. 너희는 아브라함의 자손이 아니라는 것입니다. 왜 그래요? 회개의 합당한 열매를 맺지 아니하면 그렇다는 것입니다. 우리도 마찬가지입니다. 모태신앙이나 몇 대의 장로 집안이다, 대형 교회에 다닌다 하면서 회개의 합당한 열매를 맺지 아니한다면 이러한 전통은 아무 쓸모가 없다는 것입니다. 모태 신앙이 뭐가 필요해요. 장로님 집안에서 태어난 것이 뭐가 필요해요. 목사님 집안에서 태어난 것이 뭐가 필요해요. 진짜 필요한 것은 합당한 열매를 맺는 것입니다.

'능히 이 돌들로도 아브라함의 자손이 되게 하리라'

하나님께서는 아브라함의 자손이 필요로 한 것이 아니라 합당한 회개의 열매를 맺은 자가 필요하다는 것입니다. 왜 그래요. 하나님은 돌들로도 아브라함의 자손을 삼을 수 있기 때문입니다.

본 10절 '이미 도끼가 나무 뿌리에 놓였으니 좋은 열매 맺지 아니하는 나무마다 찍어 불어 던지우리라'

회개의 합당한 열매를 맺지 아니한 자를 어떻게 합니까. 이미 도끼가 나무 뿌리에 놓였으니 좋은 열매 맺지 아니하는 자를 찍어 불어 던지운다는 것입니다.

회개의 합당한 열매를 맺지 아니하는 자들은 심판을 받고 버림을 받게 된다는 것입니다. 우리에게 이러한 불상사가 일어나지 않도록 철저히 회개하고 회개의 합당한 열매를 맺어야 할 줄 믿습니다.

그래야 우리는 찍혀 불에 던지움을 받지 않습니다. 심판에서 벗어날 수 있습니다. 우리 모두 회개의 합당한 열매를 맺어야 할 줄 믿습니다.

'성령과 불로 세례를 주실 것이요'

하나님께서 세례 요한을 보내 주신 목적이 어디에 있었습니까.
'주의 길을 예비하고 주의 길을 준비하여 주님을 맞이'할 수 있도록 하기 위해서였습니다.

하나님의 보내심을 받은 대로 세례 요한은 메시야를 맞이할 수 있도록 사람들을 준비시키는 데 주도적인 역할을 하였습니다.

세례 요한이 전한 메시지를 듣고 사람들은 회개하고 새 사람들이 되는 역사가 일어났습니다.

사람들은 죄에서 돌이키고 하나님께 돌아오는 역사가 일어났습니다.

그렇다면 우리는 지금 주님을 맞이하기 위해서 무엇을 준비하고 있습니까?

과연 우리는 주님을 맞을 준비를 잘하고 있습니까? 아니면 전혀 준비하지 못하고 있습니까? 앞에서 언급했지만 만약 우리가 주님 맞을 준비를 하지 못하면 이것보다 위험천만한 일도 없음을 확인해 보았습니다. 오늘날 우리 크리스천들에게 가장 위험한 것은 무엇입니까? 주님을 맞이하기 위해서 깨어 기도하지 못하고 안일하게 사는 데 있습니다. 이것이 우리 크리스천들에게 가장 위험한 일이라는 것입니다.

왜 그래요. 주님을 맞이하려고 철저히 준비를 했는데 아무리 기다려도 오시지 않는 거에요. 오늘 오신다고 간절히 기다렸는데 오시지 않으니까 마음이 어떻겠어요.

긴장감이 풀어지고 마음이 해이해지기 쉽습니다.

하루 이틀 지나다 보면 감각이 무디어지고 나중에는 아무 준비성 없이 현실에 안주해 버릴 수 있다는 것입니다. 우리는 이것을 지극히 조심해야 한다는 것입니다.

우리의 마음이 세월이 흐르면서 긴장이 풀리고 마음이 둔해질 확률이 100%입니다. 우리가 이러한 지경에 도달할 수 있습니다. '주님이 언제 오신단 말인가, 아무리 기다려도 오시지 않잖아. 오늘 오시지 않을 거야.' 우리가 이렇게 되면 깨어 준비하지 않고 잠든 채 살아갈 수 있다는 것입니다. 그런즉 방심은 금물입니다.

주님은 반드시 오십니다. 주님이 오시기는 오시는데 아무도 예상할 수 없다는 것이 문제입니다. 예수님이 낮에 오실지, 밤에 오실지 아무도 알 수 없습니다.

우리는 주님이 오시는 날짜를 모르기 때문에 영적으로 철저히 준비해야 불행한 사태를 막을 수 있습니다. 이제부터라도 우리는 주님 맞을 준비를 철저히 해야 할 줄 믿습니다. 오늘 주님이 오시는 것처럼 생각하고 깨어 준비해야 할 줄 믿습니다. 그래야만 주님을 맞이할 수 있습니다.

> 본 11절 '나는 너희에게 회개케 하기 위하여 물로 세례를 주거니와 내 뒤에 오시는 이는 나보다 능력이 많으시니 나는 그의 신을 들기도 감당치 못하겠노라 그는 성령과 불로 너희에게 세례를 주실 것이요'

세례 요한이 감당해야 할 사명은 뒤에 오시는 분을 소개하는 데 있었습니다.

그분이 누구였습니까. 예수 그리스도였습니다. 오직 예수 그리스도만 증거하는 것이 그의 사명이었습니다. 오늘 우리들에게도 시사해 주는 메시지가 있습니다. 세례 요한이 한결같이 감당했던 아름다운 일은 자기 이름을 드러내는 것이 아니라 예수 그리스도의 이름만 드러내는 데 있었습니다.

　세례 요한은 자신의 한계를 분명히 인식하고 살았습니다. 자신의 한계를 분명히 알고 그 선에서 조금도 벗어나지 않았습니다. 자신이 사람들한테 높아져도 인기가 치솟아도 교만하지 않았습니다. 세례 요한은 끝까지 겸손하게 자신의 소명을 감당하였습니다. 세례 요한은 사람들의 인기를 한 몸에 받았지만 한 점 흐트러짐 없이 자신에게 맡겨 주신 사명에 충실하였습니다. 자신은 주인공이 아니라 조연에 불과하다는 것을 인정하고 살았습니다. 주인공은 자신이 아니라 예수 그리스도라는 것을 분명히 알고 살았습니다.

　우리도 세례 요한처럼 자신의 소명을 깨닫고 살아가는 것은 놀라운 축복입니다. 하나님께서 우리를 왜 부르셨는지 소명을 깨닫는 사람은 세례 요한처럼 살아갈 수 있는 것입니다. 세례 요한은 자기 뒤에 오시는 예수 그리스도를 바라보라고 외치고 있습니다. 세례 요한은 자신을 부인하고 주님만 증거하고 있는 것입니다.

　사람은 자신의 위치를 알고 처신하는 것이 매우 중요합니다. 보세요. 세례 요한은 자신이 서 있어야 할 선에서 넘어가지 않았습니다. 자신이 서 있어야 할 자리를 알고 겸손히 그 자리를 지켰습니다. 많은 사람들이 자신이 서 있어야 할 선을 지키지 못하고 넘어서는 바람에 무너지는 사람들이 얼마나 많습니까.

이윽고 세례 요한은 자신은 사람들로 회개시키기 위하여 물로 세례를 베풀지만 자기 뒤에 오시는 분은 자신보다 능력이 많아서 그분의 신을 들기도 할 수 없는 무능한 존재라고 말하고 있습니다. 자기는 물로 세례를 베풀지만 자기 뒤에 오시는 분은 성령과 불로 세례를 베풀어 주실 것이라고 증거하고 있습니다.

이제 우리 예수님은 세례 요한의 예언처럼 물과 성령으로 세례를 주실 것입니다. 하나님은 아브라함과 언약을 체결하실 때도 불로 임하여서 언약을 맺었습니다. '출애굽기 3장'에 보면 하나님이 모세와 만나 주실 때도 불로 만나 주셨습니다. '모세가 그 장인 미디안 제사장 이드로의 양무리를 치더니 그 무리를 광야 서편으로 인도하여 하나님의 산 호렙에 이르매' '여호와의 사자가 떨기나무 불꽃 가운데서 그에게 나타나시니라 그가 보니 떨기나무에 불이 붙었으나 사라지지 아니하는지라'라고 하였습니다. 하나님은 불로 역사해 주시는 하나님이셨습니다. 하나님은 불과 성령으로 역사해 주시는 하나님이셨습니다. 세례 요한의 증거처럼 우리 예수님은 성령과 불로 세례를 베푸신다는 것을 어떻게 알 수 있습니까.

'사도행전 4-5절'에 '사도와 같이 모이사 저희에게 분부하여 가라사대 예루살렘을 떠나지 말고 내게 들은바 아버지의 약속하신 것을 기다리라' '요한은 물로 세례를 베풀었으나 너희는 몇날이 못되어 성령으로 세례를 받으리라'고 약속하여 주셨습니다. 예수님께서 본격적으로 성령과 불로 세례를 베풀어 줄 것이라고 약속해 주시고 있는 것입니다.

예수님께서 성령과 불로 세례를 베풀어 주신다고 약속을 하자 제자들은 성령받기 위하여 예루살렘을 떠나지 아니하고 전심으로 기도하였습니다.

약 50일 동안 주의 제자들과 아우들로 더불어 함께 기도에 메달렸습니다.

그 결과 어떻게 되었습니까. '사도행전 2장 1-2절'에 보면 '오순절날이 이미 이르매 저희가 다 같이 한 곳에 모였더니' '홀연히 하늘로부터 급하고 강한 바람 같은 소리가 있어 저희 앉은 온 집에 가득하며' '불의 혀 같이 갈라지는 것이 저희에게 보여 각 사람 위에 임하여 있더니'라고 기록하고 있습니다. 주님이 약속해 준 대로 오순절에 제자들은 성령을 받게 되었습니다. 주의 제자들은 성령과 불을 받고 어떤 역사를 일으켰습니까. 예루살렘과 온 유대와 사마리아와 땅 끝까지 복음을 전했습니다. 죄악된 세상을 뒤집고 역사를 뒤집었습니다. 세상을 뒤집고 하나님의 나라를 건설하였습니다.

죽은 자도 살리고 병든 자도 고치는 기적과 이적을 일으키는 주인공들이 되었습니다. 성령과 불을 받은 사람들은 세상을 두려워하지 않습니다. 권력을 두려워하지 않습니다. 성령과 불을 받은 우리는 강하고 담대하게 사명을 감당할 수 있습니다.

> 본 12절 '손에 키를 들고 자기의 타작 마당을 정하게 하사
> 알곡은 모아 곡간에 들이고 쭉정이는 꺼지지 않는 불에 태
> 우시리라'

세례 요한은 메시야가 오셔서 장차 무슨 일을 하신다고 증거합니까?

알곡은 모아 곳간에 들이고, 쭉정이는 꺼지지 않는 불에 태워 버리신다는 것입니다. 본 말씀은 바로 예수 그리스도가 심판주로서 역할을 하신다는 것을 보여 주시는 말씀입니다. 인류와 우리 인간의 운명을 결정하실 분이 바로 예수 그리 스도라는 것입니다.

그렇다면 우리 크리스천들은 어떻게 살아야 합니까. 알곡은 누구를 의미합니까. 철저히 회개의 삶을 사는 우리 성도들입니다, 회개의 합당한 열매를 맺은 성도를 알곡이라고 하는 것입니다. 알곡이란 하나님을 두려워하고 신실하게 사는 성도를 의미합니다. 그러므로 우리는 회개의 합당한 열매를 맺은 알곡이 되어야 합니다. 가라지나 쭉정이가 되어서는 안 되는 것입니다. 주님은 알곡이 필요로 합니다. 알곡만 선택해 주시는 것입니다. 우리 모든 성도들은 알곡이 되어야 할 줄 믿습니다. 다시 한번 강조하지만 알곡은 자기를 낮추고 겸손히 회개하는 성도가 알곡인 것입니다.

사실 우리가 알곡이 되기가 쉽지 않습니다. 왜 그래요? 우리가 낮아지지 아니하면 겸손해지지 아니하면 알곡이 된다는 것을 불가능합니다. 그러기 때문에 우리가 알곡이 되기 위해서 날이면 날마다 낮아져야 하고 겸손해져야 합니다. 그래야만 하늘의 곳간에 들임을 받을 수 있기 때문입니다. 우리 모든 성도들은 알곡이 되어 곳간(천국)에 다 들어가는 축복을 받으시기 바랍니다.

또한 알곡만 있는 줄 알았는데 쭉정이도 있습니다. 쭉정이는 누구를 상징합니까. 회개하지 않는 사람이요. 회개의 합당한 열매를 맺지 못하는 사람을 일컬어 쭉정이라고 하는 것입니다. 앞 절에 나오는 바리새인과 사두개인들이 바로 쭉정이인 것입니다. 쭉정이들은 자신의 죄를 깨닫고 회개하지 않습니다. 자신들은 의롭기 때문에 회개할 것이 없다고 말합니다. 쭉정이들은 자신들의 죄를 깨닫지도 못하고 회개하지도 못하는 자들입니다. 결국 쭉정이들은 어떻게 된다고요. 꺼지지 않는 불(지옥)에 태움을 받는다는 것입니다.

결론적으로 말한다면 우리가 알곡이 되지 못하고 쭉정이가 되는 것은 가장 불행한 결과를 초래한다는 것을 알고 알곡이 될지언정 절대로 쭉정이는 되지 말아야 합니다. 마지막 결산 때는 알곡은 모아 곳간(천국)에 들이시고 쭉정이는 꺼지지 않는 불(지옥)에 던짐을 받게 된다는 것입니다.

본 13-14절 '이 때에 예수께서 갈릴리로서 요단강에 이르러 요한에게 세례를 받으려 하신대'
'요한이 말려 가로되 내가 당신에게 세례를 받아야 할 터인터 당신이 내게로 오시나이까'

세례 요한이 증거한 대로 드디어 누가 등장합니까. 예수 그리스도가 역사에 등장합니다. 이때에 예수님은 세례 요한에게 세례를 받으시려고 갈릴리에서부터 요단강에 이르게 되었습니다. 물론 우리 예수님은 세례 요한에게 세례를 받지 않고서도 얼마든지 구령사업을 하실 수 있었습니다. 절차를 무시하지 아니하시고 절차를 밟으셨습니다. 그 절차가 세례였습니다. 세례 요한의 입장에서 생각해 보면 자기는 물로 세례를 주는 것에 불과하며 자기 뒤에 오시는 분은 성령과 불로 세례를 베풀 거라고 증거하였는데 그분이 자기에게 세례를 받으러 오니까 예수님께 뭐라고 말씀합니까.

'내가 당신께 세례를 받아야 하는데 당신이 내게로 오십니까' 하면서 만류하였습니다. 세례 요한의 겸손한 마음을 알 수 있습니다. 하나님의 아들이 자기에게 세례를 받으러 나왔으니 자신이 얼마나 돋보이겠어요. 이때도 세례 요한은 으스대지도 않았고 자신을 높이지도 않았습니다. 세례 요한은 자신의 위치를 정확하게 알고 행동을 하였습니다. 자신의 위치를 벗어나 주제 넘게 행동을 하지 않았습니다. 우리가 여기서 명심해야 할 것은 겸손하지 못하고 자신의 위치를 망각한 채 자신을 드러내는 사람이 있다면 그는 세례 요한이 될 수 없습니다.

우리는 절대로 자신의 위치를 벗어나면 안 됩니다. 우리는 끝까지 자신의 위치를 지켜야 합니다. 남에게 누를 끼치면서까지 자신의 이득을 챙기면 안 됩니다. 우리는 자신의 이익을 위하여 살지 말고 남의 이익을 위하여 살아야 합니다. '고린도전서 10장 24절'에 '누구든지 자기의 유익을 구치 말고 남의 유익을 구하라'고 말씀합니다.

우리는 자신이 손해를 볼지언정 남에게 손해를 끼치는 일을 하지 말아야 합니다. 이것이 바로 세례 요한이 살았던 삶이요 생활입니다. 이것이 바로 우리가 살아야 할 신앙의 절실한 자세입니다. 우리는 너무 교만합니다. 우리는 너무 건방집니다. 우리는 너무 당돌합니다. 우리는 너무

이기적이고 자기중심적입니다. 이러한 사람들은 다 쭉정이입니다. 다 자기한테 와서 무릎을 꿇으라고 하는 작자들 다 쭉정이입니다. 남에게 무릎을 꿇어야지요.

본 15-17절 '예수께서 대답하여 가라사대 이제 허락하라'

예수님의 겸손한 마음을 엿볼 수 있습니다. 세례 요한이 극구 만류하면 '그래 알았다. 나는 세례를 받을 필요가 없다.' 하면서 곧바로 사역에 뛰어들 수 있었습니다. 하지만 우리 예수님은 그렇게 하지 않았습니다. '이제 허락하라 우리가 이와 같이 하여 모든 의를 이루는 것이 합당하니라' 하시면서 세례 요한에게 세례를 받으셨습니다. 영적인 절차를 따르셨습니다. 이윽고 세례 요한이 허락을 합니다. 여기서 세례 요한이 나는 안 한다고 버티면 곤란하지 않았겠습니까.

그렇게 되었더라면 질서가 파괴되고 맥이 풀렸을 것입니다.

우리가 이와 같이 하여 하나님의 모든 의를 이루는 일이라면 내가 손해를 본다 하더라도 양보할 수 있어야 하고 따라야 합니다. 자기에게 주어진 임무를 충실하게 해야 하는 것입니다.

'로마서 8장 26절'에 '하나님을 사랑하는 자 그 뜻대로 부르심을 입은 자들은 모든 것이 합력하여 선을 이루느니라'는 약속 때문에 그렇습니다. 우리 예수님이 세례 요한에게 세례를 받으실 때 무슨 사건이 있었습니까. 1. 하늘이 열리고 2. 하나님의 성령이 비둘기같이 내려 예수님 위에 임하였습니다. 세례를 베푸는 곳에 이와 같이 하늘이 열리고 성령이 임한다는 것입니다. 우리들에게도 하늘이 열리는 축복을 받아야 하겠습니다.

세례란 무엇입니까. 죄 씻음 받는 신앙의 행위입니다. 우리는 성령의 세례를 받아야 죄 씻음 받고 성령의 권능을 받을 수 있는 것입니다. 세례식이 있은 후 하늘에서 음성이 들려왔습니다. '이는 내 사랑하는 아들이요 내 기뻐하는 자'라고 세례식을 통해서 하나님이 우리 예수님을 하나님의 아들로 인쳐 주셨다는 사실입니다. 아들임을 만천하에 정식으로 공포해 주신 것입니다.

예수님이 어떤 분이시라고요. 하나님의 사랑하는 아들이요 하나님의 기뻐하는 자라는 것입니다.

> 시편 2편 7절 '내가 영을 전하노라 여호와께서 내게 이르시되 오늘날 내가 너를 낳았도다'
> 시편 2편 12절 '그 아들에게 입맞추라 그렇지 아니하면 진노하심으로 너희가 길에서 망하리니 그 진노가 급하심이라 여호와를 의지하는 자는 다 복이 있도다'

우리의 심장을 멈추게 하는 말씀입니다. 우리는 하나님의 아들의 출현의 목격하고 있는데 심장이 멈추지 않을 사람이 어디 있습니까. 심장이 멈추지요. 하나님의 아들 예수 그리스도를 우리들에게 계시해 주신 것은 최고의 복입니다. 하나님의 아들 예수 그리스도를 믿는 자들은 다 구원을 받고 하나님의 자녀가 되는 것입니다.

4. 하나님의 입에서 나오는 모든 말씀으로 살 것이라

마태복음 4:1-11

우리 예수님은 세례 요한에게 세례를 받으시고 물에서 올라오실 때 하늘이 열리고 성령이 비둘기같이 충만히 임하게 되었습니다. 세례를 받으시는 날 하나님은 우리 예수님께 인류의 메시야로 임명장을 수여해 주었습니다.

> 임명장
> 하나님 아버지는 내 사랑하는 아들에게 인류의 메시야로
> 임명장을 주노라
> 총회장 하나님 아버지

이제 우리 예수님은 합법적으로 인류의 왕이 되셨습니다. 이후로 우리 예수님은 화려한 왕복을 입고 왕의 보좌에 앉으셔야 했습니다. 왕의 궁궐에서는 거대한 잔치를 베풀고 풍악을 울리며 즐거워해야 했습니다. 벨사살 왕이 120일 동안 잔치를 베풀며 여흥을 즐긴 것처럼 말입니다. 그러나 우리 예수님은 예상을 깨시고 왕의 자리에 앉지 아니하시고 어디로 물러가셨습니까. 마귀에게 시험을 받으러 광야로 가셨습니다. 자

본문을 보겠습니다.

> 본 1절 '그 때에 예수께서 성령에게 이끌리어 마귀에게 시
> 험을 받으러 광야로 가사'

하나님 아버지로부터 왕권을 위임받은 우리 예수님은 왕의 취임식을
거행하시지 아니하시고 어디로 가셨다고요? 성령 충만함을 받은 우리
예수님은 마귀에게 시험을 받으러 광야로 가셨습니다. 우리 예수님은
왕권을 확립하려고 무력을 사용하시지 않으셨습니다. 원수들을 힘으로
제압하여 쟁취하고자 하지 않았습니다. 왜냐하면 이 지상에 왕권을 세
우는 게 목적이 아니었기 때문입니다.

그러면 우리 예수님은 어디에 관심을 가지시고 활동을 하셨습니까.
영혼 구원에만 관심을 가지시고 활동을 하셨습니다. 영혼 구원을 위해
서 어떻게 해야 할 것인지 그 것에만 관심을 가지고 활동을 하셨습니다.
우리가 여기서 배워야 할 영적인 비밀이 숨어 있습니다. 우리 예수님은
천상의 사역을 어디에 초점을 맞추고 해야 할 것인지 마귀에게 시험을
받으시러 광야로 가신 것입니다.

하나님이 기뻐하시는 방향으로 순종할 것인지 아니면 마귀가 원하는
방향으로 따를 것인지 마귀의 시험을 받으셔야 했습니다. 우리가 겪는
시험은 두 가지가 있습니다. 하나는 하나님이 주시는 시험이요 하나는
마귀가 주는 시험입니다. 하나님이 주시는 시험(테스트)은 우리로 하여
금 믿음을 더욱 견고하게 하기 위함이요. 마귀가 주는 시험은 하나님의

뜻을 거역하고 믿음을 상실하게 하는 데 그 목적이 있습니다.

우리 예수님이 마귀에게 시험을 받으셨다는 것은 하나님의 뜻을 따르지 말고 마귀가 원하는 대로 따르도록 하기 위함입니다. 마찬가지로 마귀는 우리 예수님을 그렇게 유혹했듯이 우리 믿는 성도들을 그렇게 유혹한다는 것입니다. 항상 마귀는 자신의 의도를 철저히 숨긴 채 감미로운 말로 우리를 유혹한다는 것입니다.

마귀는 워낙 교활하여서 언제나 이렇게 유혹합니다.

마귀는 항상 이런 식입니다. '내가 시키는 대로만 한다면 너는 사람들에게 영웅 대접을 받을 거야. 너는 최고가 될 거야. 사람들의 인기도 독차지하고 사람들은 너를 추앙할 거야.' 마귀는 언제나 우리로 하여금 최고의 인생을 살 것처럼 속이는 것이 마귀의 전략이라는 것입니다. 마귀가 예수님을 시험한 것도 이런 목적을 가지고 한 것입니다.

본 2-3절 '사십일을 밤낮으로 금식하신 후 주리신지라'
'시험하는 자가 예수께 나아와서 가로되 네가 만일 하나님
의 아들이어든 명하여 이 돌들이 떡덩이가 되게 하라'

금식은 우리들에게 무슨 유익을 가져다줍니까? 인간의 탐욕과 탐심을 끊어 버리게 하는 효과를 가져다준다는 것입니다. 금식은 육신의 정욕을 끊어 버리고 자신을 낮추고 겸허하게 하는 데 탁월한 효과가 있습니다. 자신이 얼마나 무지한지 자신의 실존을 깨닫게 해 줍니다. 하나님을

더욱 신뢰하게 되고 믿게 합니다. 이것이 바로 금식이 우리들에게 주는 유익입니다. 예수님은 장기간 금식을 하시는 바람에 허기가 지셨고 굶주렸습니다. 이때 마귀는 예수님이 시장하신 것을 알고 뭐라고 제안합니까? '시험하는 자가 내가 만일 하나님의 아들이거든 이 돌들을 명하여 떡 덩이가 되게 하라'

우리 예수님은 장기 금식을 무사히 마치셨지만 새로운 유혹에 봉착하셨습니다. 마귀는 예수님께 '네가 만일 하나님의 아들이어든 이 돌들을 명하여 떡 덩이가 되게 하여 먹어 보라'고 요구해 왔습니다. 마귀는 예수님을 넘어뜨릴 수 있는 절호의 찬스로 보고 이렇게 제안을 한 것입니다. 당신은 하나님의 아들이니까 이 시간 이 돌들을 명하여 떡덩이가 되게 당신의 배도 채울 뿐 아니라 배고픈 인류의 배도 채우라고 한 것입니다. 그리하면 수많은 군중들이 당신을 왕으로 추대할 것이라고 하였습니다.

환호하는 군중들이 보이지 않느냐 하며 떡을 만들라고 유혹하였습니다.

사실 이것은 달콤한 제안이었습니다. '맞아. 지금 내가 이 돌들을 향해 떡덩이로 만들면 사람들이 나를 하나님의 아들로 인정해 주겠지. 나를 환영해 주겠지.' 이것이 바로 우리를 넘어지게 하는 유혹임을 잊어서는 안 됩니다.

피상적으로 보면 마귀가 친절하게도 하나님의 아들로 인정받을 수 있는 자리를 마련해 준 셈이나 다름이 없었습니다. 그래요. 마귀는 언제나 계속하여 우리를 이런 식으로 유혹한다는 것을 한시도 잊어서는 안 됩니다. 마귀는 계속 지껄였을 것입니다. '당신은 하나님의 아들이라며?

하나님의 아들이 그것도 못 해? 하나님의 아들이 그것도 못 한다면 하나님의 아들이 아니지. 내가 만약 하나님의 아들이라면 만백성이 보는 앞에서 떡을 만들어 하나님의 아들 됨을 증명해 보여 주어야 되지 않겠느냐.' 하면서 줄기차게 유혹했을 것입니다.

마귀는 예수님이 십자가를 지실 때도 역시 같은 방식으로 예수님을 시험하였습니다. '마태복음 27장 40절'에 '가로되 성전을 헐고 사흘에 짓는 자여 네가 만일 하나님의 아들이어든 자기를 구원하고 십자가에서 내려오라 하며' 비난하고 조롱하였습니다. 하나님의 아들이기 때문에 십자가에서 내려올 수 있다고 유혹하였던 것입니다. 마귀는 '보라 지금 인류는 빵이 없다고 빵을 달라고 아우성 치고 있지 않느냐 빵을 만들어 저들을 만족하게 해 주는 것이 하나님의 아들이 해야 할 도리가 아닌가. 배고픈 영혼들에게 빵을 만들어 먹여 주는 일이 하나님의 아들이 해야 할 일이다.'라고 했을 것입니다. 그러면서 떡을 만들어 주지 못한다면 하나님의 아들이 아니라고 했을 것입니다. '가짜 하나님의 아들이니까 못 하겠지. 진짜 하나님의 아들이라면 못하겠느냐.' 하면서 유혹했을 것입니다.

마귀의 제안처럼 하나님의 아들이요 인류의 메시야라면 배고픈 사람들에게 빵을 제공해 주는 것이 옳은 일로 보였습니다. 배고픈 영혼을 생각한다면 마귀의 제안은 천만 번이라도 옳아 보였습니다. 하나님의 아들이기에 인류의 배고픔을 해결해 주는 것은 당연한 처사였습니다. 그래야 하나님의 아들로 자격이 있지요.

자격 논리에 휩싸이다 보면 그래 이번 기회에 능력을 보여 주고 싶다는 생각에 빠질 수 있었습니다. 배고픈 인류에게 뭔가 해 주어야 한다는 강박관념에 사로잡힐 수 있었습니다. 하나님의 아들로서 사람들에게 신기하고 기발한 것을 던져 주고 싶은 충동을 받을 수 있었습니다. 그런데 우리 예수님은 마귀의 시험을 어떻게 대처해 가셨습니까. 하나님의 아들이라는 자격논란에도 불구하고 마귀가 원하는 대로 돌들로 빵을 만들어 배고픈 배를 채웠습니까. 아닙니다. 마귀의 의도를 꿰뚫어 보시고 '아 이것은 하나님의 뜻이 아니구나 하나님의 뜻을 거역하는 것이구나.' 판단하시고 그 즉시 마귀의 제안을 거절하고 물리치셨습니다. 우리도 예수님처럼 마귀의 달콤한 말에 유혹을 받지 않으려면 마귀를 단호하게 물리쳐야 합니다. 미련을 남겨두면 안 됩니다. 하나님의 뜻이 아니면 단호하게 끊어 버리고 물리쳐야 합니다.

본 4절 '예수께서 대답하여 가라사대 기록되었으되 사람
이 떡으로만 살 것이 아니요 하나님의 입으로 나오는 모든
말씀으로 살 것이라 하였느니라'

본 말씀은 '신명기 8장 3절'에 기록되어 있는 말씀입니다. 신명기 말씀은 예수님이 말씀하신 것과 똑같습니다. '사람이 떡으로만 사는 것이 아니요 여호와의 입으로 나오는 모든 말씀으로 사는 줄을 너로 알게 하려 하심이니라'라고 말씀하였습니다.

모세가 이 말씀을 한 배경에는 어디에 있었습니까. 이스라엘 백성들이 광야 40년 동안 살면서 씨앗을 파종하거나 길삼도 하지 아니하였지만 하나님이 주시는 양식으로 먹고살았음을 상기시켜 주는 뜻에서 이 말씀을 하였습니다. 여호와의 입에서 나오는 모든 말씀으로 산다는 것을 강조하기 위해서 준 말씀입니다.

예수님도 이 점을 아시고 마귀가 예수님께 돌들이 떡덩이가 되게 하라고 유혹하였을 때 기록된 하나님의 말씀으로 물리치신 것입니다. 우리 예수님은 신명기 말씀을 기억하시고 내가 지금 주려 있지만 반드시 먹어야만 사는 것이 아니라 여호와의 입에서 나오는 모든 말씀으로 산다는 것을 믿고 마귀의 유혹을 단호하게 물리치신 것입니다. 마귀는 창세기에 나오는 이브를 유혹했던 수법이나 예수님을 유혹했던 수법이 동일하였습니다.

그때도 마귀는 이브에게 '하나님이 참으로 너희더러 동산 모든 나무의 실과를 먹지 말라 하시더냐' 하던 그 유혹의 방법을 예수님께도 똑같이 써먹고 있습니다.

첫 아담은 마귀의 유혹을 물리치지 못하고 넘어가 실과를 따먹고 범죄하고 말았습니다. 그러나 둘째 아담은 마귀의 유혹에 넘어가지 아니하고 물리치셨습니다.

'사람이 떡으로만 살 것이 아니요 하나님의 입으로 나오는 모든 말씀으로 살 것이라 하였느니라' 하시면서 마귀의 시험을 물리치셨습니다. 마귀는 첫 시험에 예수님이 넘어가지 않자 둘째 단계로 시험하고 있습니다.

본 5-6절 '이에 마귀가 예수를 거룩한 성으로 데려다가 성전 꼭대기에 세우고… 가로되 네가 만일 하나님의 아들이

어든 뛰어내리라 기록하였으되 저가 너를 위하여 그 사자
들을 명하시리니 저희가 손으로 너를 받들어 발이 돌에 부
딪히지 않게 하리로다 하였느니라'

　마귀는 첫 번째 유혹에 넘어가지 않자 예수님을 데리고 어디로 갔습니
까. 예수를 거룩한 성으로 데려다가 성전 꼭대기에 세우고 '네가 만일 하
나님의 아들이어든 뛰어내리라' 하면서 이제 마귀도 기록된 말씀을 인용
하면서 예수님을 유혹합니다. 높은 꼭대기에서 뛰어내려도 안전하게 지
켜 주신다는 것입니다. 얼마나 달콤한 유혹입니까. 뛰어내려도 보호해
주시고 지켜 준다는데 이보다 달콤한 유혹이 어디 있습니까. 이 유혹도
마찬가지로 '네가 이제야 하나님의 아들임을 증명해 보일 때가 되었잖
아. 그것이 바로 만 백성이 지켜보는 가운데 성전 꼭대기에서 뛰어내리
는 거야. 그러면 사람들이 그것을 보고 하나님의 아들이라고 열광하겠
지. 모세처럼 말이야. 이스라엘 백성들은 구원시켜 준 모세처럼 해 봐.
모세는 홍해를 갈라 이스라엘 백성들이 바다를 건너가게 했고 광야에서
는 바위를 터뜨려 물을 먹여 주었잖아.'

　'네가 하나님의 아들이라면. 한번 보란듯이 사람들에게 보여 줘. 용케
도 알아보네. 하나님의 아들임을 어떻게 알았지. 나는 한번 한다고 하면
하는 사람이라고. 뛰어내리지 못할까 봐? 뛰어내릴 수 있지.' 여기에 마
귀의 함정이 있다는 것을 알아야 합니다. 여기에 마귀의 함정이 있다는
것을 모르면 마귀의 유혹을 이길 수 없습니다.

마귀의 계략을 알아야 마귀의 유혹에 넘어가지 아니하고 이길 수 있습니다.

무슨 함정인데요? 사람들에게 뭔가 기발하고 신비한 능력을 보여 주고 싶은 충동 말입니다. 이러한 배경에는 남보다 뛰어나다는 것을 보여 주고 싶은 충동이 밑바닥에 깔려 있습니다. '보라 나에게 이러한 능력이 있는 것을 너희가 보지 못하느냐. 나를 따르라.' 우리는 이러한 함정에 빠질 수 있다는 것을 잊지 말아야 합니다. 우리가 조금만 방심하면 빠질 수 있습니다. 우리 예수님은 이러한 달콤한 유혹을 어떻게 물리치셨습니까.

본 7절 '예수께서 이르시되 또 기록되었으되 주 너의 하나님을 시험치 말라 하였느니라'

심지어 우리 인간은 하나님의 뜻을 거역한 채 하나님을 시험할 때가 있습니다. 그러나 우리 인간은 하나님을 시험해서는 안 됩니다. 우리 인간이 대부분 하나님을 시험하는 것은 인간의 욕심 때문에 시험하는 것입니다.

물론 믿음으로 높은 꼭대기에서 뛰어내릴 수 있습니다. 부득이한 상황에 놓여 있을 때 믿음으로 뛰어내릴 수 있습니다. 하지만 순수한 동기가 아니라 불순한 동기를 위해서 뛰어내리는 행위는 인간의 욕심 때문에 그렇게 한 것입니다.

자신을 영웅시하기 위해서 하나님을 시험하는 것입니다. 또한 우리가 어렵고 힘을 때 믿음을 잃고 하나님은 시험할 때가 있습니다. 어려움을 면하기 위해서 자신의 편리한 대로 시험할 수 있습니다.

성경은 이런 식으로 하나님을 시험치 말라고 한 것입니다. 자신의 욕심 때문에 부당한 요구를 하지 말라고 한 것입니다. 우리가 하나님께 부당한 요구를 하는 것은 하나님을 시험하는 것입니다. 그런 면에서 볼 때 우리가 하나님을 시험하지 않으려면 어떻게 해야 합니까. 우리 인간의 탐심과 탐욕을 내려놓아야 하나님을 시험하지 않습니다. 인간의 욕심을 내려놓지 못하면 하나님을 시험하게 되는 것입니다. '골로새서 3장 5절' '…탐심은 우상숭배'라고 말씀합니다. 우리는 탐심의 지배를 받지 않도록 마음의 탐심을 버려야 합니다. 우상숭배는 다른 데 있는 것이 아니라 탐심에 있기 때문입니다.

사도 바울은 '빌립보서 4장 11-12절'에 '내가 궁핍하므로 말하는 것이 아니라 어떠한 형편에든지 내가 자족하기를 배웠노니' '내가 비천해 처할 줄도 알고 풍부에 처할 줄도 알아 모든 일에 배부르며 배고픔과 풍부와 궁핍에도 일체의 비결을 배웠노라'는 말씀처럼 하나님이 다 채워 주실 줄 믿는 성숙한 신앙으로 살아야만 하나님을 시험하지 않을 수 있습니다.

우리는 이것 때문에 지금 채워지지 않았어도 우리의 욕구가 충당되지 않았어도 주님 안에서 만족할 때 하나님을 시험하지 않을 수 있습니다. 우리가 꼭대기에서 뛰어내려야 할 때도 있겠지만 맹목적으로 뛰어내리는 것은 하나님을 시험하는 것입니다. 우리는 우리의 편리한 대로 주 녀의 하나님을 시험치 말아야 합니다.

> 본 8-9절 '마귀가 또 그를 데리고 지극히 높은 산으로 가서
> 천하 만국과 그 영광을 보여'
> '가로되 만일 내게 엎드려 경배하면 이 모든 것을 네게 주
> 리라'

마귀는 한두 번으로 예수님을 시험하는 것이 아니라 수차례 시험하고 있습니다.

마귀는 자신의 의도대로 되지 않자 또 무슨 새로운 것으로 시험합니까?

그것이 바로 천하만국과 그 영광이었습니다. 누가 누구에 준다는 것입니까?

이것은 완전히 주인의 것을 도적질하여 마치 자기가 그 주인공처럼 남에게 공짜로 주겠다는 것입니다. 이것이 바로 마귀의 속성입니다. 천하만국을 우리 예수님이 직접 만드셨는데 원수 마귀가 도둑질하여 마치 자기 것인 양 자기에게 엎드려 경배하면 이 모든 것을 네게 주리라고 합니다.

예수님의 입장에서 생각해 보면 얼마나 가소로운 일이에요. 원수 마귀는 매사에 항상 이렇습니다. 왜냐하면 마귀의 속성이 사기꾼이요 거짓말쟁이기 때문입니다.

오늘도 마귀는 우리를 넘어뜨리기 위해서 이와 유사한 방법으로 우리를 유혹한다는 것입니다. 우리는 이 점을 한시도 잊어서는 안 되는 것입니다.

우리가 이 점을 잊은 즉시 마귀의 유혹에 넘어가게 되는 것입니다. 천하만국이 자기 것이면 자기가 누리면 되지 누구에게 준다는 것입니까. 마귀의 최대 무기는 허영심을 충족시켜 주겠다는 것입니다. '내게 절을 하면 나를 경배하기만 하면' 마귀가 또 그를 데리고 지극히 높은 산으로 가서 천하 만국과 그 영광을 보여' 가로되 만일 내게 엎드려 경배하면 이 모든 것을 네게 주리라' 그러면 왜 마귀는 허영심을 자극하는 것입니까. 한 가지 목적밖에 없습니다. 우리 믿는 백성들을 파멸시키기 위한 것입니다. 당연히 마귀의 제안은 달콤하였습니다. 마귀에게 절만 하면 천하 만국과 그 영광을 준다는데 달콤해하지 않을 사람이 어디 있습니까.

천하만국을 얻고 싶지요. 얻을 수만 있다면 수단방법을 다 써서라고 획득하고 싶지요. 사실 여기에 마귀의 함정이 있는데 우리는 대부분 이런 유혹에 약합니다.

오늘의 시대가 그렇지 않습니까. 허영심의 본질은 자기가 이 세상의 중심이라는 교만한 생각을 하게 만드는 것입니다. 자기의 힘으로 천하를 얻었다는 자부심을 갖게 하는 것입니다. 보세요 허영심이 가득한 사람들의 심리 상태를 살펴보면 마치 자기가 천하를 다 얻은 것처럼 착각하며 살아갑니다.

마귀가 그것을 노리고 있는데 무지한 인간들은 깨닫지 못합니다. 결국 허영심에 사로잡힌 사람들은 천하를 얻고도 나폴레옹처럼 비운으로 파멸되고 마는 것입니다. 우리가 허영심에 사로잡히면 마귀는 결국 우리를 이렇게 만드는 것입니다. 그러면 우리가 어떻게 해야 허영심에게 벗어날 수 있습니까.

'마가복음 10장 17절' 이하에 잘 나와 있습니다. 어느 한 젊은 젠틀맨이 예수님께 나이와 내가 무엇을 하여야 영생을 얻을 수 있을지 묻습니다.

예수님은 그 젊은 사람에게 '네가 계명을 아나니 살인하지 말라 간음하지 말라 도적질하지 말라 거짓증거하지 말라 속여 취하지 말라 내 부모를 공경하라 하였느니라'고 말합니다. 그러자 그 젊은 청년이 말하기를 '내가 이것은 어려서부터 다 지켰나이다' 하면서 자랑스럽게 말합니다. 예수님은 그 즉시 그 사람에게 '네가 오히려 한 가지 부족한 것이 있으니 가서 네 있는 것을 다 팔아 가난한 자들을 주라 그리하면 하늘에서 보화가 네게 있으리라 그리고 와서 나를 좇으라 하시니' 여기에 우리의 허영심을 버릴 수 있는 비결이 있습니다. 그러나 그 젊은 부자 청년은 어떻게 합니까. 허영심을 버릴 수 있는 절호의 기회를 놓치고 맙니다. '그 사람은 재물이 많으므로 이 말씀을 인하여 슬픈 기색을 띠고 근심하여 가니라'고 기록하고 있습니다. 이 젊은 청년은 자기가 성취하고 이룩한 것을 내려놓지 못하니까 허영심에서 벗어나지 못하고 예수님 곁을 떠나가고 만 것입니다. 그 사람이 허영심에서 벗어나려면 현재 자기가 누리고 있는 모든 기득권과 특권의식을 버렸어야 했는데 그렇게 하지 못하고 움켜잡고 있다가 버림을 받게 된 것입니다.

우리가 허영심에서 벗어나려면 모든 편견과 고정관념을 배설물로 버려야 벗어날 수 있습니다. 이 광경을 지켜 보고 있던 베드로가 '이때 베드로가 예수께 우리가 모든 것을 버리고 주를 좇았나이다'라고 말하였습니다. '예수께서 가라사대 나와 및 복음을 위하여 집이나 형제나 자매나 어미나 아비나 자식이나 전토를 버린 자는 금세에 있어 집과 형제와 자매와 모친과 자식과 전토를 백배나 받되 핍박을 겸하여 받고 내세에 영생을 받지 못할 자가 없느니라'고 허영심에서 벗어날 수 있는 비결을 가르쳐 주셨습니다.

> 본 10-11절 '이에 예수께서 말씀하시되 사단아 물러가라
> 기록되었으되 주 너의 하나님께 경배하고 다만 그를 섬기
> 라 하였으니라'
> '이에 마귀는 예수를 떠나고 천사들이 나아와서 수종드니라'

예수님은 마귀의 유혹을 무엇으로 물리치십니까. 기록된 하나님의 말씀으로 물리치셨습니다. 우리도 마찬가지입니다. 기록된 하나님의 말씀으로만 마귀의 유혹을 물리칠 수 있습니다. '사단아 물러가라 주의 너의 하나님께 경배하고 다만 그를 섬기라'고 한 말씀을 붙잡고 물리쳐야 합니다. 참으로 통쾌한 말씀입니다. 기록된 하나님의 말씀에 대해서 우리는 이유를 따져서도 안 되고 이유를 물어서도 안 됩니다. 우리는 기록된 말씀으로 온전히 하나님께 경배하고 그만 섬겨야 합니다.

요한복음 2장에 나온 내용처럼 가나 혼인잔치에서 포도주가 떨어졌을 때 예수님은 종사자들에게 항아리에 물을 채우라고 하자 어떤 군소리도 하지 않고 항아리에 물을 채우는 순종을 합니다. 항아리에 들어 있는 물은 아직까지 물이었습니다. 그런 상태에서 우리 예수님은 종사자들에게 물을 떠다 연회장에게 갖다주라며 지시하였습니다. 아마 이때 종사자들

은 이렇게 대꾸하였을 것입니다.

'예수님은 잔치 집은 포도주를 갖다주라고 하는데 물을 갖다주면 어떻게 합니까?'라고 말할 수도 있었습니다. 그런데 종사자들은 예수님이 물을 떠 갖다주라고 하니까. 그 즉시 물을 연회장에 갖다드렸습니다.

그러자 어떻게 되었습니까. 항아리에 들어 있는 물을 떠다 연회장에 갖다드렸는데 연회장은 물로 된 포도주를 먹었다고 기록하고 있습니다. 그리고 연회장에서 포도주를 먹은 사람들이 '그대는 지금까지 더 좋은 포도주를 남겨 두었다'면서 주인을 칭찬해 주었다고 말하고 있습니다. 그렇습니다. 우리도 하나님의 말씀에 절대적으로 순종할 때 마귀를 이길 수 있는 줄 믿습니다. 마귀와 싸워 이길 수 있는 유일한 방법은 하나님의 말씀에 순종할 때입니다.

5. 흑암에 앉은 백성이 큰 빛을 보았고

마태복음 4:12-23

우리가 살면서 경험하는 일이지만 인간의 힘으로는 도저히 풀 수 없는 문제를 만날 때가 있습니다. 인간적으로 불가항력적인 난제에 부딪칠 때가 있습니다.

그런데 사람들이 인간적으로 한계에 봉착하다 보면 대부분 좌절하고 낙심합니다.

인간 편에서 접근하다 보면 절망뿐입니다. 그러나 하나님 편에서 본다면 인간의 위기는 하나님을 만날 수 있는 절호의 기회가 된다는 것입니다.

이때 우리 인간은 하나님께 나아갈 수 있고 하나님을 만날 수 있게 된다는 것입니다. 하나님은 인간의 위기를 하나님을 만날 수 있는 기회로 활용하셨고 하나님의 살아 계심을 체험할 수 있는 계기로 삼아 주셨습니다.

그러면 인간적으로 위기를 만났을 때 어떻게 해야 합니까. 하나님께 나아가 도움을 요청해야 합니다. 하나님께 나아가 기도해야 한다는 것입니다.

'시편 37편 5-6절'에 '너희 길을 여호와께 맡기라 저를 의지하면 저가 이루시고' '네 의를 빛같이 나타내시며 네 공의를 정오의 빛같이 하시리로다'라고 말씀합니다. 우리가 인생의 위기를 만났을 때 하나님께 나아가 하나님의 도움을 받을 수 있는 것입니다. 우리가 하나님께 나아가지 아니하면 하나님의 도움을 받을 수 없습니다. 아무쪼록 인생의 위기를 만났을 때 하나님의 도움을 받으시기 바랍니다. '시편 63편 7절'에 '주는 나의 도움이 되셨음이라 내가 주의 날개 그늘에서 즐거이 부르리이다'라고 말씀합니다. '출애굽기 14장'에 보면 이스라엘 백성들이 위기를 만났을 때 그들이 어떻게 하나님의 도움을 받았습니까. 이스라엘 백성들은 출애굽 한 후 삼 일 길을 가게 되었습니다. 이스라엘 백성들이 삼 일 길을 갔지만 그들 앞에는 거대한 홍해 바다가 버티고 서 있었습니다. 설상가상으로 애굽 군대가 이스라엘 뒤를 추격하여 쫓아왔습니다.

'출애굽기 14장 10절'에 '바로가 가까워 올 때에 이스라엘 자손이 눈을 들어 본즉 애굽 사람들이 자기 뒤에 미친지라 이스라엘 자손이 심히 두려워하며 여호와께 부르짖어 그들이 또 모세에게 이르되 애굽의 매장지가 없으므로 당신이 우리를 이끌어 내어 이 광야에서 죽게 하느뇨' 하면서 모세를 원망합니다. 이스라엘 백성들은 앞으로 나아가게 되면 바다에 빠져 죽을 수 있고, 뒤로 물러서게 된다면 애굽 군대에 붙잡혀 죽임을 당해야 했습니다. 현재 이스라엘 백성들은 진퇴양난에 빠져 있는 것입니다. 앞으로 나아갈 수도 없고 뒤로 물러설 수도 없는 최대의 위기를 만나게 된 것입니다. 과연 이 일을 어찌하면 좋습니까. 무슨 좋은 수가 없을까요.

모세가 절체절명의 위기를 만났을 때 어떻게 하는지 살펴보겠습니까. '모세가 백성에게 이르되 너희는 두려워 말고 가만히 서서 여호와께서 오늘날 너희를 위하여 싸우시는 구원을 보라 너희가 오늘날 애굽 사람을 또 다시는 영원히 보지 못하리라' '여호와께서 너희를 위하여 싸우시리니 너희는 가만히 있을지어다'라고 말씀합니다. 그래요. 모세가 최대의 위기를 만났을 때 어떻게 했다고요.

모세는 하나님께 부르짖어 기도한 것입니다. 모세가 여호와께 부르짖어 기도하자 하나님은 어떻게 응답해 주셨습니까. 하나님이 모세의 기도를 들어주셔서 이스라엘 백성들을 구원해 주시고 있는 것입니다. 우리도 인생의 위기를 만났을 때 모세처럼 부르짖어 기도해야 할 줄 믿습니다. 그리하면 하나님은 우리의 기도를 들어주셔서 구원해 주실 줄 믿습니다. 인생의 위기 때 하나님의 기적을 체험하시기 바랍니다.

본 12절 '예수께서 요한의 잡힘을 들으시고 갈릴리로 물러 가셨다가'

예수님이 본격적으로 사역을 시작하려는 참에 무슨 사건이 발생하였습니까.

세례 요한이 헤롯에게 붙잡혀 감옥에 갇히게 되었습니다. 그동안 전무후무한 사역을 감당하셨는데 감옥에 들어가고 말았으니 얼마나 안타까운 일이에요.

아름다운 사역을 오래하셔야 하는데 이제 아무것도 할 수 없는 신세가 되고 만 것입니다. 세례 요한의 위대한 사역은 중단되고 만 것입니다. 사역을 더 하고 싶어도 할 수 없는 상황에 놓이게 된 것입니다.

그러면 세례 요한이 왜 감옥에 들어가게 되었습니까. '마태복음 14장'에 세례 요한이 붙잡히게 된 원인에 대해서 말해 주고 있습니다. 헤롯에게 빌립이라는 동생이 있었는데 그의 부인을 강제로 빼앗아 헤롯의 아내를 삼아 버렸습니다. 이런 흉측한 범죄가 어디 있어요. 그래서 세례 요한이 헤롯을 향해 '당신이 그 여자를 취하는 것이 옳지 않다'라며 헤롯의 죄악을 책망을 한 것입니다.

이때 헤롯은 자신의 잘못을 반성하고 변화받으면 얼마나 좋아요. 자신의 죄를 뉘우치고 돌이키면 얼마나 좋아요. 그런데 헤롯에게 이러한 감동적인 이야기가 없습니다. 사람들은 자신의 죄를 버리고 돌이키는 것이 안 되나 봐요.

헤롯이 그랬습니다. 세례 요한이 헤롯의 잘못을 지적해 준 것은 헤롯이 미워서 그런 것이 아니라 악행을 끊고 변화받도록 하기 위함이었습니다. 다른 의도가 없었습니다. 헤롯은 자신의 죄를 지적했다고 앙심을 품고 세례 요한을 붙잡아 감옥에 감금시켜 버린 것입니다. 이로 인하여 세례 요한은 큰 위기를 만나게 된 것입니다. 그렇다면 하나님께서도 옳은 일을 하다가 감옥에 들어 갔으니 무슨 조치를 취해 주셔야지요. 신속하게 구원해 주셔야지요. 하나님도 아무 조치를 취해 주시지 않습니다. 하나님은 침묵하시고 있습니다.

본 12절 '예수께서 요한의 잡힘을 들으시고'

세례 요한이 헤롯에게 붙잡혔다는 소식을 듣고 예수님은 어떻게 대응해 가십니까. 인간적인 입장에서 생각해 본다면 이참에 잘못을 범한 헤롯을 보란 듯이 처치하고 세례 요한을 구출해 주시는 것이 옳아 보일 수 있었습니다. 이렇게 되면 예수님의 능력이 만천하에 드러나고 전파될 수 있었습니다. 악을 제거하는 좋은 기회였습니다. 하지만 우리 예수님은 우리의 예상과 달리 세례 요한이 붙잡혔다는 소식을 듣고 아무 대응도 하시지 않습니다. 무대응으로 일관하십니다.

'그래. 우리가 요한을 구출하러 가자. 나를 따르라.' 하면서 앞장서서 가시면 될 텐데 아무 말씀도 하지 않으시고 아무 행동도 취하시지 않으십니다. 예수님은 조용히 어디로 떠나가십니까. 갈릴리로 떠나가십니다. 제자들 입장에서 보더라도 '아니 예수님 무슨 조치를 취해 주셔야지요. 그냥 놓고 가시면 어떻게 합니까.' 이렇게 본다면 예수님의 처신이야말로 너무 소극적으로 대처하시고 있습니다.

정작 문제를 적극적으로 대처하지 아니하시고 피해 가신 것처럼 보일 수밖에 없습니다. 저돌적이고 과격한 사람들은 분통터지는 일입니다. 그런데 우리 예수님은 세례 요한의 사건을 목격하신 후 어떤 생각을 가지셨습니까. 이제 본격적으로 복음 사역을 감당해야 할 기회가 왔다는 것을 아시고 그 길을 묵묵히 가시고 있습니다.

본 13절 '나사렛을 떠나 스불론과 납달리 지경 해변에 있

는 가버나움에 가서 사시니'

여기 스불론과 납달리는 인간적으로 출세하고 성공한 사람들이 정착하여 사는 곳이 아닙니다. 경쟁에서 밀리고 밀린 사람들이 이곳에 와 사는 척박한 땅이었습니다. 사람들에게 짓밟히고 소외된 사람들이 모인 지역이었습니다. 스불론과 납달리 지역은 가장 낙후되고 절망뿐인 땅이었습니다. 예수님은 이러한 땅에 일부러 가셔서 거처를 삼으셨습니다. 본격적으로 천국사업을 전개하시려면 유명한 도시로 가셔서 하셔야지요. 이렇게 낙후된 시골 구석에서 무엇을 시도하시려고 그러십니까. 보나마나 사업을 전개하시기도 전에 실패하고 말 것입니다. 예수님 패러다임을 좀 바꿔 보시기 바랍니다.

'마인드를 좀 크게 가져 보세요. 예수님 이러한 패러다임으로서는 아무것도 할 수 없을 것입니다. 예수님, 이곳에 머물러 봤자 아무도 주목할 사람은 없을 것입니다.'

사람들은 아무도 관심을 갖지 않을 것입니다. 그렇습니다. 예수님의 패러다임은 후진성을 벗어나지 못하고 있습니다. 예수님의 마인드는 현대적인 감각에 맞지 않습니다. 철저히 버려지고 소외된 땅에서 무엇을 일구어 낸단 말입니까.

실패할 확률이 100%입니다. 실질적으로 아무것도 이뤄 낼 수 없을 것입니다.

그래도 우리 예수님은 아랑곳하지 아니하시고 가장 낙후된 땅에 가셔서 사셨습니다. 왜 그랬어요, 세상적으로 버림 받고 소외되고 짓밟힌 영혼들을 사랑하는 마음 때문에 그곳에 가서서 사신 것입니다.

우리는 이러한 곳을 외면하고 관심도 없지만 우리 예수님은 우리들의 관점과 다르게 이곳에 오서서 거처를 삼으셨습니다. 우리는 찢긴 영혼들을 섬기지 않지만 우리 예수님은 찢기고 상한 영혼들을 외면하시지 않으시고 친히 찾아가서서 어루만져 주시고 위로해 주시고 있습니다.

이것이 우리와 다른 점입니다. '마태복음 9장 3-13절'에 보면 우리 예수님은 소외되고 버림 받은 영혼들과 함께 식사를 할 때였습니다. '예수께서 마태의 집에서 앉자 음식을 잡수실 때에 많은 세리와 죄인들이 와서 예수와 그 제자들과 함께 앉아서 식사'를 하고 있었습니다. 그러자 이것을 지켜보고 있던 바리새인들이 뭐라고 말합니까. 책망하듯 제자들에게 어찌하여 너희 선생은 세리와 죄인들과 함께 앉아 식사를 하느냐 하면서 힐난을 하고 시비를 걸어왔습니다.

이 말은 인간 취급도 못 받는 죄인들과 식사를 하는 것은 불법이고 부정한 행위라는 것입니다. 죄인들과 함께 식사를 하는 것은 한마디로 불결하다는 것입니다. 이들이 보는 관점은 매사가 이렇습니다. 그들과는 달리 사람들에게 버림 받은 죄인들과 함께 식사하는 예수님의 자애로운 모습이 얼마나 아름답습니까. 하지만 바리새인들은 이것이 더럽다고 공격하고 있습니다. 트집을 잡을 것이 없으니까 별의별 것을 다 가지고 트집을 잡고 있습니다. 생떼를 부리고 트집을 잡는 바리새인들을 향해 예수님은 뭐라고 대응하십니까. '건강한 자에게는 의원이 쓸데없고 병든 자에게라야 쓸데있느니라' '내가 긍휼을 원하고 제사를 원치 아니하노라 하신 뜻이 무엇인지 배우라'고 응수하셨습니다.

'내가 의인을 부르러 온 것이 아니요 죄인을 부르러 왔노라'고 말씀하셨습니다.

예수님이 이 땅에 오신 목적이 어디에 있는지 분명하게 말씀해 주셨습니다. 우리 예수님은 건강한 자를 위하여 오신 것이 아니라 찢기고 병든 영혼을 치료하여 주시려고 오셨습니다. 그런데 사람들은 바리새인들처럼 연약하고 부족한 인생들을 대할 때 어떻게 합니까. 자기보다 부족하고 연약한 사람들을 보면 도와주고 섬겨 주면 좋으련만 도와줄 마음보다는 정죄하고 무시하는 경향이 있습니다.

이러한 일을 볼 때마다 얼마나 비애감을 느낍니까. 혹시 우리가 바리새인들처럼 그렇게 살고 있지 않은지 반성할 수 있어야 합니다. 돌이킬 수 있어야 합니다.

우리들에게 잘못된 것이 있으면 합리화하지 말고 과감하게 고쳐서 새롭게 변화받아야 합니다. 사도행전에 보더라도 제자들에게 기사와 기적이 일어나니까 이것을 힐난하고 무시합니다. 이들이 갈릴리 사람들이 아니냐 하면서 노골적으로 무시하고 비난합니다. 유대인들은 무엇 때문에 갈릴리 사람들이라고 한 거예요? 갈릴리 사람들은 못 배우고 무식한 사람들임을 잘 알고 있었는데 무식한 사람들이 굉장한 일을 하니까 이런 식으로 폄훼하기 위해서 그렇게 부른 것입니다.

'사도행전 4장 13절'에 '베드로와 요한이 기탄 없이 말함을 보고 그 본래 학문 없는 범인으로 알았다가 이상히 여기며 또 그 전에 예수와 함께 있던 줄도 알고' 못 배운 자들이라고 무시하고 깔본 것입니다. 사람들은 이렇듯 고정관념에 사로잡혀 살아갑니다. 편견에서 벗어나지 못합니다. 사람들은 대부분 결론을 내려놓고 판단합니다. 학문 없는 범인으로 무식한 범인으로 결론을 내려놓고 판단하고 무시하는 것입니다. 우리도 이러한 고정관념에서 벗어나지 못하면 똑같은 일을 범할 수 있습니다.

> 본 14-16절 '이는 선지자 이사야로 하신 말씀을 이루려 하심이라 이렇으되'
> '스불론 땅과 납달리 땅과 요단강 저편 길과 이방의 갈릴리여'
> '흑암에 앉은 백성이 큰 빛을 보았고 사망의 땅과 그늘에 앉은 자들에게 빛이 비취었도다 하였느니라'

이방 갈릴리 땅에 소망의 빛이 비춰질 것을 수백 년 전에 누가 예언해 주었습니까. 이사야 선지자가 예언해 주었습니다. '이는 선지자 이사야로 하신 말씀을 이루려고 하셨다'라고 말씀합니다. '흑암에 앉은 백성이 큰 빛을 보았고 사망의 땅과 그늘에 앉은 자들에게 빛이 비취었도다' 그래요.

우리 예수님이 찾아오시면 아무리 절망스러운 곳이라도 소망의 땅으로 변화될 줄 믿습니다. 희망의 땅이 될 줄 믿습니다. 그러므로 우리는 찾아오시는 예수님을 영접해야 절망이 변화여 소망이 되는 것입니다. 예수님을 만나야 복을 받는 것입니다. 우리를 찾아오시는 하나님을 만나기만 하면 어떤 인생이라도 새롭게 변화받을 줄 믿습니다. 소망의 사람으로 희망의 사람으로 변화받을 것입니다. 마음이 병든 자는 치료받을 것이며 마음이 슬픈 자는 기쁜 자가 될 것입니다. 고기 잡는 어부들이 변하여 사람 낚는 어부들이 될 것입니다. 막혀 있는 우리의 길이 활짝 열릴 줄 믿습니다.

본 17절 '이 때부터 예수께서 비로소 전파하여 가라사대 회개하라 천국이 가까왔느니라 하시더라'

회개의 삶이란 무엇입니까. 하나님을 떠난 삶에서 하나님께 돌아오는 삶이 회개하는 것입니다. 우리의 삶을 수정하고 바꾸는 것입니다. 삶의 방향을 바꾸는 것입니다. 죄악으로 달려가던 발걸음을 하나님께 돌이키는 것입니다.

'이사야 6장 5절'에 보면 이사야는 어떻게 회개합니까. '그때에 내가 말하되 화로다 나여 망하게 되었도다 나는 입술이 부정한 사람이요 입술이 부정한 백성 중에 거하면서 만군의 여호와이신 왕을 뵈었음이라로다' 부정한 자신을 회개하는 것입니다.

우리도 이사야처럼 회개하기 위해서는 우리는 반드시 불의한 생각과 불의한 행동을 바꿔야 합니다. 회개란 이것입니다. 회개할 때 우리 개인이 살고 가정이 살고 교회가 살고 나라가 사는 것입니다. 우리가 회개하지 아니하면 우리는 망하는 것입니다. 우리가 망하지 않기 위해서는 회개해야 합니다. 중간에 18-22절을 건너뛰어서 23-24절 말씀을 보겠습니다.

본 23절 '예수께서 온 갈릴리에 두루 다니사 저희 회당에
서 가르치시며 천국복음을 전파하시며 백성 중에 모든 병
과 모든 약한 것을 고치시니 그의 소문이 온 수리아에 퍼
진지라 사람들이 모든 앓는 자 곧 각색병과 고통에 걸린
자 귀신 들린자 간질하는 자 중풍병자들을 데려오니 저희
를 고치시더라'

우리 예수님은 복음의 사역을 시작하실 때 갈릴리 지역을 본부로 삼으
셨습니다.

앞 절에서 말했듯 갈릴리는 경쟁에서 밀린 사람들이 사는 곳이요 소
외된 사람들이 정착하여 사는 곳입니다. 우리 예수님은 희망이 없는 곳
에서부터 천국 사업을 시작하였습니다. 과연 우리 예수님은 천국 사업
을 성공할 수 있을까요. 과연 이곳에서 소망의 꽃을 피울 수 있을까요.
이왕에 시작하시려면 더 좋은 환경과 조건으로 출발하시는 것이 타당해
보이지 않습니까.

그런데 무엇 때문에 아무 소망이나 희망이라고는 전무한 곳에서부터
시작하신 것입니다. 예수님은 이곳에서 어떻게 천국 사업을 전개하시는
지 살펴보겠습니다.

예수께서 온 갈릴리에 두루 다니사 1. 저희 회당에서 가르치시며 2. 천
국 복음을 전파하시며 3. 백성 중에 모든 병과 모든 약한 것을 고쳐 주십
니다.

예수님은 세 부분으로 나누어 천국 사업을 전개하셨습니다. 저는 우

리 교회가 지하에서 지상으로 올라오면 다 될 줄 알았는데 좁은 공간에서 제대로 문을 열 수 있나, 제대로 소리를 칠 수 있나 다 막힌 거예요. 그리할지라도 주님께서 우리를 이곳으로 인도해 주시고 성령님이 우리와 함께해 주신다면 이곳에서도 소망의 땅이 될 줄 믿습니다. 하나님 아버지의 영광이 우리 교회에 임재해 주시고 성령님이 함께하여 주시면 놀라운 역사가 일어날 줄 믿습니다.

아무튼 최악의 상황과 최악의 조건에서도 주님께 더욱 충성하는 우리가 되어야 할 줄 믿습니다. 우리는 여기에 머무르지 말고 또다시 기도하며 더 넓은 장소로 옮겨 갈 수 있도록 기도해야 합니다. 또 줄기차게 기도하는 것입니다. 그리하면 우리가 상상할 수 없는 기적과 이적을 체험할 수 있는 것입니다. 우리는 그날이 오기를 소망하면서 지극히 작은 일에 충성해야 할 줄 믿습니다. 모든 결과를 하나님께 맡기는 거예요. '잠언 16장 1절'에 '마음의 경영은 사람에게 잊어도 말의 응답은 여호와께로서 나느니라'고 말씀합니다. '잠언 16장 3절'에 '너의 행사를 여호와께 맡기라 그리하면 너의 경영하는 것이 이루리라'고 말씀합니다.

이스라엘 백성들이 나라를 잃고 바벨론에 포로로 잡혀가 아무 소망 없이 살아가는 이스라엘 백성들에게 하나님은 에스겔 선지자를 통하여 소망의 말씀을 합니다.

'에스겔 36장 9-11절'에 '내가 돌이켜 너희와 함께 하리니 사람이 너희를 갈고 심을 것이며' '내가 또 사람을 너희 위에 앉게 하리니 이들은 이스라엘 온 족속이나 그들로 성읍들에 거하게 하며 빈 땅에 건축하게 하리라' '내가 너희 위에 사람과 짐승으로 많게 하여 생육이 중다하고 번성하게 할 것이라 너희 전 지위대로 처음보다 낫게 대접하리니 너희가 나를 여호와인 줄 알리라'고 말씀합니다.

누가 이스라엘 백성들에게 생육이 중다하고 번성하게 해 주신다고요? 여호와 하나님이 해 주신다는 것입니다. 여호와 하나님이 우리 교회도 우리 교회 식구들도 생육이 중다하고 번성하게 해 주실 줄 믿습니다. 여호와 하나님은 언제나 처음보다 낫게 우리를 대접해 주실 줄 믿습니다. 여호와 하나님이 이스라엘 백성들에게 이렇게 해 주신 것은 '너희가 나를 여호와인 줄 알게 하기 위해서'라는 것입니다. 아 그렇구나. 우리 교회가 갈릴리라는 생각이 드는 거예요. 갈릴리가 따로 있는 것이 아니에요. 우리 교회가 갈릴리인 것입니다. 인간적으로 세상적으로 아무것도 기대할 수 없는 곳이지만 주님은 언제나 천국 사업을 시작할 때 희망이 있는 곳에서부터 시작하신 것이 아니라 아무 소망이 없는 곳에서부터 시작하신다는 것입니다.

주님은 노방 전도도 하셨지만 주로 회당에서 하나님의 말씀을 전하시고 가르치셨습니다.

유대인들은 몇 명만 모여 살면 회당을 세워 율법을 배우고 가르쳤습니다. 유대인들에게 회당은 중요한 교육기관으로 자리 잡았습니다. 오늘날로 말하면 교회 역할을 한 것입니다. 유대인들은 회당에서 율법을 가르쳤고 배웠습니다. 유대인들에게 회당은 신앙과 삶의 전부였습니다. 회당이 없는 유대인들은 생각할 수 없었습니다. 성전은 예루살렘 한곳에만 존재하였지만 회당은 한곳에 만나는 것이 아니라 유대인들이 사는 곳에서는 회당을 세워 교육을 받았습니다.

'바클레이' 신학자 '성전은 오직 제사를 드리는 데 목적이 있었고' 교육이나 설교는 없었다고 합니다. 그러나 회당은 성전과 달리 강의나 설교를 하였다고 합니다. 그래서 그 당시 회당은 '민중 종교학교'라고 했다고 합니다.

'만일 누가 어떤 종교적 교훈이나 널리 전하고 싶은 종교적 이념을 가지게 되면 회당이 의례히 출발 장소가 되었다.'라고 말하고 있습니다. 당연히 우리 예수님도 회당에서부터 천국 사업을 전개해 가신 것입니다. 첫째, 우리 예수님은 회당에서 말씀을 가르치셨습니다. 교육이란 무엇입니까. 어느 주제를 가르치고 배우는 것입니다. 마찬 가지로 신앙교육도 하나님의 말씀을 가르치고 배우는 것입니다.

우리 기독교는 세상 학문이나 지식을 배우는 것이 아닙니다. 하나님의 말씀을 가르치고 배우는 것입니다. 제가 하고 있는 설교도 같은 맥락에서 가르치고 배우는 것입니다.

사도 바울은 '디모데후서 2장 2절'에서 '또 내가 많은 증인 앞에서 내게 들은 바를 충성된 사람들에게 부탁하나 저희가 또 다른 사람을 가르칠 수 있으리라'라고 말씀합니다. 우리는 하나님의 말씀을 가르치고 배우고 또 가르치고 배우는 일을 한두 번으로 끝내는 것이 아니라 반복적으로 계속할 수 있어야 합니다. 잠시라도 중단하면 안 됩니다. 우리는 줄기차게 하나님의 말씀을 가르치고 배우는 일에 앞장서야 합니다, 이 일에 열심을 내야 합니다. '디모데후서 4장 2절'에 '너는 말씀을 전파하라 때를 얻든지 못 얻든지 항상 힘쓰라 범사에 오래 참음과 가르침으로 경책하며 경계하며 권하나' 그러므로 우리가 이 일을 소홀히 할 수 없는 것을 이것 때문에 그렇습니다.

'디모데후서 4장 3절'에 '때가 이르리니 사람이 바른 교훈을 받지 아니하며 귀가 가리워서 자기의 사욕을 좇을 스승을 많이 두고 또 그 귀를 진리에서 돌이켜 허탄한 이야기를 좇으리라' 그리하여 사도 바울은 '갈라디아서 6장 6절'에 '가르침을 받는 자는 말씀을 가르치는 자와 모든 좋은 것을 함께 하라'고 말씀합니다.

또 '바클레이' 신학자는 예수님이 가르치신 것이 왜 중요한지를 설명하여 주셨습니다. '하나님의 말씀을 가르치고 증거하는 일에 있어서 오류가 생길 수도 있는데 예수님은 인간들의 오류나 모순을 바로잡아 주려고' 오셨다는 것입니다.

이윽고 '사람이 진리를 알고도 잘못 해석할 때가 있다. 인간은 진리를 알고도 잘못된 결론에 도달할 때가 있다.'라고 말합니다. 우리는 이것을 방지하기 위해서 정확하게 깨달아야 하고 정확하게 알아야 합니다. 우리는 이것을 위해 열린 마음으로 끊임없이 배워야 합니다. 그래야 '오류를 바로잡을 수 있다.'라고 말합니다.

둘째, 예수님은 천국 복음을 전파하셨습니다. 천국 복음은 예수 그리스도에 관한 이야기입니다. 복음의 핵심과 본질은 십자가와 부활입니다. 예수님 자신입니다.

이것이 천국 복음의 핵심입니다. 천국 복음은 예수 그리스도를 가르치는 것입니다.

예수님 외에 다른 천국 복음이 없습니다.

셋째는 예수님은 사람들의 병과 약한 것을 고쳐 주시고 건강하게 해 주셨습니다.

장차 저희 교회에서도 죽은 자가 살아나고 병 고치는 역사가 일어날 줄 믿습니다.

6. 사람을 낚는 어부가 되게 하리라

마태복음 4:18-20

오늘 말씀은 예수님께서 제자들을 부르신 장면입니다. 주님께서 제자들을 선택하실 때 대단한 인물을 찾고자 가말리엘 문화생도들을 리스트에 올려놓고 검증을 하신 것이 아닙니다. 인사 시스템을 작성하여 엘리트들을 선별하신 것도 아닙니다. 그렇다고 가문을 보신 것도 아니고 학벌을 중요하게 고려한 것도 아닙니다. 명문고나 출신고를 검토하신 것도 아닙니다. 얼마나 능력이 있느냐 없느냐를 테스트한 것도 아닙니다. 그 당시만 해도 유대인을 대표하는 산헤드린 공회원, 대제사장, 율법사, 서기관, 바리새인, 사두개파 등 고급인력과 최고들이 얼마나 많이 있었습니까.

그러면 주님께서 제자들을 선택하실 때 무슨 자격조건을 보셨습니까. 주님 말씀에 얼마나 순종하고 따르냐를 보시고 선택해 주셨습니다. 주님의 제자가 되는 자격조건을 무엇으로 판단했습니까. 순종 여하에 따라 결정을 했습니다. 주님의 말씀에 순종을 하느냐 안 하느냐에 자격을 부여했습니다. 주님의 제자가 되는 길은 다른 조건이 필요로 했던 것이 아니라 순종에 달려 있었습니다.

오늘 우리도 주님의 말씀에 전적으로 순종하는 역사가 일어나야 하겠습니다. 나를 따르라고 말씀하시면 아멘 하고 주님을 따라야 하겠습니다. 주님의 부르심에 온전히 순종해야 하겠습니다. 그래야 주님의 제자가 될 수 있는 줄 믿습니다. 자 본문을 보겠습니다.

(1) 예수님은 평범한 자들을 부르십니다

> 본 19절 '갈릴리 해변에 다니시다가 두 형제 곧 베드로라 하는 시몬과 그 형제 안드레가 바다에 그물 던지는 것을 보시니 저희는 어부라'

주님의 활동무대가 어디였습니까. 갈릴리 해변이었습니다. 갈릴리로 말할 것 같으면 유명한 도시가 아니었습니다. 사회에서 소외된 사람들 사람과의 경쟁에서 밀린 사람들이 모여 사는 동네였습니다. 이들은 인간적으로 대단한 사람들이 아니었습니다. 이 사람들은 서민층이었고 하류층의 사람들이었습니다. 이들이 민족을 이끌어 갈 만한 영향력 있는 지도자들이 될 확률은 희박하였습니다. 그대신 예루살렘은 인간적으로 대단한 사람들과 능력 있는 사람들과 실력 있는 사람들이 즐비한 도시였습니다.

그렇다면 만약 형제가 대기업을 운영하는 시이오라면 어떤 선택을 하시겠습니까. 아무 능력이나 실력이 없는 갈릴리 사람들을 선택하시겠습니까? 아니면 능력 있고 실력 있는 예루살렘의 인재들을 선택하시겠습니까. 당연히 예루살렘의 인재들을 선택할 것입니다. 그런데 우리 예수님은 지금 어디에서 다니시고 있습니까. 갈릴리 해변에 다니시고 있는 것입니다. 예수님이 뭘 모르시고 계신 것 같지 않습니까. 모든 고급 인력이 예루살렘에 포진해 있는데 그곳에서 유능한 사람들을 제자로 뽑는 것이 이치상으로 맞는 것 아닙니까. 그렇지만 우리 예수님은 인재도 없는 시골 구석 갈릴리 지방에 다니실까요. 무슨 목적이 있으셔서 갈릴리를 다니시는 건가요.

예수님은 무엇 때문에 인적도 없는 갈릴리 해변을 다니신단 말입니까.

예수님 혹시 시간낭비 하는 것 아닙니까. 아니 예수님이 보시는 대상이 고작 바다에서 고기 잡는 어부들이란 말입니까.

너무 수준 차이가 나는 것 아닙니까. 똑똑한 사람들이라면 예수님께 이렇게 물어보았을 것입니다. '예수님… 바다에서 고기 잡는 어부들이 천국사업을 맡아 성공시킬 수 있을 것이라고 생각하십니까? 배운 것도 없고 아는 것도 없는 그들이 하나님 말씀을 전파하고 사람들을 가르칠 수 있을 것 같으십니까? 예수님, 생각을 좀 넓게 가져 보십시오.'

어부들을 부르셔서 뭘 하시려고 그러십니까. 그들을 선택해서 고기만 잡으시려고 하십니까. 예수님 그러시면 천국사업은 실패로 끝나실 것입니다.

실패하고 말고요. 예수님 눈을 예루살렘으로 돌리세요. 그곳에 고급 인력이 있습니다. 후회하지 마시고 빨리 예루살렘으로 가셔서 예루살렘 정치를 하세요. 예루살렘이 이 나라 중심이 아닙니까. 그곳에 유능한 정치가, 재력가가 있지 않습니까. 그런데도 우리 예수님은 누가 뭐라 해도 바다에서 그물 던지는 어부들을 보시면서 눈을 떼시지 않으시고 지켜보고 있습니다. 어부들이 학벌이 있습니까. 지방 유지입니까. 리더십이 있습니까.

지도자감입니까. 아무것도 볼 것 없는 고기 잡는 어부들인데 예수님은 가시던 발걸음을 멈추시고 벙그레 웃으시면서 재미있듯이 고기 잡는 어부들을 구경하고 있는 것입니다. '고기 잡는 모습이 참 정겹구나 참 아름답구나. 저렇게 성실하게 고기를 잡다니.' 감상하시면서 묵묵히 지켜보시고 있는 것입니다.

그래요. 예수님이 보시면 큰 기적이 일어나는 것입니다. 예수님이 찾아오시면 수지맞는 것입니다. 예수님이 ok 하시면 통과되는 것입니다. 예수님의 제자가 되는 것입니다.

(2) 나를 따라오너라

19절 '말씀하시되 나를 따라오너라'

예수님은 제자들을 부르실 때 뭐라고 말씀하시고 있습니까. 나를 따라오라고 말씀하시고 있습니다. 예수님은 불가항력적인 말씀을 하시고 있습니다. 나를 따라오면 '내가 너희로 사람 낚는 사람'이 되게 해 주시겠다고 약속해 주시고 있습니다. 하지만 나를 따라오라는 말씀에는 많은 부작용이 일어날 수 있는 말씀이었습니다.

어쩌면 이 말씀은 믿음과 부정 사이에 큰 산맥이 놓여 있다고 볼 수 있습니다. '여보시오. 당신이 누군데 저더러 나를 따라오라고 하시오. 과연 저희들에게 나를 따라오라고 말할 권한이 있소?' 하면서 전혀 반응하지 않을 수 있는 소지가 있었습니다. 예수님의 말씀에 배타적인 마음으로 거절할 수 있었습니다. '당신은 어부도 아닌데 우리를 먹여살릴 수 있단 말이오?'

이렇게 예수님의 말씀을 적대시할 수 있었습니다. 그런데 고기 잡는 어부들에게 나를 따라오너라 하니까 베드로는 거절하지 아니하고 따라나서고 있습니다. 이것은 영적으로 무슨 뜻이 있습니까. 우리 기독교는 누구를 따라가는 종교입니까. 예수님을 따라가는 종교입니다. 오늘도 우리 예수님은 우리를 제자로 부르시고 있습니다. 주님은 이 시간에 우리를 향해 나를 따라오너라고 말씀하시고 있습니다.

예수님은 어느 유명한 사람을 따르라고 말씀하시지 않으시고 나를 따라오너라고 말씀하시고 있습니다. 이때 우리는 어떤 반응을 하시겠습니까. '아닙니다. 저는 예루살렘에 있는 대제사장을 따라가려고 합니다. 저는 바리새인들을 따라가려고 합니다. 저는 유명한 지도자를 따라가려고 합니다.'

그러면 우리는 절대로 예수님의 제자가 될 수 없습니다. 우리는 예수님만 따라가야 예수님의 제자가 될 수 있습니다. 그러지 않고 세상 사람을 따라가면 망하는 것입니다

(3) 사람 낚는 어부가 되게 하리라

19절 '내가 너희로 사람을 낚는 어부가 되게 하리라'

사람 낚는 어부란 무슨 뜻이 있습니까. 예수님 대신 천국일을 하는 사람이 바로 사람 낚는 어부입니다. 천국일이란 뭐예요. 죄로 말미암아 죽을 수밖에 없는 죄인들을 구원시켜 주는 일이 천국의 일입니다. 죽어 가는 영혼을 죽음에서 건져 주는 일입니다. 영혼을 추수하는 일입니다. 생명을 살려 주는 일입니다. 사람을 낚는 어부란 세상 추수를 하는 사람이 아닙니다.

영적인 추수를 하는 사람입니다. 영적인 추수를 통해서 영생의 복, 생명의 복, 천국 시민이 되게 하는 것이 천국일입니다. 사람 낚는 어부가 이 일을 해야 할 사명입니다. 오늘 우리는 사람 낚는 어부로서 축복을 받아야 하겠습니다.

사람 낚는 어부가 해야 할 역할은 이것입니다. 예수님을 대신해서 죄인을 구원시키는 대리역을 하는 사람이요 예수님의 복음을 전하는 사람입니다.

사람들로 하여금 예수님을 구주로 영접하게 하고 믿음을 심어 주는 대리역을 하는 사람이 사람 낚는 어부가 해야 할 일입니다.

사람 낚는 어부는 다른 것을 믿게 하면 안 됩니다. 오직 예수님만 믿고 구원받게 해야 합니다. 또한 사람 낚는 어부는 죄를 회개시키는 메시지를 전해야 합니다. 사도 바울은 '고린도전서 1장 17절'에 '그리스도께서 나를 보내심은 세례를 주게 하려 하심이 아니요 오직 복음을 전케 하려 하심이니 말의 지혜로 하지 아니함은 그리스도의 십자가가 헛되지 않게 하려 함이라'고 말씀합니다. 이처럼 우리가 복음을 전하지 아니하면 복음을 어떻게 듣겠습니까.

복음을 전해야 들을 수 있습니다. 복음을 들어야 믿음을 가질 수 있습니다.

'로마서 10장 17절'에 '그러므로 믿음은 들음에서 나며 들음은 그리스도의 말씀으로 말미암았느니라'고 말씀합니다. 사람들이 복음을 듣지 못하면 믿음을 가질 수 없느니까 우리는 열심히 '디모데후서 4장 2절'에 '너는 말씀을 전파하라 때를 얻든지 못 얻든지 항상 힘쓰라 범사에 오래 참음과 가르침으로 경책하며 경계하며 권하라'고 말씀합니다. 사람들은 복음을 들어야 믿음을 가질 수 있고 사람들은 복음을 들어야 회개할 수 있습니다. 그러므로 사람 낚는 어부는 열심히 복음을 전해서 믿음의 역사, 회개의 역사가 일어나도록 해야 합니다. 사람 낚는 어부는 회개하라고 복음을 전할 뿐입니다. 사도 베드로는 '사도행전 2장 36절'에 '그런즉 이스라엘 온 집이 정녕 알지니 너희가 십자가에 못 박은 이 예수를 하나님이 주와 그리스도가 되게 하셨느니라 하니라 저희가 이 말을 듣고 마음에 찔려 베드로와 다른 사도들에게 물어 가로되 형제들아 우리가 어찌할꼬 하거늘' 베드로가 가로되 너희가 회개하여 각각 예수 그리스도의 이름으로 세례를 받고 죄사함을 얻으라 그리하면 성령을 선물로 받으리니'라고 말씀합니다.

이와 같이 베드로가 회개의 복음을 전했을 때 회개의 역사가 일어났던 것입니다. 이뿐 아니라 사람 낚는 어부는 구원받은 성도들이 영적으로 풍성한 삶을 살 수 있도록 하늘의 생명 양식을 먹여 주어야 합니다. 예수님께서 베드로에게 내 양을 먹이라고 말씀하셨습니다. 우리는 생명의 양식으로 양들을 먹여야 하는 책임이 있습니다.

(4) 예수를 좇으니라

본 20절 '저희가 곧 그물을 버려 두고 예수를 좇으니라'

본문에 어부들은 예수님께서 나를 따라오너라 말씀하자 그물을 버려 두고 예수님을 좇았습니다. 여기서 예수님을 좇았다는 것은 무슨 뜻이 있습니까.

그물은 지금까지 그들이 살아온 생활의 터전이요 생활의 보금자리요 생활의 안식처입니다. 어부들이 그물을 버려 두고 예수를 좇았다는 것은 그들이 지금까지 살아온 생활의 터전을 떠났다는 의미입니다.

이들의 생활 터전은 무엇입니까. 고기를 잡아 먹고 살았습니다. 즉 먹고사는 문제를 버리고 예수를 좇아간 것입니다. 제자들이 이렇게 한다는 것은 어려운 문제였습니다. 어려운 결단이었습니다. 그동안 이들은 고기를 잡아 가족의 생활을 책임지고 있었습니다. 그러니 그물을 버려 두고 그만둔다는 것은 사는 문제와 직결되는 것이었으므로 얼마나 어려운 결단이었겠습니까. 고기 잡는 일을 그만두면 누가 가족들을 책임진단 말입니까. 고기 잡는 일을 당장 그만두면 가족들이 어려움을 겪는데 쉬운 일이 아니었을 것입니다.

그럼에도 불구하고 예수님이 나를 따라오라고 말씀하시니까 가족을 책임지고 있던 생계 문제를 버리고 예수님을 따라나선 것입니다.

그러면 이것은 가족을 버렸다는 것입니까. 그런 것이 아닙니다. 어부들이 예수님을 좇았다는 것은 가족을 버렸다는 것이 아니라 가족을 하나님께 맡기고 하나님께서 가족을 책임져 주실 것을 믿고 예수님을 따라나선 것입니다.

그러므로 우리가 예수님의 제자가 되기 위해서는 순종의 대가가 반드시 지불되어야 한다는 것입니다. 우리는 일시적일 뿐 아니라 여러 면에서 손실을 감수해야 합니다. 순종의 대가란 생활의 보금자리를 떠나는 희생이 있을 수도 있습니다. 이 말은 예수님을 따를 때 물질적인 손해도 있다는 것입니다. 예수님의 제자가 되는 길은 물질적으로 타격을 입을 수 있습니다.

수입이 줄어들고 기득권을 포기해야 할 때도 있습니다.

예수님을 따르는 데 아무리 큰 손실과 손해를 보더라도 거역하지 말고 주님을 따라야 한다는 것입니다. 그리할 때 하나님은 우리의 가족과 우리의 인생의 모든 생활고를 책임져 주시는 것입니다. 우리는 이러한 맛으로 예수님의 제자가 되고 예수님을 따르는 것입니다. 하나님이 우리의 생활고를 책임져 주시기 때문에 믿음으로 따라나서는 것입니다. 많은 경우에 있어서 우리가 예수님을 따르는 데 걸림돌이 되는 것은 생활고일 수 있습니다. 생활고가 충분하면 좋겠는데 수입이 줄어들고 고생이 되니까 말입니다.

이렇듯 제자가 되는 과정 속에 생활고가 가장 큰 장애물이 될 수도 있습니다.

그러나 우리는 이러한 과정이 수반될지라도 주님을 따르는데 망설임이나 주저함 없이 주님을 따라야 할 줄 믿습니다. 우리가 주님의 제자가 되는 과정 속에 필수적으로 통과해야 할 코스가 있다면 수입이 감소되고 물질이 줄어드는 일도 감안해야 하는 것입니다. 이 과정을 이수해야만 제자가 될 수 있습니다. 그렇다고 예수님이 나를 따라오라고 말씀하였을 때 우리로 하여금 빈털털이가 되도록 하기 위해서 부르신 것이 아닙니다. 비록 현재는 불이익을 보는 것 같고 손해를 보는 것 같지만 결과적으로 보면 상상할 수 없는 축복을 받게 하시는 것이 주님의 부르심이고 뜻입니다. 이것이 바로 제자가 누리는 축복입니다.

예수님을 믿고 따르면 하나님이 알아서 물질적인 생활고도 충당해 주시는 것입니다. 제자의 삶이란 하나님께 다 맡기는 사람입니다. 하나님이 다 책임져 주실 것을 믿고 사는 사람이 제자의 삶입니다. 제자로 부르신 주인이 모든 것을 책임져 주시는 것입니다. 주인이 우리는 책임져 주시지 않을 것 같았으면 우리를 종으로 부르시지 않았을 것입니다. 오늘 이 시간 나를 따라오라는 예수님의 말씀에 전적으로 순종하는 역사가 일어나야 하겠습니다. 그리하여 주님의 제자가 되어야 하겠습니다.

오늘부터 우리는 나의 생명도 장래도 물질도 하나님께 맡기는 축복을 받으시기 바랍니다. 우리가 하나님께 맡길 때 사랑의 하나님은 우리를 책임져 주시는 것입니다. '베드로전서 5장 7절'에 '너희 염려를 다 주께 맡겨 버리라 이는 저가 너희를 권고하심이니라' 우리가 주님께 모든 것을 맡길 때 우리를 써 주시는 것입니다.

또한 우리가 제자가 되기 위해서 버려야 할 것이 있다면 무엇입니까. 내가 가장 소중이 여기고 귀하게 여기는 것이 있을 수 있습니다. 이것만큼은 도저히 버릴 수 없는 보물이나 보화가 있을 수 있습니다. 그래도 우리가 주님의 제자가 되기 위해서는 아무리 아깝고 귀하더라도 과감하게 버릴 수 있어야 합니다. 우리가 주님의 제자가 되는 데 걸림돌이 되는 것이 있다면 변화받아야 합니다.

우리들에게 이러한 희생이 있어야 제자가 될 수 있는 것입니다. 제자가 되는 길은 부자라고 안 되는 것이 아닙니다. 또 가난한 사람이라고 되는 것이 아닙니다. 제자가 되는 일에 방해가 되는 것은 인간적인 능력일 수 있고, 부자일 수도 있고, 가난일 수도 있습니다. 그러나 제자가 되는 길은 부자든 가난한 사람이든 하등의 문제가 되지 않습니다.

부자든 가난한 사람이든 잘난 사람이든 부족한 사람이든 하나님의 종으로 부르실 때 아멘 하고 따르면 제자가 되는 것입니다. 오히려 부자이기 때문에, 가난하기 때문에 부르심에 순종하지 않는다면 제자가 될 수 없습니다.

제자가 되는 길은 부자이기 때문에 장애가 된다고 말할 수도 없고, 가난하기 때문에 장애가 된다고 말할 수도 없습니다. 부자도 제자가 될 수 있고, 가난해도 제자가 될 수 있습니다. 또한 우리들의 잘못된 습관, 나쁜 습관들 때문에 제자가 되는 데 걸림돌이 된다고 말할 수도 없습니다. 주님의 제자가 되는 것은 이것은 옳고 저것은 옳지 않다고 말할 수도 없습니다. 사람들이 보기에 엘리트라는 것 때문에 주님의 제자가 되는 데 옳지 않을 수도 있고요. 사람 보기에 보잘것없어 보여도 그것 때문에 얼마든지 제자가 될 수 있습니다. 문제는 주님의 제자가 되는 일에 버려야 할 것은 버리고 끊어야 할 것은 끊는 결단이 있을 때 제자로 선택받을 수 있다는 것입니다. 그런 면에서 볼 때 주님께서 나를 따르라 말씀하셨을 때 순종하지 못하는 것은 제자가 될 수 없다는 것입니다.

나를 따르라는 부르심에 순종하는 자만 제자가 될 수 있고 이러한 사람만이 하나님 앞에 옳은 사람인 것입니다. 굳이 주님의 제자가 되는 자격을 따진다면 인간적인 조건이나 자격이 아니라 주님의 말씀에 전적으로 순종하는 자가 제자가 될 수 있는 것입니다. 말씀에 순종하는 자가 사람 낚는 어부가 될 수 있는 것입니다.

7. 심령이 가난한 자는 복이 있나니 천국이 저희 것임이요

마태복음 5:3

하나님의 판단 기준과 인간의 판단 기준은 근본적으로 다르다는 것입니다.

사무엘상 16장 7절에 보면 하나님과 인간의 선택 기준이 얼마나 다른지를 잘 보여 주고 있습니다. 사무엘 선지자는 하나님의 지시대로 베들레헴에 도착하여 이새의 아들들 중 한 사람을 택하여 차세대 지도자로 선출하려고 하였습니다. 사무엘 선지자도 처음에는 사람을 외모를 보고 선택하려고 하였습니다.

장자 엘리압을 보았을 때 인간적으로 흠잡을 데가 없을 만큼 완벽하였습니다.

그리하여 엘리압에게 기름 부음을 하여 차세대 지도자로 세우려고 하였습니다.

이때 하나님께서 사무엘에게 뭐라고 말씀합니까. '너는 그 용모와 신장을 보지 말라 내가 이미 그를 버렸노라 나의 보는 것을 사람과 같지 아니하니 사람은 외모를 보거니와 나 여호와는 중심을 보느니라'고 말씀하여 주셨습니다.

하나님은 사람의 외모나 외형을 보고 판단하시는 것이 아니라 사람의 마음 중심을 보시고 판단하신다는 것입니다.

그 대신 사람들은 외모나 외형을 보고 판단합니다. 사람들은 실력이나 능력을 보고 판단합니다. 요즘은 외모 지상주의가 판을 치고 있습니다. 우리 기독교도 멋지고 화려한 건물과 장식들이 그 대세를 이루고 있습니다. 그러나 우리 인간의 외모나 외형에 대해서 하나님은 아무 관심이 없습니다.

그러면 여호와께서 사람의 마음 중심을 보신다는 것은 무슨 의미가 있습니까.

우리 인간의 내면 즉 마음의 상태 하나님을 중심으로 사는지, 아니면 육신을 추구하며 사는지 그 중심을 보신다는 것입니다. 하나님을 사랑하는 마음과 하나님께 충성하는 마음을 보신다는 것입니다. 하나님께서 사람의 마음 중심을 보신다는 것은 곧 우리의 심령이 얼마나 가난한 마음을 소유하고 있는지 그것을 보신다는 것입니다.

그렇다면 우리가 어떻게 해야 심령이 가난한 마음을 가질 수 있습니까.

첫째, 예수 그리스도의 마음을 품으라고 말씀합니다.

'빌립보서 2장 5-8절'에 '너희 안에 이 마음을 품으라 곧 그리스도 예수의 마음이니' '그는 근본 하나님의 본체시나 하나님과 동등됨을 취하지 아니하시고' '오히려 자기를 비어 종의 형체를 가져 사람들과 같이 되었고' '사람의 모양으로 나타나셨으매 자기를 낮추시고 죽기까지 복종하셨으니 곧 십자가에 죽으심이라'고 말씀합니다.

1. 예수 그리스도는 하나님의 본체이시고 하나님과 동등된 하나님이
   셨지만
2. 하나님과 동등됨을 취하지 아니 하시고 자기를 낮추셨다는 것입니다.
3. 또한 자기를 비어 종의 형체를 가져 사람들과 같이 되었다는 것입
   니다.
4. 또한 자기를 낮추시고 십자가에 죽기까지 복종하셨다는 것입니다.

사도 바울이 우리들에게 예수 그리스도의 마음을 품으라고 한 것은 예
수님이 바로 이와 같은 마음을 소유하셨기 때문에 예수 그리스도의 마
음을 품으라고 한 것입니다. 그런즉 심령이 가난한 마음을 갖기 위해서
는 우리는 반드시 예수 그리스도의 마음을 품어야만 심령이 가난한 마
음을 가질 수 있다는 것입니다.

예수 그리스도의 마음을 품으라는 것은 우리도 똑같이 예수님의 마음
을 본 받으라는 말씀인 것입니다. 이것 때문에 사도 바울은 '고린도전서
6장 1절'에 '내가 그리스도를 본받는 것같이 너희는 나를 본받으라'고 말
씀한 것입니다.

그러나 우리가 예수 그리스도의 마음을 품지 아니하면 우리는 절대로
심령이 가난한 마음을 가질 수 없다는 것입니다. 심령이 가난하다는 것
은 우리가 힘없고 가난하기 때문에 심령이 가난하다는 것이 아닙니다,

심령이 가난하기 위해서는 예수님의 마음을 품어야만 심령이 가난한
마음을 가질 수 있다는 것입니다. 오늘날 많은 사람들이 겸손하지 아니
하고 교만한 것은 예수님의 마음을 품지 않았기 때문입니다. 예수님의

마음을 품지 아니한 사람이 어떻게 가난한 마음을 가질 수 있겠습니까. 예수님의 마음을 품지 아니하면 절대로 심령이 가난한 마음을 가질 수 없는 것입니다.

둘째, 온유하시고 겸손하신 예수 그리스도를 배우라고 말씀합니다.

'마태복음 11장 29절'에 '나는 마음이 온유하고 겸손하니 나의 멍에를 메고 내게 배우라 그러면 너희 마음이 쉼을 얻으리라'고 말씀합니다. 이와 같이 온유하시고 겸손하신 예수님을 우리가 배워야만 심령이 가난한 마음을 가질 수 있는 것입니다. 반대로 온유하시고 겸손하신 예수님을 우리가 배우지 아니하면 심령이 가난한 마음을 가질 수 있을까요? 가질 수 없다는 것입니다.

그런즉 온유하시고 겸손하신 우리 예수님을 우리가 배우고 본받아야 심령이 가난한 마음을 가질 수 있다는 것입니다. 수영을 배운 사람은 수영을 합니다.

피아노를 배운 사람은 피아노를 칩니다. 마찬가지로 우리가 예수 그리스도의 마음을 배우고 본받아야 예수님을 닮아 가는 것입니다. 사람이 배우지 아니하면 닮아 갈 수 없습니다. 사람은 배워야만 닮아 가는 것입니다. 사람은 배운 대로 행동하게 되어 있습니다. 사람이 겸손을 배우면 겸손해지는 것입니다. 사람이 온유를 배우면 온유해지는 것입니다. 겸손을 배운 사람이 겸손해지지 아니하고 온유를 배운 사람이 온유해지지 않는다면 잘못 배우는 사람인 것입니다. 겸손을 배운 사람은 겸손해지고, 온유를 배운 사람은 온유해지는 것이 진리인 것입니다.

이뿐 아니라 우리는 하나님 앞에 우리의 죄를 회개하는 마음을 가져야 심령이 가난한 마음을 가질 수 있다는 것입니다. 하나님 앞에 겸손하게 엎드리는 마음이 있어야 우리가 진정으로 심령이 가난한 마음을 가질 수 있는 것입니다.

우리가 하나님 앞에 죄를 회개하지 아니하면 우리는 심령이 가난한 마음을 가질 수 없다는 것입니다. 하나님 앞에 죄를 회개하는 자만이 심령이 가난한 마음을 가질 수 있는 것입니다. 다음으로 우리가 하나님께 순종할 때 심령이 가난한 마음을 가질 수 있다는 것입니다. 하나님께 순종하는 마음이 없다면 우리는 절대로 심령이 가난한 마음을 가질 수 없다는 것입니다. 그런즉 심령이 가난한 마음을 갖기 위해서는 우리의 죄를 회개하고 하나님의 말씀에 절대적으로 순종하는 생활을 살아야 가능하다는 것입니다.

우리 인간이 가난한 마음을 소유하고 있는지, 아니면 교만한 마음을 갖고 있는지 하나님은 다 아시는 것입니다. 하나님은 우리가 심령이 가난한 마음을 소유하지 아니하면 기뻐하시지 않는다는 것입니다. '베드로전서 5장 5절'에 보면 '하나님은 교만한 자를 대적하시되 겸손한 자들에게는 은혜를 주시느니라'고 말씀하십니다. '잠언 18장 12절'에도 '사람의 마음의 교만은 멸망의 선봉이요 겸손은 존귀의 앞잡이니라'고 말씀합니다. '고린도전서 1장 26-31절'에도 '형제들아 너희를 부르심을 보라 육체를 따라 지혜 있는 자가 많지 아니하며 능한 자가 많지 아니하며 문벌 좋은 자가 많지 아니하도다' '하나님께서 세상의 미련한 것들을 택하사 지혜 있는 자들을 부끄럽게 하려 하시고 세상 약한 것들을 택하사 강한 것들을 부끄럽게 하려 하시며' '하나님께서 세상의 천한 것들과 멸시 받는 것들과 없는 것들을 택하사 있는 것들을 폐하려 하시나니' '이는 아무 육체라도 하나님 앞에서 자랑하지 못하게 하려 하심이라'고 말씀합니다.

'바클레이' 신학자는 가난하다는 것을 네 가지로 분류하여 말하고 있습니다.

1. 삶 자체가 진짜 가난하다는 것을 의미한다는 것이다.
2. 가난하기 때문에 영향력이니 권력이나 도움이나 특권을 가지지 못한 자를 의미한다는 것이다.
3. 가난한 사람들은 이러한 힘을 가지고 있지 못하기 때문에 사람들에게 짓밟히고 억압을 당하는 것을 의미한다는 것이다.
4. 가난한 사람은 아무것도 가지지 못했기 때문에 하나님만 전적으로 의존해 있는 사람을 의미한다.

셋째, 어린아이의 마음을 가져라고 말씀합니다.

어린아이와 같은 마음을 가져야 심령이 가난한 마음을 가질 수 있습니다. 요즘 어른들이 너무 많습니다. 철 들지 않은 어른들이 많다는 것입니다. 어른들이 많다는 것은 좋은 현상이지만 마음이 늙은 어른들이 많기 때문에 문제인 것입니다.

어른이지만 어른답지 않은 어른들 때문에 우리 사회가 혼란스럽고 혼탁해지는 것입니다. 예수님은 어른답지 않은 우리들에게 너희는 어린아이와 같이 되어야 한다고 말씀합니다. '마태복음 19장 13-14절'에 보면 어떤 사람이 어린아이를 예수님께 데리고 왔습니다. 그러자 제자들이 어린아이를 예수님께 데리고 왔다고 그 사람을 꾸짖었습니다. 감히 예수님이 누구신데 데리고 왔느냐는 것입니다.

이것을 지켜보고 계신 예수님은 제자들에게 뭐라고 말씀합니까.

'누가복음 18장 16-17절'에 '예수께서 그 어린 아이를 불러 가까이 하시고 이르시되 어린 아이들이 내게 오는 것을 용납하고 금하지 말라 하나님의 나라가 이런 자의 것이니라' '누구든지 하나님의 나라를 어린 아이와 같이 받들지 않는 자는 결단코 들어가지 못하리라'고 말씀합니다.

어린아이의 같은 마음을 가진 자에게 하나님의 나라가 저의 것이라는 것입니다.

그런즉 우리가 어린아이의 마음을 갖지 아니하면 아무도 천국을 소유할 수 없습니다. 어린아이와 같은 마음을 가져야 천국에 들어갈 수 있는 것입니다.

어린아이의 좋은 점은 무엇입니까. 전적으로 신뢰하는 데 있습니다.

누구를 의심하고 계산하지 않습니다. 모든 것을 믿고 의존하고 신뢰합니다.

'시편 22편 4절'에 '우리 열조가 주께 의뢰하였고 의뢰하였으므로 저희를 건지셨도다'라고 말씀합니다. '시편 62편 8절'에 '백성들아 시시로 저를 의지하고 그 앞에 마음을 토하라 하나님은 우리의 피난처시로다'라고 말씀합니다. 그렇습니다. 우리도 시편 말씀처럼 하나님을 의뢰하고 의뢰하며 살아가는 믿음의 사람들이 될 때 천국을 소유하는 믿음의 성도들이 될 줄 믿습니다.

넷째, 어린아이처럼 단순한 마음을 가져야 합니다.

심령이 가난하기 위해서는 어린아이처럼 단순한 마음을 가져야 합니다. 어린아이들은 복잡한 마음을 갖지 않고 단순합니다. 단순하다는 것은 순수하고 깨끗하다는 것입니다.

단순한 마음은 두마음을 품지 않는다는 것입니다. 겉과 속이 다르지 않고 같다는 것입니다. '이사야 41장 14절'에서 '지렁이 같은 너 야곱아'라고 하였습니다. 하나님은 이스라엘 백성들을 왜 지렁이라고 불렀을까요. 고난과 역경을 통해서 마음이 순수해지고 단순해졌기 때문입니다. 지렁이는 앞과 뒤가 똑같습니다. 속과 겉이 똑같습니다. 뒤집어 놓아도 똑같습니다. 엎어 놓아도 똑같습니다. 우리도 지렁이같이 속과 겉이 똑같아야 심령이 가난한 자가 될 수 있습니다. 앞뒤가 똑같아야 심령이 가난한 자가 될 수 있습니다. 아무쪼록 우리는 지렁이 같은 존재가 되어야 한다는 것입니다.

다섯째, 어린아이처럼 낮아지는 마음을 가져야 합니다. 우리의 심령이 가난하기 위해서는 어린아이들처럼 낮아지는 마음을 가져야 합니다.

어린아이들은 높은 마음을 품지 아니하고 항상 낮은 마음을 갖습니다.

어린아이들은 항상 자신을 낮춥니다. 우리도 어린아이들처럼 높은 마음을 품지 말고 낮아진 마음을 가져야 심령이 가난한 마음을 가질 수 있는 것입니다.

　마음이 높은 사람은 가난한 마음을 가질 수 없습니다. 마음을 낮춰야 가난한 마음을 가질 수 있는 것입니다. '마태복음 20장 26-28절'에 '너희 중에는 그렇지 아니하니 너희 중에 누구든지 크고자 하는 자는 너희를 섬기는 자가 되고' '너희 중에 누구든지 으뜸이 되고자 하는 자는 너희 종이 되어야 하리라' '인자가 온 것은 섬김을 받으러 함이 아니라 도리어 섬기려 하고 자기 목숨을 많은 사람의 대속물로 주려 함이니라'고 말씀합니다.

　성경에서 말하는 복은 우리 인간들이 생각하고 있는 복의 개념과 근본적으로 다르다는 것을 알아야 합니다. 우리 인간들은 많을 것을 소유하고 있어야 복이 있다고 생각합니다. 그러나 성경은 우리가 많은 것을 소유하고 있기 때문에 복이 있다고 말씀하시지 않습니다. 만약 그랬다면 예수님도 이렇게 말씀하셨을 것입니다. 이제는 너희가 부자가 되었으니 복이 있다고 말씀하셨을 것입니다. 그 대신 예수님은 참된 복은 우리의 소유나 채움에 있는 것이 아니라 심령이 가난함에 있다고 말씀합니다.

　'심령이 가난한 자가 복이 임하고 천국을 소유할 수 있다'는 것입니다. 하지만 우리들은 여전히 무엇을 가지고 있어야 복이 있다고 생각합니다. 인간적으로 성공하고 출세를 해야 복이 있는 것으로 생각합니다. 인간적으로 높은 자리에 올라가야 복이 있는 것으로 생각합니다. 주님은 이것을 철저히 배격하고 있습니다. 참된 복은 소유에 있는 것이 아니라 마음의 가난함에 있다는 것입니다. 참된 복은 마음이 가난한 자에게 임한다는 것을 믿어야 할 줄 믿습니다. 마음이 교만한 자는 절대로 참된 복을 받을 수 없습니다.

우리 예수님께서 천국의 복이 누구에게 임한다고 말씀합니까. '누가복음 17장 20-21절'에 보면 '하나님의 나라는 볼 수 있게 임하는 것이 아니요 또 여기 있다 저기 있다고도 못 하리니 하나님의 나라는 너희 안에 있느니라'고 말씀합니다. 천국이 부자에게 임한다고 말씀합니까. 천국이 명예나 재물에 임한다고 말씀합니까. 천국이 명문대에 임한다고 말씀합니까. 아닙니다. 천국은 우리 마음 안에 임한다고 말씀합니다. 우리가 어떤 마음을 갖고 있느냐에 따라서 천국을 소유할 수도 있고, 못 할 수도 있다는 것입니다.

예수님 당시 종교 지도자들에게 천국이 임하지 않은 원인이 어디에 있었습니까.

그들은 죄를 회개하지 아니하고 교만하였기 때문입니다. 겉과 속이 다른 생활을 살았기 때문에 천국이 임하지 않은 것입니다. 사람들이 보는 앞에서는 의로운 체하였지만 사람들이 보지 않는 곳에서는 전혀 다른 삶을 살았기 때문에 임하지 않은 것입니다. 종교 지도자들의 이런 이중적인 생활 때문에 천국이 임하지 않은 것입니다.

하나님께서 우리 인간을 보실 때 가장 혐오스러워하는 모습은 바로 이중적인 플레이를 하는 삶입니다. 하나님은 이러한 자에게 은혜를 내려주시지 않습니다. '마가복음 7장 6절'에 보면 이중적인 생활에 대해서 '가라사대 이사야가 너희 외식하는 자에 대하여 잘 예언하였도다 기록하였으되 이 백성이 입술로는 나를 존경하되 마음은 내게서 멀도다 사람의 계명으로 교훈을 삼아 가르치니 나를 헛되이 경배하는도다 하였느니라' 고 말씀하십니다. 입술로는 하나님을 경배한다고 하지만 마음은 헛되이 경배한다는 것입니다. 마음으로 하나님을 경배하지 아니하고 헛되이 경배하는 것은 속과 겉이 동일하지 않기 때문입니다. 우리가 이중적인 생활을 버리고 단순한 생활을 살아야 할 줄 믿습니다.

마지막으로 우리가 예수님의 가르침대로 살기 위해서는 우리의 교만한 마음을 깨뜨리고 부숴야 한다는 것입니다. 교만과 오만과 거만과 가식과 외식과 시기와 질투를 절구통에 넣고 가루로 만들어야 합니다. 우리 자신들을 철저히 비우고 내려놓아야 합니다. 우리 마음 가운데 탐욕을 버려야 합니다. 자신의 마음을 철저히 비우고 버린 사람들은 천국을 소유할 수 있습니다. 우리가 심령이 가난한 마음을 가질 때 천국을 소유할 수 있게 된다는 것입니다. 우리가 약자의 유익을 위하여 살고자 할 때 심령이 가난한 마음을 가질 수 있습니다. 약자 편에 서서 약자의 권리를 변호해 주는 자가 도리 때 가난한 마음을 가질 수 있는 것입니다.

8. 애통하는 자는 복이 있나니 저희가 위로를 받을 것이요

마태복음 5:4

예수님은 팔복에 대해서 말씀하여 주셨습니다. 하지만 이 팔복은 우리 인간들이 받고 싶은 복과는 상반된 복입니다. 주님이 말씀한 복은 우리 인간들이 원했던 복과는 전혀 다른 복입니다. 우리 인간들은 많은 재산과 명예를 얻어야 복이 있다고 생각합니다. 우리 예수님은 그것이 복이라고 말씀하시지 아니하고 정반대로 심령이 가난한 자와 애통해하는 자가 복이 있다라고 말씀합니다.

사람들은 가난한 사람들이나 애통해하는 사람들을 보면 인생의 실패자로 취급합니다. 우리 예수님은 애통해하는 자가 복이 있다는 것입니다. 이처럼 천국의 복과 이 세상의 복은 정반대의 복인 것입니다. 우리 인간의 입장에서 생각해 본다면 아무리 천국의 복이라도 애통해하는 자가 복을 받는다고 하니까 거부감이 드는 것도 당연합니다. 이왕이면 애통해하는 자가 복이 있다라고 말씀하시지 아니하고 많은 재산과 재물이 있는 자가 복이 있다고 말씀하셨다면 수긍이 되겠지만 애통해하는 자가 복이 있다고 말씀하니까 쉽게 납득이 가지 않는 것도 사실입니다. 과연 이것이 참된 복일까 생각합니다. 이것은 참된 복이 아니라고 생각합니다.

인간적으로 애통해하는 사람들을 보면 진짜 가난하고 불쌍하기 때문에 애통해한다고 생각합니다. 이것은 가난하고 불쌍한 사람들에게나 해당된다고 생각합니다. 그러나 우리 예수님은 본문에서 '애통해하는 자가 복이' 있다고 말씀합니다. 참으로 충격이 아닐 수 없습니다.

그러면 애통해하는 자가 복이 있다라고 말씀한 것은 무슨 뜻이 있습니까.

첫째, 자신의 죄를 애통해하는 자가 복이 있다는 것입니다. 자신의 죄를 애통해할 때 참된 복을 받을 수 있다는 것입니다. 우리가 애통해하는 것은 자신의 신세가 처량하고 가련해서 신세타령을 하는 것이 아닙니다. 자신의 운명이 서러워서 애통해하는 것이 아닙니다. 자신의 인생이 불쌍해서 슬퍼할 때 복이 임한다는 것이 아닙니다. 자신의 죄 때문에 애통해할 때 복을 받는다는 것입니다. 우리가 지은 죄를 회개하지도 않는데 복을 받는다고 한다면 그것은 참된 복이 아닌 것입니다.

본문에서 우리 예수님이 애통해하는 자가 복이 있다고 말씀한 것은 자신이 지은 죄 때문에 애통해할 때 복이 임한다고 말씀한 것입니다.

우리가 죄를 회개하지도 아니하고 맹목적으로 슬퍼한다고 해서 복을 받는다는 것이 아님을 알아야 합니다. '시편 38편'을 보면 자신의 죄 때문에 애통해하는 주인공이 나오고 있습니다. '여호와여 주의 노로 나를 책하지 마시고 분노로 나를 징계치 마소서 주의 살이 나를 찌르고 주의 손이 나를 심히 누르시나이다' '네 죄악이 내 머리에 넘쳐서 무거운 짐 같으니 감당할 수 없나이다' 시인은 자신의 죄로 말미암아 하나님의 진노와 책망을 받는다고 생각하고 처절하고 애절하게 애통해하면서 죄를 회개하고 자복합니다. 시인은 계속하여 '내가 종일토록 슬픈 중에 다니나이다' '내 마음이 불안하여 신음하나이다' '나의 탄식이 주의 앞에 감추이지 아니 하나이다' 하면서 슬퍼하고 애통해합니다. '내 죄악을 고하고 내 죄를 슬퍼함이니이다' 하면서 죄를 회개하며 애통해하고 있습니다.

예수님께서 애통해하는 자가 복이 있다고 말씀한 것은 이런 의미에서 말씀한 것입니다. '시편 51편'에도 자신의 죄로 말미암아 애통해하는 주인공을 또 만나는 것입니다. '하나님이여… 내 죄과를 도말하소서 나의 죄악을 말갛게 씻기시며 나의 죄를 깨끗이 제하소서 대저 나는 내 죄과를 아오니 내 죄가 항상 내 앞에 있나이다 내가 주께만 범죄하여 주의 목전에 악을 행하였사오니 내 죄를 씻기소서' 하면서 자신의 죄를 처절하게 애통해하며 회개하고 있습니다. 이것이 바로 애통해하는 자가 복이 있다는 말씀과 상통하는 말씀인 것입니다.

둘째, 하나님께 불순종한 죄를 애통해할 때 복이 임한다는 것입니다.

그러나 사람들은 하나님께 불순종한 죄 때문에 아파하고 애통해하지 않습니다. 사람들은 불순종한 자신의 죄를 항상 합리화합니다. 자신의 죄만큼은 적당히 넘어가려고 합니다. 사람들은 이 정도의 죄는 다 짓는 것인데 생각하면서 대수롭게 생각을 하지 않으려고 합니다. 우리는 이런 식으로 우리의 불순종한 죄를 합리화하면 안 된다는 것입니다. 우리는 작은 죄든 큰 죄든 하나님 앞에 용서받을 수 없는 죄인 것입니다.

그런즉 우리가 지금까지 불순종한 죄를 철저히 회개하고 하나님의 용서를 받아야 하는 것입니다. 우리가 왜 우리의 불순종한 죄를 회개하고 애통해해야 합니까. '에베소서 2장 2-3절'에 '그때에 너희가 그 가운데서 행하여 이 세상 풍속을 좇고 공중의 권세 잡은 자를 따랐으니 곧 지금 불순종의 아들들 가운데서 역사하는 영이라 전에는 우리도 다 가운데서 우리 육체의 욕심을 따라 지내며 육체의 마음의 원하는 것을 하여 다른 이들과 같이 본질상 진노의 자녀였다'고 말씀하시고 있습니다.

우리는 원래 이렇게 불순종한 사람들이었기 때문입니다. 우리는 항상 하나님의 뜻을 거역하며 불순종한 사람들이었습니다. 우리가 하나님께 불순종하고 싶어서 하는 것이 아니라 불순종의 아들들 가운데 역사하는 영의 지배를 받고 있기 때문에 불순종하며 사는 것입니다. 우리 조상 아담으로부터 물려받은 죄의 유전자 때문에 우리도 여전히 하나님께 불순종하며 사는 것입니다. 물론 우리가 하나님의 뜻을 거역하지 아니하고 100%로 순종하며 사는 사람들도 있겠지만 100% 순종하며 사는 사람은 없습니다.

'시편 14편 2절'에 '여호와께서 하늘에서 인생을 굽어 살피사 지각이 있어 하나님을 찾는 자가 있는가 보려 하신 즉 다 치우쳤으며 함께 더러운 자가 되고 선을 행하는 자가 없으니 하나도 없도다'라고 말씀합니다. 우리 자신을 속이면 안 된다는 것입니다. 성경 말씀처럼 우리는 하나님을 찾지도 아니하였고 다 치우쳐 더러운 자가 되었는데 죄가 없다고 한다면 하나님을 속이는 행위입니다. 그동안 우리가 불순종하며 산 죄로 인해 회개하고 애통해해야 한다는 것입니다. 그래야 복을 받을 수 있는 것입니다. 하지만 하나님 앞에 불순종한 죄를 애통해 하는 것은 아무나 하는 것이 아닙니다. 하나님이 은혜를 내려 주셔야 불순종한 죄를 회개하고 애통해할 수 있습니다. 모세는 이스라엘 백성들에게 하나님께 불순종한 죄를 지적해 주면서 잊지 말고 기억하라고 말씀합니다.

'신명기 9장 7-8절'에 '너는 광야에서 네 하나님 여호와를 격노케 하신 일을 잊지 말고 기억하라 내가 애굽 땅에서 나오던 날부터 이곳에 이르기까지 늘 여호와를 거역하였으되' '호렙산에서 너희가 여호와를 격노케 하였으므로 여호와께서 진노하사 너희를 멸하려 하셨느니라'고 말씀합니다. 이스라엘 백성들이 하나님께 거역했다는 것은 불순종했다는 뜻입니다. 불순종한 죄를 잊지 말고 기억하라는 것입니다.

우리는 하나님을 거역하고 불순종한 죄인입니다. 하나님께 불순종한 죄인이 아니라고요. 우리는 하나님께 불순종한 죄인인 것입니다. 만약 우리가 마치 하나님께 불순종하며 살지 아니한 것처럼 행동하는 것은 위험천만한 일이 아닐 수 없습니다. 그런즉 하나님께 불순종한 죄를 그냥 덮어 두면 큰일 나는 것입니다. 하나님은 하나님께 불순종한 죄를 끝까지 추적하여 징벌하시는 하나님입니다. 하나님의 진노가 임한다는 것입니다. 하나님의 진노가 임하기 전에 불순종한 죄를 애통해해야 합니다. 그래야 하나님의 진노에서 벗어나 참된 복을 받을 수 있는 것입니다.

셋째, 하나님을 사랑하지 못한 죄를 애통해할 때 복을 받을 수 있는 것입니다.

하나님을 사랑하지 못한 죄를 애통해해야 한다는 것입니다. 우리 인간은 하나님만 사랑하도록 지음을 받았습니다. 우리 인간을 창조하신 목적이 바로 이것입니다. 하나님을 사랑하기 위해서인 것입니다. 그런데 우리는 하나님을 사랑하기보다는 세상을 더 사랑하였고 육신의 정욕을 위하여 살았습니다. 우리가 창조함을 받은 목적대로 살지 못했습니다.

예수님께서 제일 되는 계명은 '마음을 다하고 뜻을 다하여 주 너의 하나님을 사랑하라'는 것이라고 말씀하셨습니다. 과연 우리는 예수님 말씀처럼 하나님만 사랑했느냐는 것입니다. '네'라고 말할 사람이 많지 않을 것입니다. 우리는 하나님만 사랑하지 못했습니다. 하나님은 우리 인생들에게 다른 것을 요구하시지 않습니다. 딱 한 가지밖에 없습니다. 우리가 중심으로 하나님만 사랑하기를 원하시고 있습니다. 왜냐하면 이것이 우리 인생의 제일 되는 목적이기 때문입니다.

예수님은 베드로와 대화 속에서 하나님만 사랑해야 한다고 말씀합니다.

요한복음 21장에서 예수님은 베드로에게 '요한의 아들 시몬아 네가 이 사람들보다 나를 더 사랑하느냐'라고 묻습니다. 그러자 베드로는 '주여 그리하외다 내가 주를 사랑하는 줄 주께서 아시나이다'라고 고백합니다. 예수님은 또다시 두 번째 베드로에게 묻습니다. '요한의 아들 시몬아 네가 이 사람들보다 나를 더 사랑하느냐'라고 재차 질문을 합니다.

이윽고 베드로는 '주여 그리하외다 내가 주를 사랑하는 줄 주께서 아시나이다'라고 고백합니다. 예수님은 또다시 세 번째 베드로에게 묻습니다. '요한의 아들 시몬아 네가 나를 이 사람들보다 더 사랑하느냐'라고 묻습니다. 이때도 베드로는 뭐라고 말합니까. '베드로는 세 번째 네가 나를 사랑하느냐 하시므로 베드로가 근심하여 가로되 주여 모든 것을 아시오며 내가 주를 사랑하는 줄을 주께서 아시나이다'라고 고백합니다. 우리 예수님의 문명한 목적을 확인해 볼 수 있습니다. 우리가 마음을 다하고 뜻을 다하여 하나님만 사랑하는 데 있다는 것입니다. 우리는 이렇게 하나님만 사랑하지 못했습니다. 우리가 하나님만 사랑하지 못한 것을 애석하게 생각하고 애통해해야 복을 받을 수 있다는 것입니다.

넷째, 하나님의 뜻대로 살지 못한 것을 애통해할 때 참된 복을 받을 수 있다는 것입니다.

'요한복음 6장 38절'에 보면 우리 예수님은 '내가 하늘로서 내려온 것은 내 뜻을 행하려 함이 아니요 나를 보내신 이의 뜻을 행하려 함이니라 나를 보내신 이의 뜻은 내게 주신 자 중에 내가 하나도 잊어버리지 아니하고 마지막 날에 다시 살리는 이것이니라' '내 아버지의 뜻은 아들을 보고 믿는 자마다 영생을 얻는 것이니 마지막 날에 내가 이를 다시 살리리라 하시니라'고 말씀합니다.

본 말씀처럼 우리 예수님은 공생애를 어떻게 사셨습니까. 전 생애를 아버지의 뜻대로 사셨습니다.

그런데 우리는 하나님의 뜻대로 살지 못했습니다. 마찬가지로 우리는 아버지의 뜻대로 살지 못했음을 통감하고 애통해할 수 있어야 한다는 것입니다. 왜냐하면 우리가 아버지의 뜻대로 살고자 하기 위해서인 것입니다. 참으로 우리가 진정으로 애통해한다는 것이 얼마나 큰 축복인지 모릅니다. 인생의 참된 복을 받는 비결은 애통해할 때인 것입니다. 그러나 우리가 애통해하지 않는다면 이 모든 축복은 물거품이 될 수밖에 없습니다.

다섯째, 교만한 죄를 애통해할 때 참된 복을 받을 수 있습니다.

우리는 자신의 교만한 죄 때문에 애통해할 수 있어야 합니다. 하나님이 가장 싫어하시는 것은 우리 인생의 교만입니다. 하나님은 교만만큼은 용서하시지 않습니다. '잠언에서도 교만은 패망의 선봉이다'라고 말씀합니다. 교만은 패망의 선봉이기 때문에 교만한 죄를 애통해해야 한다는 것입니다. 성경에 교만한 사람과 겸손한 사람을 대조시켜 등장시킨 인물이 있습니다. 애굽의 바로를 보세요. 얼마나 교만한 사람인지 모릅니다. 모세가 이스라엘의 하나님께서 이스라엘을 보내라고 말했을 때 바로가 뭐라고 말했습니까.

하나님이 누군데 이스라엘을 보내겠냐고 거절합니다.

자기는 하나님을 모른다는 것입니다. 이것이 바로 교만의 극치인 것입니다.

하나님을 인정하지 않는 것이 교만인 것입니다. 이스라엘 초대 왕 사울이 교만하였습니다. 세상의 권력자 헤롯이 교만하였고 빌라도가 교만하였습니다. 교만한 죄는 순식간에 우리 인생들의 목을 조여옵니다.

그러므로 우리가 이 교만한 죄에서 벗어나기 위해서는 어떻게 해야 합니까.

우리의 교만한 죄를 철저히 회개하고 애통해할 때 벗어날 수 있는 것입니다. 교만한 죄를 아파하고 애통해할 때만이 벗어날 수 있는 것입니다.

'시편 34편 18절'에 '여호와는 마음이 상한 자에게 가까이 하시고 중심에 통회하는 자를 구원하시는도다' 하나님은 마음이 상한 자와 중심에 통회하는 자를 위로해 주시는 하나님이십니다. 우리가 애통해할 때만이 하나님의 위로를 받을 수 있다는 것입니다. '야고보서 4장 9절'에 '슬퍼하며 애통하며 울지어다 너희 웃음을 애통으로 너희 즐거움을 근심으로 바꿀지어다'라고 말씀합니다. 하나님의 위로는 애통해하는 자가 받는 줄 믿습니다. 하나님의 위로를 우리가 진정으로 받기 위해서는 더욱 절박한 마음으로 애통해할 때 받을 줄 믿습니다. 가슴을 치며 애통해하는 자가 위로를 받을 것입니다.

사울로서는 천국에 갈 수 없습니다

9. 온유한 자는 복이 있나니 저희가 땅을 기업으로 받을 것임이요

마태복음 5:5

우리 예수님은 우리들에게 온유한 자는 복이 있나니 저희가 땅을 기업으로 받을 것이라고 약속하여 주시고 있습니다. 예수님은 이기적이고 탐욕적인 자가 복이 있다고 말씀하시지 아니하시고 온유한 자가 복이 있다고 말씀합니다.

온유란 어떤 의미가 있습니까. '바클레이' 신학자는 '온유란 헬라어 프라우스(praus)인데 이 말은 길들여진 동물에 적용하는 말'이라고 합니다.

사람에 의해 길들여진 동물은 '바로 주인의 명령에 절대적으로 순종하고 주인이 이끄는 대로 잘 따르도록 훈련된 동물이다.' '즉 통제할 수 있도록 잘 길들여진 동물'을 의미한다고 말합니다. 예수님이 말씀하신 온유함이란 이런 뜻에서 말씀하신 것입니다. 성경이 말하는 온유란 천성적으로 타고난 성품이 아니라 동물처럼 훈련을 통해서 잘 길들고 다듬어진 성품을 온유함이라고 말씀하시고 있는 것입니다.

그런즉 온유한 사람이란 자신의 권리를 포기하고 하나님께 온전히 순종하는 사람을 말하는 것입니다. 그러므로 온유한 사람이란 누구에게 반항하거나 대항하지 않는 사람입니다. 인간적으로 힘이 하나도 없는 나약한 사람이 바로 온유한 사람인 것입니다.

성경은 천성적으로 온유한 성품을 소유하고 태어난 사람은 없다고 말합니다. 예수님께서 온유한 자는 복이 있다라고 말씀하셨을 때 어떤 뜻에서 말씀하셨습니까. 예수님은 하나님의 명령에 온전히 순종하고 복종하는 사람을 염두에 두시고 말씀하신 것입니다.

'우리가 온유한 성품을 가진 사람이라고 생각하면서 하나님의 명령에 순종하지 아니 한다면 이 사람은 온유한 사람'이라고 할 수 없습니다. 예수님은 이 점을 염두에 두시고 온유를 말씀하여 주신 것입니다. 하나님의 명령에 100% 순종하는 사람을 일컬어 온유한 사람이라고 말씀하여 주신 것입니다.

그렇다면 우리가 온유한 사람이 되기 위해서는 어떻게 해야 합니까. 자기의 생각과 뜻에 맞지 않더라도 자신의 생각과 뜻을 버리고 하나님의 명령에 100% 순종할 때 온유한 사람이 될 수 있다는 것입니다. 온유한 사람이란 자연적으로 천성적으로 타고난 성품이 아닙니다. 온유는 후천적인 성품인 것입니다.

선천적으로 온유한 사람도 있겠지만 성격은 대부분 후천적으로 온유한 사람이 된 사례가 많습니다. 원래 과격하고 통제되지 않은 동물들을 훈련을 통해서 주인의 명령에 잘 따르는 순한 양이 되게 합니다. 하나님은 우리 인간을 훈련을 통해 순한 양 즉 온유한 성품의 사람이 될 수 있도록 하신다는 것입니다.

다시 말하면 동물들이 훈련을 통해서 순한 양으로 변화되듯 우리 인간도 훈련을 통해서 온유한 성품이 되도록 하신다는 것입니다. 우리가 온유한 성품을 갖기 위해서는 이러한 절차가 필요하다는 것입니다. 온유한 성품을 갖기 위해서는 영적인 훈련을 받아야 한다는 것입니다. 우리는 영적인 훈련을 통해서 온유한 사람이 될 수 있는 것입니다.

그러면 영적인 훈련이란 무엇입니까. '디모데전서 4장 6-8절'에 '네가 이것으로 형제를 깨우치면 그리스도의 예수의 선한 일군이 되어 믿음의 말씀과 네가 좇을 선한 교훈으로 양육을 받으리라' '망령되고 허탄한 신화를 버리고 오직 경건에 이르기를 연습하라 육체의 연습은 약간의 유익이 있으나 경건은 범사에 유익하니 금생과 내생에 약속이 있느니라'고 말씀합니다.

우리 크리스천들에게 성경은 경건에 이르기를 연습하라고 명령하시고 있습니다.

바꿔 말하면 온유한 사람이 되기 위해서 하나님의 말씀으로 경건한 훈련을 받아야 한다는 것입니다. 영적인 훈련은 하나님의 말씀으로 반복적으로 훈련을 받아야 합니다. 우리는 하나님의 말씀으로 훈련을 받아 온유한 사람이 될 수 있는 것입니다.

아브라함은 25년 동안 영적인 훈련을 받았습니다. 야곱도 20년 동안 영적인 훈련을 받았습니다. 요셉도 20년 동안 영적인 훈련을 받았습니다. 모세는 80년 동안 영적인 훈련을 받았습니다. 여호수아도 80년의 영적인 훈련을 받았습니다.

다윗도 20년 동안 영적인 훈련을 받았습니다. 우리 예수님도 30년 동안 훈련을 받았습니다. 사도 바울도 오랜 시간 동안 영적인 훈련을 받았습니다.

성경에 나오는 수많은 믿음의 선진들을 보면 오랜 세월 동안 영적 훈련을 받았습니다. 이스라엘 백성들은 출애굽 후 40년 동안 광야에서 훈련을 받았습니다.

물론 이스라엘 백성들이 출애굽 후 40년이 걸리지 않더라도 약 15일 정도면 약속의 땅에 들어갈 수 있었습니다. 그럼에도 불구하고 하나님은 이스라엘 백성들을 광야에 40년 동안 머무르게 하면서 영적인 훈련을 시키셨습니다.

하나님의 명령에 순종을 하는지 불순종하는지 확인해 보기 위해서였습니다.

이스라엘 백성들은 이것 때문에 광야에서 40년 동안 훈련을 받은 것입니다.

민수기를 보면 이스라엘 백성들이 광야에서 어떤 훈련을 받았습니까.

'민수기 9장 22절'에 '구름이 머무르면 이스라엘 백성들도 머무르고 구름이 떠오르면 진행'하였다는 말씀이 있습니다. 본 의미는 이스라엘 백성들이 광야를 지나가는 동안 구름이 성막 위에 머물러 있으면 그들도 더 이상 진행치 아니하고 그곳에 천막을 치고 머물러 있었습니다. 그러다가 구름이 떠오르면 이스라엘 백성들은 천막을 거두고 구름이 인도하는 대로 따라갔습니다. 이스라엘 백성들은 이 일을 수년 동안 반복하여 했습니다. 구름이 이틀을 머물러 있으면 이스라엘 백성들도 이틀을 머물러 있었고, 구름이 한 달을 머물러 있으면 이스라엘 백성들도 한 달을 머물러 있었고, 구름이 일년을 머물러 있으면 이스라엘 백성들도 일 년을 머물러 있었습니다.

이들은 왜 이렇게 지루하도록 반복하여 가다가 멈추고 또 멈추어 있다가 진행해 나갔습니까. 하나님은 무엇 때문에 이스라엘 백성들을 이와 같은 과정을 밟게 했습니까. 이스라엘 백성들을 영적으로 훈련시키기 위해서였습니다.

이스라엘 백성들은 이틀, 한 달, 일 년씩 머물러 있으면서 영적으로 무슨 훈련을 받아야 했습니까.

훈련의 목적은 무엇입니까. 어느 목적을 이루기 위하여 오랫동안 기술을 연마한다는 뜻이 있습니다. 하나님의 훈련도 이와 같은 목적을 가지고 우리를 광야에서 훈련을 시키시는 것입니다. 하나님의 훈련은 이중적인 목적이 있습니다. 하나님께 경배하고 예배하게 하기 위한 것이요. 다른 하나는 죄악으로 망가진 우리 영혼을 하나님의 형상으로 회복하기 위함입니다. 그렇습니다.

우리가 온유한 사람이 되기까지 과정이 필요합니다. 오랜 세월 동안 훈련받고 연단을 받아야 온유한 사람으로 변화받을 수 있다는 것입니다. 우리는 이러한 훈련의 과정을 통해서 온유한 사람이 된다는 것을 알아야 합니다.

인간적으로 출세를 하고 성공을 하기 위해서 훈련을 받는 것이 아닙니다.

이틀이든지, 한 달이든지, 일 년이든지 오직 하나님만 의지하고 신뢰하는 훈련을 받아야 한다는 것입니다. 하나님을 의지하고 신뢰하는 것은 그냥 되는 것이 아닙니다. 우리는 영적인 훈련을 받아야 하나님을 의지하고 신뢰하게 되어 있습니다. 우리가 신앙적으로 훈련을 받지 아니하면 우리 인간은 하나님을 의지하지 않습니다. 하나님은 이러한 목적 때문에 우리를 광야에 머물게 해서 훈련을 받게 하시는 것입니다.

'시편 102편 3절' 이하에 보면 시인은 온유한 사람이 되기 위해서 어떠한 훈련을 받았습니까. '대저 내 날이 연기같이 소멸하며 내 뼈가 꽹과리(숯) 같이 탔나이다 내가 음식 먹기도 잊었으므로 내 마음이 풀같이 쇠잔하였사오며 나의 탄식 소리로 인하여 나의 살이 뼈에 붙었나이다 나는 광야의 당아새(올빼미) 같고 황폐한 곳의 부엉이 같이 되었사오며 내가 밤을 세우니 지붕 위에 외로운 참새 같으니이다'

'나는 재를 양식같이 먹으며 나의 마심에는 눈물을 섞었사오니 이는 주의 분과 노를 인함이라 주께서 나를 드셨다가 던지셨나이다 내 날이 기울어지는 그림자 같고 내가 물의 쇠잔함 같으니이다'라고 고백하고 있습니다.

우리가 온유한 사람이 되기 위해서는 영적인 훈련을 통해서만 온유한 사람이 될 수 있는 것입니다. 우리가 온유한 사람이 되기 위해서는 사람 취급을 받으려고 하지 마십시오. 온유한 사람은 사람 취급을 받을 수 없습니다. 지붕 위의 외로운 참새 같은 신세가 될 수 있습니다. 광야의 황폐한 부엉이 같은 신세가 될 수 있습니다. 사람 취급은커녕 동물 취급도 받지 못할 수도 있습니다.

우리는 사람 취급도 못 받고 동물 취급도 못 받아 봐야 온유한 사람이 될 수 있습니다. 우리는 시인이 받은 코스를 통과 해야만 온유한 사람이 될 수 있는 것입니다. 우리가 영적인 훈련이 싫어서 훈련을 받지 않는다면 온유한 사람이 될 것으로 생각하지 마시기 바랍니다.

'저는 영적인 훈련을 밟지 않고도 온유한 사람이 될 수 있습니다.'라고 생각한다면 마음대로 하시기 바랍니다. 지금 우리 기독교는 사람들에게 존경과 칭찬을 받는 것이 중요한 것이 아니라 온유한 사람이 되는 것이 더 중요하다는 것입니다.

사람 취급도 못 받고 동물 취급을 받은 사람이 무슨 존경과 칭찬을 받는 것이 어울리겠습니까. 필요도 없겠지요.

하나님은 믿는 백성들을 온유한 사람이 될 수 있도록 무슨 훈련을 시키셨습니까.

첫 번째 주인공은 요셉입니다. 요셉은 그리스도의 모형이었습니다.

그리스도의 그림자였습니다. 어린 시절 요셉은 아버지의 사랑을 독차지하며 왕자처럼 살았습니다. 하지만 그의 집은 시기와 질투로 점철된 가정이었습니다.

요셉의 집안은 온유한 가정이 아니었습니다. 요셉이 이러한 가정에서 온유한 사람으로 자라기에는 역부족이였습니다. 하나님은 요셉으로 온유한 사람으로 키우기 위해서 훈련과 연단을 받게 하였습니다.

요셉은 어느 날 형들의 시기로 미디안 상인들에게 노예로 팔려 갔습니다.

애굽으로 팔려간 요셉은 애굽 군대장관 보디발의 집에 종으로 팔려 그 곳에서 종살이를 살아야 했습니다. 요셉은 이 집에서 약 15년 안팎 종살

이를 해야 했습니다. 또한 보디발의 부인 모함으로 감옥에 들어가게 되었습니다.

그후 요셉은 하나님의 은혜로 감옥에서 나와 애굽의 총리대신이 되었습니다.

요셉은 고난과 고통의 과정을 겪으면서 온유한 사람으로 성장해 갔습니다.

요셉은 착한 성품이 있었지만 온유한 사람이 되기에는 고난과 훈련과 연단을 받아야 했습니다. 요셉도 훈련을 통해서 온유한 사람이 되었던 것입니다.

두 번째는 야곱입니다. 야곱은 어떠한 사람이었습니까.

야곱은 온유한 사람이 아니었습니다. 야곱은 한마디로 야비하고 비열한 성격의 사람이었습니다. 자신의 욕망을 채우기 위해서는 부모도 형제도 다 이용해 먹는 자였습니다. 야곱은 거짓으로 속여서라도 자신의 욕구만 채우는 전형적인 사기꾼에 불과하였습니다. 어느 날 야곱은 형의 축복권을 차지하고자 팥죽으로 형의 장자권을 빼앗았고요. 또 형으로 변장하여 아버지 이삭을 속이고 형의 축복권을 빼앗아 갔습니다. 이때 형 에서는 빼앗긴 축복권 때문에 동생 야곱을 죽이려고 했습니다.

형이 죽이려고 하자 야곱은 아버지 집에 더 이상 있을 수가 없어서 어머니 친정집으로 야반도주를 하여 피신해야 했습니다.

그런데 야곱은 삼촌 집에 가서도 그의 야비한 성격은 변화되지 않았습니다.

야곱이 삼촌 집에 20년 동안 살 동안 자신의 영리한 머리고 복잡한 속임수를 짜서 삼촌의 재산을 빼돌려 자신의 재산으로 삼아 버렸습니다.

이로 인해 삼촌과 야곱은 서로 불신감이 생기게 되었고 우정이 적대감정으로 변해 갔습니다. 하나님은 야곱에게 왜 이러한 상황을 맞도록 합니까.

'제임스 패커' 교수님은 한 글에서 '하나님은 야곱으로 하여금 속임수를 쓰는 자의 고통을 처절하게 맛보게 하고자 그렇게 한 것이다. 어쩌면 야곱 자신의 영리함은 그 자체로 보아서는 하나님의 저주였다. 야곱은 자신의 이전 삶의 방식을 혐오하게 하려면 야곱으로서는 배신이 얼마나 아픈 것이지 배울 필요가 있었다.'라고 말하고 있습니다.

그러나 아직도 야곱은 변화된 것이 하나도 없었습니다.

라반은 야곱이 자신의 재산을 빼돌린다는 것을 알고 앙갚음을 하려고 했습니다. 이때 하나님은 라반이 야곱에게 앙갚음을 하기 전에 삼촌 집을 떠나 자기 고향으로 떠나도록 마음을 감동시키셨습니다. 야곱은 그 즉시 전 재산을 모아 삼촌 모르게 야반도주하여 떠나게 됩니다. 야곱은 가나안 땅으로 가는 동안 또 해결해야 할 문제가 있었습니다. 20년 전에 있었던 형과의 문제였습니다. 20년이 흘렀지만 여전히 그 문제는 남아 있었습니다. 야곱은 또 머리를 써서 고향 땅에 거의 당도할 무렵 형 에서에게 사신을 보내어 동생이 왔다는 소식을 전하도록 하였습니다.

아 그런데 형 에서에게 갔다 온 사신이 와서 형 에서의 소식을 전하는데 형 에서가 400명의 군사를 거느리고 야곱에게 온다는 소식이었습니다.

이 말은 형 에서가 야곱을 죽이러 온다는 말과 같았습니다. 이 소식을 전해 들은 야곱은 절망할 수밖에 없었습니다.

이것을 가지고 진퇴양난이라고 하는 것입니다. 이러지도 못하고 저러지도 못하는 상태를 말하는 것입니다. 하지만 하나님 편에서 본다면 이때야말로 우리 인간이 하나님을 만날 수 있는 절호의 기회일 수 있다는 것입니다. 이때 야곱은 어떻게 합니까? 압복강을 건널 수 없었습니다.

건너면 죽으니까 건너지 못하고 절망하고 있는데 이때 하나님은 야곱에게 찾아오십니다. 여호와의 사자가 야곱과 씨름을 하는데 야곱을 굴복시키려고 하지만 야곱은 절대로 굴복하지 않습니다. 하나님 앞에 굴복하고 겸손해지면 되겠지만 바동바동 기를 꺾지 않고 굴복하지 않자 여호와의 사자가 어떻게 합니까.

야곱을 이기지 못하자 야곱의 환도뼈를 위골시켜 버리십니다.

시간이 흘러 동이 뜨기 시작하였습니다.

아직까지도 야곱은 굴복하지 않습니다. 이 말은 아직까지 야곱이 변화받지 못했다는 뜻입니다. 변화되지 않은 야곱에게 더 이상 희망이 없다라고 생각하고 여호와의 사자가 야곱에게 날이 새려 하니 나로 가게 하라고 합니다. 야곱은 여호와의 사자로 하여금 편하게 가게 합니까? 야곱이 누군데요. 야곱이지요. 야곱은 어떤 사람이었어요. 축복받기를 좋아하는 사람이었습니다. 야곱에게 축복을 해 주지 않고 그냥 빈손으로 갈 수 없지요. 아니 축복을 해 주지 않고 가다니 아니 될소이다.

가더라도 축복은 해 주시고 가서야지요. 떠나려는 사자와 단판을 짓습니다. 야곱은 여호와의 사자를 붙잡고 놓지 않습니다. 야곱은 '당신이 내게 축복해 주지 아니하면 가게 하지 아니하겠나이다'라고 하면서 야곱은 기어코 하나님의 축복을 받고자 합니다.

'야곱아, 아니다 나로 가게 하라 너는 축복을 받을 만한 그릇이 아직 준비되지 않았다. 나는 너를 축복할 수 없다.' 하면서 야곱을 뿌리치고 떠나려고 합니다. '좋습니다. 제가 축복받을 만한 그릇으로 준비되지 않았다고요. 축복을 해 줄 수 없다고요. 그래도 저에게 축복을 해 주셔야 사자님을 보낼 것입니다. 축복해 주세요.' 이러한 믿음이 우리들에게도 있어야 합니다. 축복을 받고자 하는 간절한 소원이 있어야 합니다. 야곱은 축복을 받을 만한 사람이 아니었습니다.

야곱에게는 우리와 다른 면이 있었습니다. 하나님의 축복을 받고자 하는 간절한 믿음이 있었습니다. 결국 하나님은 어떻게 합니까. 천사가 가던 발걸음을 멈추고 야곱에게 축복을 해 주시고 있습니다. 야곱이 축복을 원하지 않았다면 하나님의 축복은 임하지 않았을 거라는 것입니다. 야곱이 축복을 원했기 때문에 여호와의 사자는 축복을 해 주시고 있습니다.

과연 우리들에게도 야곱과 같은 간절한 소원이 있느냐는 것입니다. 이러한 간절한 소원이 있어야 하나님의 축복을 받을 수 있습니다. 야곱이 하나님으로부터 무슨 축복을 받습니까. 하나님은 야곱의 이름을 이스라엘로 바꾸어 주십니다. 하나님이 야곱을 만나 준 것입니다. 하나님이 야곱의 이름을 바꿔 주었다는 것은 이제부터는 과거처럼 야비하고 비열하게 살지 말고 변화받고 새로운 인생으로 살 수 있도록 하기 위해서 이름을 바꿔 주신 것입니다.

야곱은 이 기회를 통해서 옛길로 빠지지 아니했습니다. 야곱은 새로운 인생의 길을 가게 되었습니다. 새 사람으로 변화된 야곱에게 형 에서는 더 이상 원수가 아니었습니다. 하나님이 그렇게 하여 주신 것입니다. 야곱은 드디어 온유한 사람으로 변화된 것입니다.

세 번째는 모세입니다. 성경은 모세를 향해 '민수기 12장 2절'에 '이 사람 모세는 온유함이 지면의 모든 사람보다 승하니라'고 말씀합니다. 성경은 모세가 '온유함이 모든 사람보다 승하도다'라고 말씀합니다. 본래 모세는 온유한 사람이 아니었습니다. 모세는 젊었을 때 굉장히 과격한 성격의 소유자였습니다. 동족을 위하여서는 애굽 사람을 죽일 만큼 과격한 사람이었습니다. 온유함과는 거리가 먼 사람이었습니다. 이러한 사람이 어떻게 온유한 사람이 되었습니까? 모세는 애굽 사람을 죽인 일이 폭로되어 살인자로 누명을 써 더 이상 왕궁에 살 수가 없었습니다. 모세를 죽을 판이었습니다.

그는 날 살려라 하면서 야반도주를 해야 했습니다. 하나님은 모세로 하여금 미디안 광야로 도주하게 하셔서 그곳에서 훈련을 받게 합니다.

모세는 40년 동안 광야에 살면서 자신의 혈기를 죽이고 자신의 자존심을 죽이고 자아를 죽이는 훈련을 받았습니다, 거칠고 모난 성격을 죽이는 훈련을 오랜 세월 동안 받았습니다. 모세는 오랜 세월 동안 훈련을 받을 후 온유한 사람으로 변화받게 되었습니다. 우리가 온유한 사람이 되기 위해서는 하루아침에 되는 일이 없다는 것을 알아야 합니다.

하용조 목사님의 글을 보면 '온유한 사람은 자신의 권리를 주장하거나 자신의 생각을 정당화하거나 자기의 목적만을 추구하는 사람과는 다른 사람입니다. …언제나 자신의 방법을 포기하고 하나님의 방법을 온전히 따르는 사람입니다. 그리하여 온유한 사람은 자신의 모든 능력, 성격, 생각, 행동을 통제할 수 있는 사람입니다.'라고 말합니다.

네 번째는 사도 바울입니다. 사도 바울은 온유한 사람과는 거리가 먼 사람이었습니다.

저돌적이고 혈기가 왕성한 사람이었습니다. 이러한 사도 바울이 어떻게 온유한 사람으로 변화받을 수 있었습니까. 온유하신 예수 그리스도를 만났기 때문입니다.

예수님을 만난 사도 바울은 어떻게 살았습니까. '고린도전서 4장 11-13절'에 '바로 이 시간까지 우리가 주리고 목마르며 헐벗고 매맞으며 정처가 없고' '또 수고하여 친히 손으로 일을 하며 후욕을 당한즉 축복하고 핍박을 당한즉 참고' '비방을 당한즉 권면하니 우리가 지금까지 세상의 더러운 것과 만물의 찌끼 같이 되었도다' 세상의 더러운 찌꺼기 취급을 받았습니다. 만물의 오물 취급을 받았습니다. 사도 바울은 온유한 사람이 된 것입니다.

'고린도후서 10장 1절'에 '너희를 대하여 대면하면 겸비하고 떠나 있으면 담대한 나 바울은 이제 그리스도의 온유와 관용으로 친히 너희를 권하고' 사도 바울은 전적으로 예수 그리스도를 중심으로 온유한 삶을 산 것입니다.

자, 끝으로 온유한 사람은 무슨 복을 받는다고요? 땅을 기업으로 받는다는 것입니다. 하나님은 땅을 누구에게 주신다고요. 온유한 사람에게 땅을 기업으로 주신다는 것입니다. 이 세상은 돈 많은 사람들이 땅을 차지하지만 천국의 땅은 온유한 사람이 차지하는 것입니다. 지상의 땅도 하나님이 온유한 사람이 차지할 수 있도록 하여 주시는 것입니다.

시편 37편 11절 '오직 온유한 자는 땅을 차지하며 풍부한 화평으로 즐기리로다'

10. 의에 주리고 목마른 자는 복이 있나니 저희가 배부를 것이요

마태복음 5:6

우리는 과거에 비해 부유하고 풍요로움 속에 살아가고 있습니다. 그에 비해 우리의 내면은 점점 더 메마르고 황폐화되어 가고 있습니다. 사람들은 날로 완악하고 강퍅해져 가고 있습니다. 한 줄기 진리의 빛도 찾아볼 수 없을 만큼 사람들의 마음은 칠흑같이 어두워 가고 있습니다.

세상은 눈부시게 화려해지고 있지만 우리의 내면은 죄악으로 곪아 문드러지고 있습니다. 성경은 우리가 왜 이렇게 되었다고 말씀합니까. '로마서 3장 10-18절' '…하나님을 찾는 자도 없고 다 치우쳐 한 가지로 무익하게 되고 선을 행하는 자는 없나니 하나도 없도다 저희 목구멍은 열린 무덤이요 그 혀로는 속임을 베풀며 그 입술에는 독사의 독이 있고 그 입에는 저주와 악독이 가득하고 그 발은 피 흘리는데 빠른지라'고 말씀합니다.

이 세상이 왜 어두워 간다고요? 하나님을 찾는 지각을 잃어버렸기 때문입니다. 그로 인해 우리는 다 치우쳐 무익한 존재들이 되었고 선을 행할 수 없는 무력한 존재들이 되어 버린 것입니다. 선을 행하지 아니한 우리의 목구멍은 열린 무덤과 같고, 우리의 혀는 남을 속이고 사기를 치며, 우리의 입술은 독사의 독이 있고, 우리의 입은 저주와 악독이 가득 차게 되었다는 것입니다. 우리가 이러한 악을 행하고도 영적으로 깨닫지 못하기 때문에 이 세상이 어두워 간다는 것입니다.

'시편 49편 20절'에서는 '존귀에 처하나 깨닫지 못하는 사람은 멸망받는 짐승과 같도다'라고 말씀합니다. 사람이 창조자를 알아야 하는데 알지 못하니까 깨달을 수 없고 그러다 보니 멸망받는 짐승과 같은 존재가 되어 버린 것입니다. '요한복음 8장 43절'에 보면 예수님은 자신이 하나님께로부터 보내심을 받아 왔다고 말하니까 사람들은 이것을 이해하지 못하고 깨닫지 못합니다.

'어찌하여 내 말을 깨닫지 못하느냐 이는 내 말을 들을 줄 알지 못함이로다' 하시면서 우리가 영적으로 깨달음이 없는 것은 예수님의 말씀을 들을 줄 모르는 무지함 때문에 깨닫지 못하는 것이라고 말씀한 것입니다.

사람이 깨닫지 못하는 것처럼 비참한 것도 없습니다. 우리 인간이 영적으로 깨닫지 못하니까 선한 인간이 될 수 없고 불항당한 자들이 되는 것입니다.

사람들이 짐승처럼 되어 버리니까 이 땅이 메마르고 황폐화되어 가는 것입니다. 하나님의 뜻을 따라 살아가는 의인이 없고, 자신이 죄인임을 깨닫고 회개하는 자가 없으니 이 세상이 어두워 가는 것입니다.

그러므로 우리가 진실로 무엇을 깨달아야 합니까. 우리 자신들이 죄인임을 깨달아야 한다는 것입니다. 이것은 우리의 생사가 걸려 있는 문제입니다.

우리가 죄인임을 인정하지 아니하면 의에 주리고 목마름으로 의를 추구할 수 없습니다. 우리 자신들이 흉악한 죄인임을 깨달아야 의에 주리고 목마름으로 하나님의 의를 추구할 수 있는 것입니다. 본문에서 예수님은 '의에 주리고 목마른 자는 복이 있나니 저희가 배부를 것임이요'라고 말씀합니다.

그러면 의에 주리고 목마름이란 무슨 뜻이 있습니까. 우리 나라는 중동처럼 사막이 없어서 이해하기가 쉽지 않지만 중동에서는 흔히 체험하는 일이라고 합니다. 예수님 당시도 빈번하게 일어났던 일입니다.

예수님도 광야에서 사역을 하셨기 때문에 종종 체험했으리라고 생각합니다. 지금이야 중동도 교통수단이 좋아서 사막을 맨발로 걸어서 여행하는 사람은 없겠지만 옛적에는 대부분 사람들은 사막을 걸어서 여행을 하였습니다. 여행 도중 사막의 한복판에서 갑자기 강풍이나 돌풍이 불어닥치면 겉옷을 벗어 얼굴을 싸매고 바람 부는 쪽으로 향해 등을 돌리고 모래바람이 그칠 때까지 기다리는 것 외에 다른 방법이 없었다고 합니다.

폭풍이 불어닥칠 때에는 아무리 겉옷으로 얼굴을 가리고 있어도 콧구멍으로 먼지가 들어와서 숨을 제대로 쉴 수 없을 정도로 고통이 심했다고 합니다. 예수님께서 본 말씀에서 의에 주리고 목마른 자가 복이 있다는 말씀은 이와 같은 유사한 상태를 두시고 한 말씀입니다.

그러면 하나님의 의란 무엇입니까?

첫째, 하나님의 공의와 정의, 인애와 자비, 선과 정직, 공평과 공정이 하나님의 의입니다.

'예레미야 9장 24절'에 '자랑하는 자는 이것으로 자랑할찌니 곧 명철하여 나는 아는 것과 나 여호와는 인애와 공평과 정직을 땅에 행하는 자인

줄 깨닫는 것이라 나는 이 일을 기뻐하노라 여호와의 말이니라' 하나님
이 제시해 준 의의 기준이 바로 이것입니다. '미가 6장 8절'에 '사람아 주
께서 선한 것이 무엇임을 네게 보이셨나니 여호와께서 네게 구하시는
것이 오직 공의를 행하며 인자를 사랑하며 겸손히 네 하나님과 함과 행
하는 것이 아니냐'고 말씀합니다.

 '베드로후서 1장 4절'에는 '…신의 성품에 참예하는 자가 되게' 하리라는
말씀이 있습니다. 신의 성품이란 바로 하나님의 공의와 인애와 공평과 정
직이라는 것입니다. 그렇다면 우리가 신의 성품에 어떻게 참여할 수 있습
니까. 신의 성품에 참여하기 위해서는 절차와 과정이 필요합니다. 그 절
차가 의에 주리고 목마름으로 하나님의 의를 간절히 갈구하는 것입니다.
그래야 우리가 신의 성품에 참여할 수 있다는 것입니다. 그러나 이것은
쉬운 것이 아닙니다. 수 많은 시행 착오와 실패가 따라오게 되어 있습니
다. 정상에 오르다가 넘어지기도 하고 자빠지기도 할 것입니다.
  여러가지로 인생의 괴로운 일도 만날 것이고 좌절될 일도 만날 것입
니다.
  그래도 우리는 포기하지 말고 끝까지 앞으로 나아가는 인내가 필요합
니다.
  신의 성품에 도달할 때까지 인내하면서 경주를 해야 합니다.

 '고린도전서 9장 23-27절'에 '내가 복음을 위하여 모든 것을 행함은 복
음에 참여하고자 함이라' '운동장에서 달음질하는 자들이 다 달아날찌라

도 오직 상 얻는 자는 하나인 줄을 너희가 알지 못하느냐 너희도 얻도록 이와 같이 달음질하라' '이기기를 다투는 자마다 모든 일에 절제하나니 저희는 썩을 면류관을 얻고자 하되 우리는 썩지 아니할 것을 얻고자 함이라' '그러므로 달음질하기를 향방 없는 것 같이 아니하고 싸우기를 허공을 치는 것 같이 아니하여' '내가 내 몸을 쳐 복종하게 함은 내가 남에게 전파한 후에 자기가 도리어 버림이 될까 두려워함이로다'라고 말씀합니다. 우리가 이러한 과정을 밟지 않고서는 어느 누구도 신의 성품에 도달할 수 없다는 것입니다.

사도 바울은 '갈라디아서 4장 19절'에 갈라디아서 성도들이 '신의 형상'을 이루기까지 이렇게 산다고 말씀합니다. '나의 자녀들아 너희 속에 그리스도의 형상이 이루기까지 다시 너희를 위하여 해산하는 수고'를 한다고 말씀합니다. 사도 바울은 갈라디아서 성도들이 그리스도의 형상을 이룰 수만 있다면 해산의 고통도 마다하지 않고 수고를 한다는 것입니다.

우리도 그리스도의 형상이 이루기까지 해산의 수고를 감당해야 할 줄 믿습니다. 특별히 우리는 의에 주리고 목마른 삶이란 어느 특수하고 특별한 사람들만 추구하는 것으로 생각합니다. 또 수도원에서 수도하는 사람들이나 실천해 옮기는 것으로 생각합니다. 과연 그럴까요. 아니라는 것입니다. 의에 주리고 목마른 삶이란 특별한 사람들이나 추구하는 가치가 아니라 우리 모든 크리스천들이 추구해야 할 삶의 본질이라는 것입니다.

우리 크리스천들이 우선 순위로 의에 주리고 목마름으로 성화되어야 할 삶의 목표라는 것입니다. '시편 19편 7-9절'에 '여호와의 율법은 완전하여 영혼을 소성케 하고 여호와의 증거는 확실하여 우둔한 자로 지혜롭게 하며 여호와의 교훈은 정직하여 마음을 기쁘게 하고 여호와의 계명은 순결하여 눈을 밝게 하도다 여호와를 경외하는 도는 정결하여 영원까지 이르고 여호와의 규례는 확실하여 다 의로우니'라고 말씀합니다.

둘째, 하나님의 의를 위하여 우리의 의를 하나님께 굴복해야 합니다. 우리 인간은 하나님의 의를 좇지 않고 자신의 의를 자랑하고자 할 때가 많이 있습니다. 자신의 의를 드러내고자 하면서 하나님의 의처럼 가장하여 살 때가 많이 있습니다. 우리는 언제나 이 점을 잊지 말아야 합니다. 유대인들은 인간적으로 얼마나 의를 추구하며 산 것처럼 보였습니까.

로마서 말씀처럼 하나님께 열심은 있었으나 하나님의 의를 모르고 자기 의를 세우려고 그랬다는 것입니다. 우리가 조금만 방심하면 얼마든지 우리도 이렇게 될 확률이 높습니다. 우리가 항상 명심해야 할 것은 우리 인간의 의는 하나님의 의에 반항하고 불순종한다는 것을 잊지 말아야 합니다.

신명기 9장 4-5절 '네 하나님 여호와께서 그들을 네 앞에서 쫓아내신 후에 네가 심중에 이르기를 나의 의로움을 인하여 여호와께서 나를 이 땅으로 인도하여 들여서 그것을 얻게 하셨다 하지 말라 실상은 이 민족들이 악함을 인하여 여호와께서 그들을 네 앞에서 쫓아 내심이니라'
'네가 가서 그 땅을 얻음은 너의 의로움을 인함도 아니며

네 마음이 정직함을 인함도 아니요 이 민족들의 악함을 인
하여 네 하나님 여호와께서 그들을 네 앞에서 쫓아내심이
라 여호와께서 이같이 하심은 네 열조 이브라함과 이삭과
야곱에게 하신 맹세를 이루려 하심이니라'

우리 인간에게는 어떤 의도 존재하지 않는다는 것입니다. 우리에게는
하나님의 의밖에 없습니다.

'로마서 4장 2절'에 '만일 아브라함이 행위로써 의롭다 하심을 얻었으
면 자랑할 것이 있으려니와 하나님 앞에서는 없느니라' '성경이 무엇을
말하느뇨 아브라함이 하나님을 믿으매 이것이 저에게 의로 여기신바 되
었느니라'고 말씀합니다. 우리의 모든 의를 하나님께 굴복할 때만이 하
나님의 의를 얻을 수 있는 것입니다.

셋째, 하나님의 의를 위하여 우리 자신을 부인하고 부정해야 합니다.
가장 힘든 부분이 자기를 부인하는 것입니다.

'빌립보서 3장 7-9절'에서는 '그러나 무엇이든지 내게 유익하던 것을
내가 그리스도를 위하여 다 해로 여길뿐더러' '또한 모든 것을 해로 여김
은 내 주 그리스도 예수를 아는 것이 지식이 가장 고상함을 인함이라 내
가 그를 위하여 모든 것을 잃어버리고 배설물로 여김은 그리스도를 얻
고' '그 안에서 발견되려 함이니 내가 가진 의는 율법에서 난 것이 아니요
오직 그리스도를 믿음으로 말미암은 것이니 곧 믿음으로 하나님께로서
난 의라'라고 말씀합니다.

우리도 사도 바울처럼 우리 자신을 철저히 부정하고 부인하지 아니하

면 하나님의 의를 이룰 수 없다는 것입니다. 우리 자신에게는 어떤 의도 존재하지 않는다는 것을 알고 자기 부인의 결단이 있어야 할 줄 믿습니다.

그래서 우리는 오직 예수 그리스도를 통해서만 의를 얻을 수 있다는 믿음이 있어야 합니다.

> 빌립보서 3장 9절 '그 안에서 발견되려 함이니 내가 가진 의는 율법에서 난 것이 아니요 오직 그리스도를 믿음으로 말미암아 것이니 곧 믿음으로 하나님께로 난 의라'

넷째, 하나님의 의를 간절히 구하고 찾아야 한다는 것입니다. 깊은 산 속에 있다가 사슴이 시냇물을 찾을 때는 생명을 걸고 찾는다고 합니다. 왜냐하면 맹수들에게 들키면 생명을 잃을 수도 있기 때문입니다. 그러니까 목숨을 걸고 시냇물을 찾는다는 것입니다. 우리가 하나님의 의를 이루기 위해서 사슴이 시냇물을 찾듯, 사막에서 타는 듯한 목마름으로 한 모금의 물을 구하듯, 그러한 마음으로 하나님의 의를 구하고 찾아야 한다는 것입니다.

이 세상의 어떤 금은보화보다도 하나님의 의를 간절히 찾고 구하여야 한다는 것입니다. 만약 우리가 절박하고 간절한 마음으로 하나님의 의를 구하고 찾지 아니한다면 영적인 회복은 불가능하다는 것을 알아야 합니다. 우리 기독교가 위기라고 하는 것은 왜 그렇습니까. 교회가 부흥되었다고 하는데 반면에 위기라고 하는 것은 왜 그렇습니까. 하나님의 의를 주리고 목마름으로 구하고 찾지 아니하기 때문입니다. 지금 전쟁 때문에 위기가 아닙니다. 경제의 몰락 때문에 위기가 아닙니다. 사람들이 육신의 정욕과 탐욕에 빠져 하나님의 의를 구하고 찾지 아니하기 때문에 위기라고 하는 것입니다. 우리는 지금 먹을 양식이 없어서 죽어가는 사람처럼 하나님의 의를 구하여야 할 줄 믿습니다. 우리는 이제라도 완악한 마음을 버리고 의에 주리고 목마름으로 우리의 안락한 자리를 적신다면 다시 한번 우리는 소망의 꽃을 피우리라 믿습니다. 그래야만 우리가 영적으로 회복이 될 수 있습니다.

이 세상에 어떤 사람도 완전한 의에 도달한 사람은 없습니다. 우리는 다 부족하고 연약한 사람들입니다. 완전한 의에 도달하신 분은 오직 예수 그리스도밖에 없습니다. 우리가 예수 그리스도가 원하는 그 완전한 의에 이를 때까지 끊임 없이 주리고 목마름으로 하나님의 의를 구하고 찾아야 합니다.

11. 긍휼히 여기는 자는 복이 있나니 저희가 긍휼히 여김을 받을 것이요

마태복음 5:7

우리는 그리스도인으로서 사랑도 하고 섬기기도 하고 봉사도 합니다. 이웃을 향한 선행이라면 앞장서서 합니다. 이것은 우리 크리스천들이 마땅히 해야 할 도리입니다. 그러나 우리 기독교는 이것만으로 완성이 될 수 없다는 것입니다. 우리는 계속해서 사랑해야 되고, 선행을 베풀어야 합니다. 하지만 본문 말씀을 배제하는 우리의 행위는 완성이 될 수 없다는 것입니다. 본문 말씀과 함께 해야 완성이 된다는 것입니다. 그것이 무엇입니까. 바로 긍휼히 여기는 마음입니다. 본문은 '긍휼히 여기는 자는 복이 있나니 저희가 긍휼히 여김을 받을 것임이요'라고 말씀합니다.

그러면 긍휼히 여긴다는 마음은 무엇입니까. 남을 불쌍히 여기는 마음이요. 측은히 여기는 마음입니다. '바클레이' 신학자는 '이것은 자비를 베풀어 주는 마음이라 할 수 있는데 자비란 히브리어로 케세드(chesedh)라고 한다. 케세드는 즉 자비란 우리가 타인의 마음속에 들어가서 그 입장에서 그의 눈으로 사물을 보고 그의 마음으로 생각하며 그의 느낌으로 느끼게 되도록 만드는 능력이다. 이것은 분명히 정서적인 어떤 연민의 움직임이 아니고 분명한 심정과 의지가 필요하다. 그것은 밖에서부터 주는 동정이 아니고 진실하게 상대의 입장에서 자신을 놓고 상대자와 같은 심정으로 사물을 보고 느끼게 하는 것이다.'라고 말합니다.

  우리는 남의 고통, 슬픔, 시련, 아픔에 대해서 그 사람의 눈과 마음으로 동질감을 가지고 다가가야 완성된다는 것입니다. 즉 긍휼히 여기는 마음이란 남의 고통과 슬픔을 당한 사람의 눈과 마음으로 동질감을 가지고 같이 공감하는 것이 긍휼히 여기는 마음인 것입니다. 공감이란 '헬라어의 두 낱말 즉 서로 함께라는 의미를 가진 순(sun)과 경험하다 혹은 고통당하다라는 의미를 가진 파쉐인(paschenin)으로 되어 있다.'고 합니다. 그래서 공감이란 '사물을 다른 사람과 함께 경험하는 것을 의미하고 문자적으로 그가 겪어 온 것을 같이 겪는 것이다.'라고 말합니다.
  우리는 우리 '자신의 감정에만 사로잡혀 있기 때문에 다른 사람의 느낌 따위는 관심이 없다. 그러다 보니 타인을 동정할 마음도 없고 타인이 느끼는 대로 느끼지도 아니하고 다른 사람의 눈높이에도 동떨어진 행동을 하게 되는 것이다.'라고 말합니다. 이것은 주님이 말씀한 긍휼히 여기는 마음과 얼마나 동떨어진 마음인지 모릅니다.

  그러므로 주님이 원하시는 긍휼히 여기는 마음이란 다른 사람이 느끼는 감정, 생각, 애환을 동떨어지게 생각하지 말고 함께 공감하고, 함께 느끼고, 함께 아파하고, 함께 생각하는 열린 마음이 있어야 한다는 것입니다. 이것이 긍휼히 여기는 마음이라는 것입니다. 가령 다른 사람이 시련과 고통을 당하고 있는데도 동정하는 마음이나 아파하는 마음을 갖지 못한다면 긍휼히 여기는 마음이 아닌 것입니다.

그러면 예수님께서 긍휼히 여기는 마음을 어떻게 정의해 주셨습니까?

'마태복음 18장 23절' 이하를 보면 어느 임금에게 일만 달란트의 빚을 진 사람이 있었습니다. 주인은 일만 달란트 빚을 진 사람에게 당장 빚을 갚으라고 하였습니다.

그러자 빚을 진 사람은 주인에게 갚을 능력이 없자 '그 종이 엎으리어 절하며 가로되 내게 참으소서 다 갚으리이다' 하며 사정을 하고 용서해 달라고 하니까 그 종의 주인이 불쌍히 여겨 놓아 보내며 그 빚을 탕감하여 주었습니다. 이 종은 평생 갚을 수 없는 빚을 탕감 받게 되었습니다. 주인이 엄청난 빚(100억)을 탕감해 주지 않았더라면 평생 감옥에 들어가 살아야 할 판인데 빚을 탕감 받았으니 얼마나 좋아요.

콧노래를 부르지요. 하늘을 나는 기분으로 덩실덩실 춤을 추면서 길거리를 가는데 그때 마침 이 사람에게 백 데리온(백만 원)의 빚을 진 사람을 만나게 되었습니다.

이 사람에게 빚을 진 사람을 만나자마자 멱살을 잡고 당장 빚을 갚으라고 욕설을 하고 협박을 하는 것입니다. 그러자 빚을 진 사람은 또 어떻게 합니까. 빚을 갚을 테니 한 번만 용서해 달라고 애원하겠지요.

자기도 방금 전에 주인에게 평생 갚아도 갚을 수 없는 빚을 탕감 받았으니까 이 사람도 당연히 자기에게 빚을 진 사람을 용서하고 탕감해 주는 것이 도리가 아닙니까. 그러나 이 사람은 긍휼히 여겨 주는 마음이 없었습니다.

그렇다면 여기서 일만 달란트의 빚을 탕감 받은 사람은 누구입니까. 우리 자신들입니다. 그리고 백 데리온의 빚을 진 사람은 누구입니까. 우리 이웃입니다. 우리 자신들은 하나님으로부터 평생 갚아도 갚을 수 없는 일만 달란트의 빚을 탕감 받은 죄인입니다.

죄로 말미암아 죽어 마땅한 우리의 죄를 용서해 주셨습니다. 우리는 평생 용서받을 수 없는 죄를 용서받은 죄인입니다. '에베소서 2장 1절'에 '죄와 허물로 죽은' 우리였습니다. 그런데 하나님은 '허물과 죄로 죽었던 우리를 살려' 주셨습니다. 할렐루야입니다. 죄로 죽어 마땅한 우리를 긍휼히 여겨 주셔서 죽음에서 살려 주었습니다.

하나님이 우리를 긍휼히 여겨 주시지 않았다면 한 사람도 죄악의 죽음에서 살아날 수 없었을 텐데 하나님이 우리를 살려 주었습니다.

얼마나 큰 은혜입니까. 얼마나 큰 축복입니까. 평생 갚아도 못 갚지요. 우리가 평생 갚아도 갚을 수 없는 큰 은혜를 받고도 안 받은 것처럼 행동 해서야 되겠습니까. 안 되는 것입니다. 안 되고 말고요. 우리가 이렇게 하나님의 큰 은혜를 받았으니까 어떻게 해야 한다고요?

우리도 마땅히 남에게 긍휼을 베풀어 주는 사람이 되어야 한다는 것입니다.

우리가 종종 인간적으로 가난하고 어려움을 당하는 사람들을 보면 무슨 기구한 운명을 갖고 태어나서 저렇게 가난하게 살까. 병든 사람을 보면 무슨 죄를 지어서 저런 고통을 당할까 하는 마음으로 바라볼 때가 많이 있습니다.

이것은 긍휼히 여기는 마음이 아닙니다. 긍휼히 여기는 마음은 가난한 사람이나 병든 사람을 보면 애처로운 마음으로 어찌할 바를 모르는 마음으로 그 사람의 형편에 눈높이를 맞추고 함께 공감하고 아파할 수 있어야 주님이 말씀하신 긍휼히 여기는 마음입니다. 그러한 사람을 볼 때마다 마음이 여미듯 불쌍한 마음으로 도움을 주는 자가 바로 긍휼히 여기는 마음입니다.

요한복음 9장에서 예수님과 제자들이 길가다가 나면서부터 걷지 못하고 앉은 장애자를 보게 되었습니다. 그러자 제자들이 예수님께 저 사람이 저렇게 된 것은 부모의 죄입니까. 자신의 죄 때문입니까. 질문을 하자 예수님께서 뭐라고 말씀하셨습니까? '이 사람이나 그 부모가 죄를 범한 것이 아니라 그에게서 하나님의 하시는 일을 나타내고자 하심이니라'고 말씀합니다. 얼마나 멋진 말씀입니까. 생명을 살리는 말씀이요. 소망을 주는 말씀입니다.

이윽고 예수님은 너희가 너희를 사랑하는 자를 사랑하면 무슨 상이 있으리요라고 말씀합니다. '마태복음 5장 46-48절'에서 '너희가 너희를 사랑하는 자를 사랑하면 무슨 상이 있으리요 세리도 이같이 아니하느냐 또 너희가 너희 형제에게만 문안하면 남보다 더하는 것이 무엇이냐 이방인들도 이같이 아니하느냐 그러므로 하늘에 계신 너희 아버지의 온전하심과 같이 너희도 온전하라'고 말씀합니다. 그런즉 우리가 어떻게 살아야 하는지 분명해졌습니다.

우리는 하나님께 백억의 빚을 탕감 받았으니까 나에게 백만 원의 빚을 진 사람에게 빚을 갚으라고 협박하지 말고 빚을 탕감해 줄 수 있어야 한다는 것입니다.

우리는 나에게 빚을 진 사람의 빚을 탕감해 주기 위해서는 빚을 진 사람의 빚을 완전하고 깨끗이 잊어버려야 합니다. 백만 원을 아까워하면 안 됩니다.

인색한 마음이 들면 안 된다는 것입니다. 마음이 좁아지면 안 된다는 것입니다.

마음을 활짝 넓혀야 합니다. '고린도후서 6장 11-13절'에 '고린도인들이여 너희를 향하여 우리의 입이 열리고 우리의 마음이 넓었으니 너희가 우리 안에서 좁아진 것이 아니라 오직 너희 심정에서 좁아진 것이니라 내가 자녀에게 말하듯 보답하는 양으로 너희도 마음을 넓히라'고 말씀합니다.

'열왕기상 4장 29절'에 '하나님이 솔로몬에게 지혜와 총명을 심히 많이 주시고 또 넓은 마음을 주시되 바닷가의 모래 같이 하시니'라고 말씀합니다.

참으로 오늘날 우리들에게 필요로 하는 것은 무슨 마음일까요. 예수님의 비유의 말씀에서 살펴보았듯이 우리가 일만 달란트의 빚을 탕감받았으니까 우리도 백 데리온의 빚을 진 사람을 용서하고 탕감해 줄 수 있는 마음이 필요하다는 것입니다. 우리보다 약하고 힘 없고 소외되고 가난한 사람들에게 긍휼히 베풀어 주는 마음이 필요하다는 것입니다. 과연 우리가 긍휼을 베풀어 주는 일 외에 무엇을 잘한들 얼마나 칭찬을 받겠습니까.

우리가 남에게 긍휼을 베풀어 주는 마음도 없이 다른 일을 아무리 뛰어나게 잘한들 주님은 우리를 잘했다고 칭찬해 주시겠습니까. 우리가 그 일을 잘했다고 칭찬해 주시지 않을 것입니다. 우리는 그것 때문에 칭찬을 듣지 못할 것입니다.

> 야고보서 2장 13절 '긍휼을 행하지 아니하는 자에게는 긍
> 휼 없는 심판이 있으리라 긍휼은 심판을 이기고 자랑하느
> 니라'

하나님은 마지막 때 우리가 얼마나 큰 일을 했느냐에 점수를 매기는 것이 아니라 우리가 얼마나 이웃에게 긍휼을 베풀어 주었느냐에 따라 판단할 것입니다. 우리가 살면서 사랑도 해야 하고 자비를 베풀기도 해야 하지만 가장 중요한 것은 우리 이웃에게 긍휼을 베풀어 주는 일입니다. 긍휼 없는 사랑, 자비, 선행은 자칫 오류에 빠질 수 있다는 것을 명심해야 합니다. 남에게 베푼 긍휼만이 하나님의 심판을 이기고 자랑합니다.

아무튼 우리는 천 번이고 만 번이고 용서하고 긍휼을 베풀어 주는 데 인색한 마음을 가져서는 안 된다는 것입니다. 언제나 후한 마음이 있어야 합니다. 언제나 관대하고 너그러운 마음이 있어야 합니다. 우리가 관대하고 너그러운 주인님 덕분에 긍휼을 덧입고 사는 것처럼 우리도 이제는 관대하고 너그러운 종으로서 나에게 빚진 자에게 긍휼을 베풀어 줄 수 있어야 합니다.

둘째는 우리가 하나님의 사랑과 긍휼이 어떻게 다른지 알 필요가 있습니다.

하나님의 사랑은 긍휼과 다르게 질투적이고 시기적입니다.

> 신명기 6장 15절 '너희 중에 계신 너희 하나님 여호와는 질
> 투하시는 하나님이신즉 너희 하나님 여호와께서 네게 진
> 노하사 너를 지면에서 멸절시킬까 두려워하노라'

본 말씀은 질투의 하나님 시기 때문에 다른 것을 사랑하지 말고 오직 하나님만 사랑해야 한다는 것입니다. 하나님의 사랑에는 보복성이 있었습니다.

그런즉 다른 피조물을 사랑하면 하나님의 사랑은 즉시 질투가 발효됩니다.

질투란 징계한다는 뜻입니다. 이스라엘 백성들이 출애굽 당시 하나님을 떠나 우상을 만들어 우상숭배에 빠졌을 때 그들을 징계하셨습니다.

사사기에도 보면 이스라엘 백성들이 하나님을 떠나 악을 행하고 우상숭배에 빠질 때마다 이웃 나라를 들어 이스라엘을 징계합니다.

그러다가 이스라엘 백성들이 고통 중에 부르짖으면 하나님은 또 긍휼을 베풀어 주셔서 구원해 주십니다. 이것이 바로 하나님의 사랑과 긍휼의 차이점입니다.

하나님은 범죄한 이스라엘을 징계했다가도 또다시 조건 없이 긍휼을 베풀어 주십니다. 우리가 사랑을 하면서도 긍휼히 여기는 마음이 없으면 사랑은 걷잡을 수 없는 위험에 노출될 수밖에 없습니다.

우리도 경험하는 일이지만 누구를 사랑했습니다. 나와 수준이 비슷하고 가치관이 같으면 같이 갈 수 있습니다. 그러나 나와 수준 차이가 나고 가치관이 다르면 우리의 사랑은 오래 가지 못하고 파괴되고 마는 것입니다. 더 이상 사랑할 수 없고 그 사랑은 어느 선에서 끝나고 멈추어 서고 마는 것입니다.

더 이상 사랑은 진행할 수 없습니다. 나중에는 사랑이 아니라 사랑 자체가 미움으로 변질되고 마는 것입니다. 증오하게 되고 미워하게 되는 것입니다. 사랑은 이렇습니다. 사랑에는 한계가 있습니다. 사랑이 지속되기보다는 깨지고 마는 것입니다.

사랑에는 항상 내가 요만큼 주었으니까 너도 요만큼 주어야 한다는 것이 조건이 전제됩니다. 나는 요만큼 주었는데 상대가 요만큼 주지 아니하면 그 사랑은 어떻게 됩니까. 더 이상 사랑은 금이 가고 마는 것입니다. 우리가 여기서 긍휼히 여기는 마음이 없으면 사랑으로서 이것을 극복하고 넘어가기가 힘들어지는 것입니다. 결국 그 사랑은 끝나고 마는 것입니다.

사랑은 반드시 파토가 나게 되어 있습니다. 결국 사랑은 배신감이 생겨 원수가 되고 마는 것입니다. 사랑은 사랑한 만큼 사랑이 되돌아와야 그 사랑이 지속되는 것입니다. 만약 내가 준 사랑이 돌아오지 아니하면 미움으로 바뀌지는 것이 사랑인 것입니다. 증오의 사랑으로 변질되고 마는 것입니다.

자, 그러면 우리 예수님은 사랑뿐 아니라 우리를 어떠한 마음으로 대하셨다고요?

긍휼히 여기는 마음으로 우리 인간을 섬기셨고 대하셨다는 것입니다.

예수님이 우리를 얼마나 긍휼히 여기셨는지 성경 말씀을 찾아보겠습니다.

'마가복음 1장 41절'에 '예수께서 민망히 여기사 손을 내밀어' 병들고 상한 심령들을 고쳐 주셨다고 말씀합니다.

오늘 우리 사회는 사랑, 사랑 하지만 사랑이 여전히 메말라 있습니다. 우리 기독교도 여전과 같지 않습니다. 너는 너고 나는 나입니다. 우리가 교회 나와서 예배드린다는 것뿐이지 세상 사람과 별 차이가 없습니다. 우리의 사랑도 우리의 마음도 불법이 성하므로 사랑이 식어지리라는 예수님의 말씀처럼 되어 가고 있습니다.

불쌍히 여겨 주는 마음 긍휼을 베풀어 주는 마음들이 식고 있습니다.

그저 의무적이고 이기적입니다. 나에게 유익이 되면 친절을 베풀어 주고 그렇지 아니하면 외면합니다. 불쌍히 여겨 주는 마음이나 긍휼을 베풀어 주는 마음이 무엇인지 알지 못하고 지나가는 것이 우리 기독교의 현실입니다. 굉장히 위험해지고 있습니다. 우리가 서로 수준이 같고 동등한 입장이라면 사랑만 하면 그럭저럭 넘어갈 수 있습니다. 그러나 수준 차이가 나고, 지식이 차이가 나고, 직급 차이가 나면 사랑만으로는 안 됩니다.

자칫 우리는 정죄하고 판단하는 오류에 빠질 수 있습니다. 지극히 조심해야 합니다. 우리가 예수님의 발자취를 보면서 예수님의 사랑도 위대하셨지만 이 사랑 위에 무엇이 추가되었습니까. 긍휼이 여겨 주는 마음이었습니다. 예수님은 항상 사랑+긍휼히 함께하셨습니다. 사랑의 눈으로 긍휼히 여기는 눈으로 보셨고 느꼈고 보듬어 주셨습니다. 하나님도 우리 인간들을 항상 '시편 103장 13절'에 '아비가 자식을 불쌍히 여김같이 여호와께서 자기를 경외하는 자를 불쌍히 여기시'는 하나님이십니다.

'시편 102편 13절'에 '주께서 일어나사 시온을 긍휼히 여기시리니 지금은 그를 긍휼히 여기실 때라'고 말씀합니다. 예수님은 언제나 지배계층으로부터 소외되고 버림 받은 하류계층의 가난한 사람들, 세리와 죄인들, 버림 받은 사람들을 차별대우하시지 아니하시고 그들과 함께 뒹굴며 함께 자고 먹고 아픔과 슬픔을 함께해 주셨습니다. 이것이 바로 예수님의 긍휼이 여기는 마음이었습니다.

'누가복음 1장 18절'에 '이는 우리 하나님의 긍휼을 인함이라 이로써 돋는 해가 위로부터 우리에게 임하여 어두움과 죽음의 그늘에 앉은 자에게 비춰고 우리 발을 평강의 길로 인도하시리로다'고 말씀합니다. 우리 예수님은 '마가복음 5장 19절'에 한센병을 고치신 다음 그에게 '집으로 돌아가 주께서 네게 어떻게 큰 일을 행하사 너를 불쌍히 여기신 것을 네 친족에게 고하라' '마가복음 6장 34절' '예수께서 나오사 큰 무리를 보시고 그 목자 없는 양 같음을 인하여 불쌍히 여기사 이에 여러 가지로 가르치시리라'라고 기록하고 있습니다.

이제 우리 기독교는 어느새 소외되고 버림 받은 이웃을 외면한 채 부르주아화되어 가고 있습니다. 이것은 예수님의 사랑과 긍휼이 완전히 배치되는 것입니다.

순전히 세상적이고 마귀적입니다 마태복음 23장에서 예수님은 종교 지도자들이 양들을 진정으로 위하지 않고 양들을 이용하여 자신들의 배만 채우는 것을 보시고 신랄하게 단죄하신 내용이 나오고 있습니다.

그러므로 우리가 하는 사랑이 독선적이고 이기적인 사랑이 아닌지 반성하고 살펴보아야 하겠습니다. 혹시 내 이름 때문에 내 명예 때문에 하지 않았는지 돌이켜 보아야 하는 것입니다. 내 이름을 걸고 하는 사랑은 예수님의 사랑이 아닙니다. 내 이름을 버리고, 유명한 교단의 이름을 버리고 이름난 단체의 이름을 버리고 예수님의 마음으로 해야 진짜 사랑인 것입니다. 우리가 우월감이나 특권 의식으로 하게 되면 반드시 파토가 나고 마는 것입니다.

내가 너보다 많이 가졌기 때문에 너에게 준다는 식은 멀지 않아 등을 돌리게 될 것입니다. 그러한 사랑은 기독교의 사랑이 아닙니다. 우리 기독교가 우월의식을 가지고 사랑하기 때문에 오늘날 우리 기독교가 비난받는 것입니다.

오늘날 기독교의 이름으로 봉사나 구제를 많이 하는 것도 아름다운 일이지만 좀 더 구체적으로 해야 한다면 정말 긍휼히 여기는 마음으로 해야 알찬 열매를 맺을 수 있다는 것입니다. 지금 우리가 여기에서 변화받지 아니하면 예수님과 점점 더 멀어져 갈 수밖에 없습니다.

12. 마음이 청결한 자는 복이 있나니 하나님을 볼 것이요

마태복음 5:8

예수님은 계속하여 우리가 어떠한 마음을 가져야 하는지 집중적으로 말씀하시고 있습니다. 이윽고 예수님은 '마음이 청결한 자는 복이 있나니 저희가 하나님을 볼 것이요'라고 말씀합니다.

그러면 청결함이란 무엇입니까.

첫째, 헬라어 카타로스(katharos)라고 하는데 더러운 옷을 깨끗이 세탁했을 때 사용하는 말이라고 합니다.

둘째, 또 곡식을 키질하고 채로 쳐서 모든 겨를 깨끗이 제거해 버리고 곡식을 모을 때 사용하는 말이라고 합니다. 카타로스의 근본적인 의미는 비혼합, 비화합, 비합금의 뜻을 가지고 있다고 합니다. 본문에서 우리 예수님은 우리가 하나님을 볼 수 있는 방법을 가르쳐 주시고 있습니다.

그 방법이 무엇입니까. 학문과 지식이 많고 재물이 많아야 하나님을 볼 수 있다고요? 높은 지위나 권력을 잡아야 하나님을 볼 수 있다고요? 그것이 아닙니다. 마음이 청결한 자가 하나님을 볼 수 있다는 것입니다. 본 말씀을 대하면서 우리 마음 가운데 감동이 생기지 않습니까? 감격이 일어나지 않습니까? 하나님을 볼 수 있는 비결이 재물도 아니고 권력도 아니고 권세도 아니고 마음이 청결한 자가 하나님을 볼 수 있다는데 별로 감동이 없다고요? 아무 감동이 없다고요? 이것은 위험한 상태입니다. 우리 마음 가운데 끓어오르는 벅찬 감동이 일어나야 합니다.

벅찬 감격이 마음속에서부터 솟구쳐 나와야 합니다. 우리들에게 이러한 열정과 감동이 없다면 마귀에게 도적 맞은 마음입니다. 우리 마음이 화인 맞은 것입니다.

'마태복음 11장 16-17절'에 '이 세대를 무엇으로 비유할꼬 비유컨대 아이들이 장터에 앉아 제 동무를 불러 가로되 우리가 너희를 향하여 피리를 불러도 너희가 춤추지 않고 우리가 애곡하여도 너희가 가슴을 치지 아니하였다 함과 같도다'라고 말씀합니다. 예수님은 우리들에게 하나님을 볼 수 있는 조건을 갖춘 사람은 인간적으로 능력을 갖춘 사람이 아니라 마음이 청결한 자가 하나님을 볼 수 있다는 것은 큰 위로가 아닐 수 없습니다. 그렇다면 우리가 어떻게 해야 청결한 마음을 가질 수 있고 하나님을 볼 수 있습니까?

첫째, 청결한 마음을 갖기 위해서는 어두운 일에 참여하지 말아야 합니다.

어두운 일이란 '에베소서 5장 3-5절'에 보면 '음행과 온갖 더러운 것과 탐욕은 너희 중에서 그 이름이라도 부르지 말라 이는 성도의 마땅한 바니라' '누추함과 어리석은 말이나 희롱의 말이 마땅히 아니하니 돌이켜 감사하는 말을 하라 너희도 이것을 정녕히 알거니와 음행하는 자나 더러운 자나 탐하는 자 곧 우상숭배하는 자는 다 그리스도와 하나님 나라에서 기업을 얻지 못하리니' 이것이 바로 어두운 일이라는 것입니다.

'에베소서 5장 7-8절'에 '그러므로 저희와 함께 참예하는 자가 되지 말라' '너희가 전에는 어두움이더니 이제는 주 안에서 빛이라 빛의 자녀들처럼 행하라' 우리는 빛의 자녀가 되기 전에는 어두운 일에 동참하는 자들이었지만 이제는 어두운 일을 다 끊고 빛의 자녀가 되었으니 어떻게 살아야 한다고요? '에베소서 5장 9절' '빛의 열매는 모든 착함과 의로움과 진실함에 있느니라'라고 말씀합니다.

우리가 착한 마음, 의로운 마음, 진실한 마음을 가질 때 청결한 마음을 가질 수 있습니다. '야고보서 3장 17절'에 '오직 위로부터 난 지혜는 첫째 성결하고 다음에 화평하고 관용하고 양순하며 긍휼과 선한 열매가 가득하고 편견과 거짓이 없나니'라고 말씀합니다. 우리들에게 주어진 모든 좋은 은사들은 위에 계신 하나님으로부터 임한 것입니다. 우리 인간에게 있는 것이 아닙니다. 우리에게 착한 마음과 선한 마음이 있다면 하나님이 주신 것입니다. 하나님 것입니다. 하나님의 선물입니다. 우리 인간이 선해서 얻은 것이 아닙니다. 하나님이 우리들에게 주셔서 선한 마음을 가질 수 있었고 청결한 마음을 가질 수 있는 것입니다.

둘째, 청결한 마음을 갖기 위해서는 죄를 회개야 합니다. 매번 강조하지만 우리의 죄를 철저히 회개할 때 청결한 마음을 가질 수 있다는 것입니다. 죄를 회개하지 않은 상태에서는 절대로 청결한 마음을 가질 수 없습니다. 우리가 죄를 회개해야만 청결한 마음을 가질 수 있는 것입니다. '시편 32편 1-2절'에 '허물의 사함을 얻고 그 죄의 가리움을 받은 자는 복이 있도다' '마음에 간사가 없고 여호와께 정죄를 당치 않은 자는 복이 있도다'라고 말씀합니다. 사도 베드로는 이스라엘 백성들에게 회개할 것을 촉구합니다. '사도행전 2장 36-38절'에 '그런즉 이스라엘 온 집이 정녕 알지니 너희가 십자가에 못 박은 이 예수를 하나님이 주와 그리스도가 되게 하셨느니라'고 복음을 전하였습니다. 그러자 복음의 말씀을 듣던 이스라엘 백성들이 '저희가 이 말을 듣고 마음에 찔려 베드로와 다른 사도들에게 물어 가로되 형제들아 우리가 어찌할꼬 하거늘' '베드로가 가로되 너희가 회개하여 각각 예수 그리스도의 이름으로 세례를 받고 죄 사함을 얻으라 그리하면 성령을 선물로 받으리라'고 회개를 촉구합니다.

자신들의 죄를 지적해 주는 말에 그들은 죄를 회개하고 죄 사함을 받은 것입니다.

'시편 51편 1-2, 4-5, 7절'에 시인의 고백을 들어 보겠습니다. '하나님이여 주의 인자를 좇아 나를 긍휼히 여기시며 주의 많은 자비를 좇아 내 죄과를 도말하소서' '나의 죄악을 말갛게 씻기시며 나의 죄를 깨끗이 제하소서' '내가 주께만 범죄하여 주의 목전에 악을 행하였사오니 주께서 말씀하실 때에 의로우시다 하고 판단하실 때에 순전하시다 하리이다' '내가 죄악 중에 출생하였음이여 모친이 죄중에 나를 잉태하였나이다' '우슬초로 나를 정결케 하소서 내가 정하리이다 나를 씻기소서 내가 눈보다 희리이다'라고 청결케 되는 길이 무엇인지 가르쳐 주시고 있습니다. 죄를 회개하지 않고서는 어느 누구도 죄사함을 받을 수 없고 청결함을 받을 수 없다는 것을 가르쳐 주시고 있습니다.

지금 우리 기독교는 무엇이 위기입니까. 우리가 축복을 못 받아서 위기라고 합니까? 큰 교회를 못 세워서 위기라고 합니까? 아닙니다. 죄를 회개하는 마음을 잊어버렸기 때문입니다. 요즘 죄를 회개하라고 외치는 선지자가 없습니다. 죄악된 생활을 버리고 변화된 사람이 되도록 해야 하는데 그런 일에는 무관심 합니다. 항아리에 들어 있는 물을 포도주로 변화시키도록 해야 하는데 여전히 맹물로 살아도 아무 관심이 없습니다. 수년이 흘러갔지만 옛 생활을 벗어 버리지 못하고 맹물로 살아가고 있지만 전혀 관심이 없습니다. 이것이 바로 우리 기독교의 위기인 것입니다. 이것이 위기가 아닌가요? 글쎄요.

셋째, 청결한 마음을 갖기 위해서는 성령의 충만함을 받아야 합니다. '에베소서 4장 17-18절'에 '그러므로 어리석은 자가 되지 말고 오직 주의 뜻이 무엇인가 이해하라' '술 취하지 말라 이는 방탕한 것이니 오직 성령의 충만함을 받으라' '요한복음 16장 13절'에 '그러하나 진리의 성령이 오시면 그가 너희를 모든 진리 가운데로 인도하시리니 그가 자의로 말하지 않고 오직 듣는 것을 말하시며 장래 일을 너희에게 알리시리라' '그가 내 영광을 나타내리니 내 것을 가지고 너희에게 알리겠음이니라'고 말씀합니다.

사도행전 10장에 보면 이방인 로마 백부장 고넬료가 구원받는 장면이 나오고 있습니다. 어느 날 사도 베드로는 기도하는 중에 비몽사몽간에 환상을 보았습니다.

하늘이 열리며 한 그릇이 내려오는데 그 안에 땅에 있는 각색 네 발 가진 짐승과 기는 것과 공중에 나는 것들이 있는데 소리가 들려왔습니다. '베드로야 잡아먹으라' 하니까 베드로의 반응이 어떻지요? '베드로가 가로되 주여 그럴 수 없나이다 속되고 깨끗지 아니한 물건을 내가 언제든지 먹지 아니하였사나이다 한대 이때 하나님은 하나님께서 깨끗케 하신 것을 네가 속되다 하지 말라 하더라'며 말씀하여 주셨습니다. 베드로가 환상을 생각하고 있는데 그때 마침 고넬료가 보낸 사람들이 베드로에게 찾아와 자초지종을 말하고 고넬료가 초청했다고 하니까 베드로는 그제서야 이방인에게 복음을 전하라는 것임을 깨닫고 순종합니다.

'저희가 대답하되 백부장 고넬료는 의인이요 하나님을 경외하는 자라 유대 온 족속이 칭찬하더니 저가 거룩한 천사의 지시를 받아 너를 그 집으로 청하여 말을 들으려 하느니라 한대' 그 즉시 베드로는 고넬료의 집에 가서 복음을 전합니다.

'곧 요한이 그 세례를 반포한 후에 갈릴리에서 시작하여 온 유대에 두루 전파된 그것을 너희도 알거니와' '하나님이 나사렛 예수에게 성령과 능력을 기름 붓듯 하셨으매 저가 두루 다니시며 착한 일을 행하시고 마귀에게 눌린 모든 자를 고치셨으니 이는 하나님이 함께 하셨음이라' '베드로가 이 말을 할 때에 성령이 말씀 듣는 모든 사람에게 내려오시니' '베드로와 함께 온 할례 받은 신자들이 이방인에들에게도 성령 부어 주심을 인하여 놀라니' '이는 방언을 말하며 하나님을 높임을 들음이로다' '이에 베드로가 가로되 이 사람들이 우리와 같이 성령을 받았으니 누가 능히 물로 세례 줌을 금하리요 하고' '명하여 예수 그리스도의 이름으로 세례를 주라 하니라'

그렇습니다.

우리는 성령 세례로 우리의 추하고 더러운 죄들이 씻음 받아야 청결한 마음을 가질 수 있는 것입니다. 성령이 아니고서는 불가능합니다.

> 에베소서 5장 17절 '그러므로 어리석은 자가 되지 말고 오
> 직 주의 뜻이 무엇인지 이해하라 술취하지 말라 이는 방탕
> 한 것이니 오직 성령의 충만함을 받으라'

우리가 성령의 충만함을 받아야 우리 마음에 들어 있는 더러운 죄가 씻겨져 내리고 청결한 마음을 가질 수 있게 되는 것입니다.

넷째, 하나님의 말씀을 중심으로 살 때 청결한 마음을 가질 수 있습니다.

'에베소서 4장 24절'에 '하나님을 따라 의와 진리의 거룩함으로 지으심을 받은 새 사람을 입으라' '시편 119편 43절'에 '진리의 말씀이 내 입에서 조금도 떠나지 말게 하소서 내가 주의 규례를 바랐음이니이다' '시편 119편 55-56절'에 '여호와여 내가 밤에 주의 이름을 기억하고 주의 법을 지켰나이다' '내 소유는 이것이니 곧 주의 법도를 지킨 것이니이다' '시편 119편 106절'에 '주의 의로운 규례를 지키기로 맹세하고 굳게 정하였나이다' 사도 바울은 '디모데전서 4장 5절'에서 '하나님의 말씀과 기도로 거룩하여짐이라' '시편 19편 7-10절'에 '여호와의 율법은 완전하여 영혼을 소성케 하고 여호와의 증거는 확실하여 우둔한 자로 지혜롭게 하며' '여호와의 교훈은 정직하여 마음을 기쁘게 하고 여호와의 계명은 순결하여 눈을 밝게 하도다' '여호와를 경외하는 도는 정결하여 영원까지 이르고

여호와의 규례는 확실하여 다 의로우니 금 정금보다 더 사모할 것이며 꿀과 송이꿀보다 더 달도다'라고 말씀하였습니다. 이렇듯 하나님의 말씀만이 우리의 마음을 청결케 할 수 있는 것입니다. 우리가 하나님의 말씀을 떠나서는 청결한 마음을 갖는다는 것은 불가능합니다.

다섯째, 청결한 마음을 갖기 위해서는 기도해야 합니다. 기도는 하나님과 교제하는 통로입니다. 하나님의 음성을 듣고 하나님의 뜻을 찾을 수 있게 하는 것이 기도입니다. 그러므로 우리가 기도하지 않은 채 청결한 마음을 갖는다는 것은 있을 수 없습니다. '주여 저에게 더러운 마음을 씻겨 주시고 깨끗하고 청결한 마음을 갖게 하소서'라고 기도해야 합니다.

그리할 때 우리의 마음이 청결한 마음을 가질 수 있게 되는 것입니다.

저는 본 말씀을 대하면서 참으로 흥분했습니다. 얼마나 감격스러웠는지 모릅니다. 나도 하나님을 볼 수 있다니. 어떻게 하면 하나님을 볼 수 있다고요.

마음이 청결하면 하나님을 볼 수 있다고 하였으니 '나도 한번 마음을 청결하게 가져 보자.' 하면서 마음을 다짐하기도 하였습니다. 하지만 아직도 내 마음이 청결한 마음을 가지지 못한 것 같습니다. 이제는 하나님을 보기는커녕 버림 받지나 않을까 하는 마음밖에 없습니다. 그만큼 청결한 마음을 갖는다는 것은 쉬운 일이 아닙니다. 그래도 포기하지 않았습니다. 지금도 청결한 마음을 갖고자 애를 쓰고 있습니다.

왜냐하면 하나님을 보고 싶기 때문입니다. 한 번이라도 청결한 마음이 생겨서 하나님을 보기를 원합니다. 우리는 이것 때문에 기도해야 합니다. '주여 청결한 마음을 갖게 하소서 그리하여 하나님을 보게 하옵소서'라고 기도해야 합니다. 그러므로 우리 인간에게 가장 중요한 본질과 핵심은 인간의 실력이나 능력이 아닙니다. 우리 인간의 마음입니다.

우리가 무슨 마음을 품고 있느냐에 있습니다. 우리가 청결한 마음을 갖느냐 아니면 불결한 마음을 갖느냐에 따라 하나님을 볼 수도 있고 못볼 수도 있다는 것입니다. 우리 자신들에게 달려 있습니다.

그러면 하나님이 우리 인간을 평가하실 때 무엇을 보고 평가하시겠습니까.

인간의 업적, 공로, 명예, 성공을 보시고 평가하시는 것이 아닙니다. 우리 인간의 마음을 보시고 평가하시는 것입니다. 우리가 어떠한 마음을 가지고 있느냐를 보시고 평가하시는 것입니다. 하나님의 평가 기준은 우리 인간이 얼마나 깨끗하고 청결한 마음으로 하나님을 사랑했느냐 안 했느냐를 보시고 평가하시는 것입니다.

우리가 청결한 마음을 배제한 채 살다가는 하나님의 평가에서 낙제될 수 있다는 것을 명심하고 청결한 마음을 갖도록 해야 할 것입니다. 우리가 청결한 마음을 갖지 않는다면 하나님의 평가에서 실격되고 말고요. 낙오되고 맙니다. 하나님의 생명책에서 우리의 이름이 빠질 수 있습니다.

성경은 우리가 하나님의 평가에서 합격되기 위해서는 '로마서 2장 8절'에 '하나님이 각 사람에게 그 행한 대로 보응하시되 참고 선을 행하여 영광과 존귀와 썩지 아니함을 구하는 자에게는 영생으로 하시고 오직 당을 지어 진리를 따르지 아니하고 불의를 따르는 자에게는 진노와 분노로 하시리라'고 말씀합니다. 우리가 하나님의 평가에서 합격되기 위해서는 이렇게 살아야 한다는 것입니다. '요한복음 5장 41절'에 '나는 사람의 영광을 추구하지 아니하노라' '다만 하나님을 사랑하는 것이 너희 속에 없음을 알았노라'라고 기록되어 있습니다. 본 말씀은 유대인들에게만 해당되는 말씀이 아니라 우리 모든 그리스도인들에게 해당되는 말씀입니다. 우리도 유대인들처럼 하나님을 사랑한다고 하지만 입술뿐이고 마음은 전혀 그렇지 않을 수 있습니다. 유대인들이나 우리나 다를 게 없습니다. 본질은 똑같습니다. 하나님을 사랑하지 않으면서 형식적으로 사랑하는 척한다는 것입니다. 이것이 바로 가식적이고 위선적이라는 것입니다.

우리는 이것 때문에 혹시라도 우리도 가식적이지 않도록 자신을 철저히 점검하고 살펴보아야 합니다. 오직 하나님을 사랑하는 마음으로 채워져야 합니다. 다시 한번 강조하지만 우리가 하나님을 보려면 청결한 마음을 가져야 가능합니다. 얼마나 좋아요. 하나님을 볼 수 있는 것은 재물이 많다고 볼 수 있는 것도 아니고 권세가 있다고 볼 수 있는 것도 아니고 오직 마음이 청결하면 하나님을 볼 수 있다는 것입니다. 그래서 우리는 오늘부터 청결한 마음을 갖도록 시도합니다. 우리는 천 번이고 만 번이고 시도해야 합니다. 청결한 마음을 갖도록 시도하다가 수백 번 실패했더라도 또다시 시도해야 합니다. 청결한 마음을 가질 때까지 하나님을 볼 때까지 갈고닦아 더러운 마음을 청소하고 제거하여 청결하고 깨끗한 마음을 가질 때까지 중단하지 말고 전진해야 합니다. 하나님을 볼 수 있는 그날이 올 때까지 푯대를 향해서 나아가야 합니다.

13. 사울로서는 천국에 갈 수 없습니다

사도행전 9:1-4

우리는 언제나 사도 바울은 하나님의 위대한 종이라는 전제하에 생각합니다. 그러나 본문은 사울에 의해 교회가 생존할 수 있느냐 아니면 멸절되느냐의 기로에 선 위급한 상황입니다. 사울의 악행을 저지하지 못한다면 교회는 참으로 위험할 수밖에 없는 위중한 상태입니다. 이 일을 어쩌면 좋지요. 사울의 그 위험한 행동을 아무도 막을 길은 없어 보입니다. 현 상태로서는 그의 망나니 같은 폭력과 불의를 막을 길은 사실상 전무합니다. 그래도 하나님은 사울이라는 청년을 쓰시고자 하시는 위대한 계획을 갖고 있었습니다. 그러면 하나님은 사울이 가는 악한 길을 어떻게 막으시고 그를 변화시켜 하나님의 위대한 종으로 쓰임받게 하시는지 여정을 시작해 보겠습니다.

(1) 변화되기 전 사울

본 9장 1-2절 '사울이 주의 제자들을 대하여 여전히 위협과 살기가 등등하여 대제사장에게 가서 다메섹 여러 회당에 갈 공문을 청하니 이는 만일 그 도를 좇는 사람을 만나면

무론남녀하고 결박하여 예루살렘으로 잡아 오려 함이라'

사울이 하나님의 위대한 종으로 택함 받기 전 어떠한 사람이었으며 어떠한 삶을 살았습니까. 본문에 보니까 사울은 여전히 주의 제자들을 향하여 위협과 살기가 등등했습니다. 7장에 보면 스데반 집사를 순교시킨 장본인이요. 교회를 핍박하는 일에 진두지휘한 사람이었는데, 9장에 넘어와서도 여전히 사울은 하나님의 교회와 주의 성도들을 핍박하는 일에 앞장서고 있습니다.

사울 입장에서 생각해 본다면 본인 스스로 하나님을 잘 믿는다고 생각했던 그는 예수님의 제자들이 하는 말을 듣고 보니 깜짝 놀라지 않을 수 없었습니다. 지금까지 자기가 믿고 살아온 히브리 하나님을 완전히 부정하고 반역하는 짓을 하고 있는 것입니다. 예수님의 제자들이 주장하는 내용인즉, 예수님이 하나님의 아들이요 인류를 구원할 메시야요 하나님이 직접 보낸 하나님의 아들이라고 하는 것입니다. 이러한 말을 듣는 순간 예수님을 구세주로 믿지 않았던 사울에게는 피가 꺼꾸로 치솟는 일이 아닐 수 없었습니다.

예수님을 믿는 제자들이 주장하는 말들은 사울이 알았던 상식으로는 도저히 납득이 가지 않았습니다. 그래서 사울은 이렇게 엉뚱한 말을 하는 예수님의 제자들을 향해 적개심이 불타 올랐고 견딜 수 없는 증오심으로 이글거렸습니다.

사랑하는 형제자매들이여, 이때 사울은 어떻게 행동을 합니까. 작금의 사태를 태연하게 그냥 넘길 수가 없었습니다. 오직 유일하신 히브리

하나님을 믿고 살아온 사울에게는 일련의 사건들은 참으로 위기위식을 느끼게 했던 것입니다. 유대인의 신앙관을 깡그리 무너뜨릴 수 있다는 문제의 심각성을 직감하고 대제사장들에게 공문을 발부받아 다메섹까지 쏜살같이 달음질해 간 것입니다. 요즘 말로 하면 법원에서 범인을 체포하기 위해서 영장을 발부받은 것과 같은 효력을 가지고 있었습니다. 그 당시 산헤드린 공회는 사법, 입법, 행정 삼권을 쥐고 권한을 행사했기에 가능했던 것입니다. 이렇게 편협되고 불의한 생각에 사로잡힌 사울은 예수님을 따르는 그 무리들이야말로 자기 민족에게서 색출되어야 할 이단자들이라고 판단하고 다메섹으로 달려간 것입니다. 다메섹으로 달려가면서 사울은 예수님의 제자들은 자기가 믿는 하나님을 모독한 자들이요 자기 민족을 기만한 자들이라고 생각하고 그들은 마땅히 제거되어야 하고 죽임을 당해야 한다고 생각하고 다메섹으로 간 것입니다. 그는 머뭇거리지 않았습니다. 그는 지체하지 않았습니다. 예수님을 따르는 무리들을 결박하기 위해서 다메섹으로 달려간 것입니다. 일련의 사태를 신속하게 처리하지 아니하면 무슨 일이 일어날 것 같은 급한 마음으로 다메섹을 향해 달려간 것입니다. 그렇잖아도 예루살렘 교회를 핍박하고 성도들에게 고통을 준 대적자요 주의 성도들에게 원수였던 그가 이제 이방 다메섹까지 가서 주의 성도들을 예루살렘으로 결박하여 끌고 오려고 합니다. 그는 분명 사악한 사람이었습니다.

위협과 살기가 등등하여 달려가는 사울의 모습을 상상해 보시기 바랍니다. 증오심과 적개심에 불타 올라 겁 없이 달려가는 그 사람이 짐승이나 다를 바 없지 않습니까. 주체할 줄 모르는 증오의 감정을 가지고 달려가는 사울의 모습은 분명 마귀의 앞잡이가 분명합니다. 이게 사람이 할 도리입니까. 마귀들이나 하는 일이지요.

하지만 사울은 지금 자기가 하는 일이 히브리 민족의 하나님을 위한 것이요 자기 동족 히브리 민족을 위한 것이라고 생각하였습니다. 그러나 이것은 얼간이들이나 하는 짓입니다. 자기가 세운 법이 정의라고 생각하고 덤벼드는 사람이 바로 가장 무서운 사람입니다. 지나친 자기 확신과 자만심은 다른 사람을 죽이는 악의 파괴력으로 나타난다는 것을 알아야 합니다.

그렇다면 사울의 내심에는 또 무슨 망상이 도사리고 있었을까요? 반사 이익을 노리고 있었을 것으로 생각할 수 있습니다. 예수님을 따르는 자들을 자기 힘으로 진멸하게 되면 자기가 얼마나 히브리 하나님을 잘 믿는 사람인지, 자기가 얼마나 종교적으로 열심히 있는 사람인지 세상에 증거하고 자기 동족에게도 그것을 보여 줄 수 있는 계기가 될 것으로 판단했습니다. 또한 그는 암시적으로 산헤드린의 권력을 탐내고 있었습니다.

산헤드린의 막강한 권력이 언젠가는 자기에게 돌아올 것을 기대하면서 자기 동족에게 종교적으로 열심이 있다는 것을 보여 줄 필요가 있었습니다. 그러니까 그는 종교적인 제도를 통해서 정치적인 꿈을 실현하고자 했던 것입니다. 최고 권력의 일인자가 되고 싶은 야망이 부글부글 거리고 있었습니다. 그렇습니다. 예나 지금이나 잘못된 이념이나 사상은 가장 무서운 파괴력을 가져온다는 것을 알아야 합니다. 이러한 사람들은 대부분 자기가 신이고 자기가 왕입니다. 자기가 세운 법이 곧 정의입니다. 자기 외에는 아무것도 없습니다. 오직 자기밖에 없습니다. 자기가 세운 법을 따르지 아니하면 모두가 자기의 적입니다.

오늘날도 사울과 같은 사람들이 얼마나 많은지 모릅니다. 자신의 쾌락과 유익을 위하여 남보다 한 발 더 빨리 달려가는 사람들이 많이 있습니다. 자기의 가는 길에 조금만 걸림돌이 되면 참지 못하고 분을 뿜아내고 들이받아야 겨우 잠을 자는 사람들이 있습니다. 그리고 이곳저곳을 다니면서 괴성을 지르고 협박을 일삼기 위해서 도무지 앉아 있지 못하는 사람들도 많이 있습니다. 이뿐 아니라 복음이 자기네들의 행복에 걸림돌이 된다면서 적개심을 가진 사람들도 얼마나 많은지 모릅니다. 자기들이 세운 정의에 반기를 든 사람들을 결박하여 잡아 와야만 직성이 풀리는 사람들이 많이 있습니다. 이러한 사람들은 대부분 악의를 품고 살아가는 사람들입니다. 사람으로서 지켜야 할 기본적인 양심과 의리는 아랑곳하지 않습니다. 이러한 사람들은 다 사울과 같은 사람입니다.

(2) 빛을 만난 사울

> 본 9장 3절 '사울이 행하여 다메섹에 가까이 가더니 홀연히 하늘로서 빛이 저를 둘러 비추는지라'

본 3절의 '사울이 행하여'에서 사울이 행하였다는 것은 1절의 상태가 지속적으로 진행되고 있음을 보여 주고 있는 말씀입니다. 사울은 거침없이 달려가고 있었습니다. 날 잡아봐라 하면서 한시가 급한 마음으로 쏜살같이 달렸습니다. 자신의 적개심을 폭발시킬 대상을 찾아서 쉼 없이 질주해 갔습니다. 오늘 다메섹으로 달려가는 사울의 모습을 보면서 생각해 볼 것은 달려가는 것도 중요하지만 올바른 방향을 향해 달려가야 한다는 것입니다. 그러나 사울은 바른 방향을 향해 달려간 것이 아니라 악한 목적을 이루기 위해서 달려간 것입니다.

본 3절의 '다메섹에 가까이 가더니'에서 이제 사력을 다해서 달려온 사울은 다메섹에 가까이 온 것입니다. 자기의 꿈을 실현시킬 수 있는 다메섹이 코앞에 다다르게 된 것입니다. 자기의 목적을 달성하기 위해서는 한 언덕만 넘으면 되는 것입니다. 하나님은 그 한 언덕을 넘지 못하도록 사울의 목을 꺾으십니다. 한 고비만 넘으면 대박을 터뜨릴 수 있는데 하나님은 그 한 언덕에서 사울을 거꾸러뜨리시는 것입니다. 모든 것이 엎드러지게 하시는 것입니다. 모든 것이 물거품이 되게 하시는 것입니다. 하나님은 그때 우리로 하여금 생활의 부도, 물질의 부도, 건강의 부도를 내게 하십니다. 모든 것이 거덜나게 하십니다. 모든 것이 파토나게 하시는 것입니다. 그래요. 어느 누구도 쏜살같이 달려가는 사울의 기세를 꺾을 수가 없었습니다. 어느 누구도 사울에게 브레이크를 잡아 줄 수가 없었습니다. 아무도 그를 멈추어 세울 수가 없었습니다.

그러면 누가 쏜살같이 달려가는 사울을 멈추어 세워 주십니까. 아무도 멈추어 세우지 못했는데 우리 예수님께서 사울을 멈추어 세워 주시고 있습니다. 예수님이 사울의 인생의 브레이크를 잡아 주시고 있습니다. 사울처럼 우리 인생이 거침없이 달려간다면 그것처럼 위험천만한 일도 없습니다. 그것은 우리 인생을 멸망으로 가게 하는 불행의 고속도로입니다. 만약 적개심에 불타 올라 멈추지 아니한 채 달려만 갔다면 그의 인생은 어떻게 되겠습니까. 브레이크를 잡아 주지 않고 마냥 달려가게 놔두었다면 그의 인생은 어떻게 되었습니까. 사울은 그렇게 달려가다가 영원히 돌아올 수 없는 외나무다리를 건너고 말았을 것입니다. 만약 그렇게 되었다면 그의 인생은 거덜난 인생이 되었을 것이고 파토나는 인생이 되었을 것입니다. 멸망으로 끝나는 인생이 되었을 것입니다. 추락하고 마는 인생이 되었을 것입니다.

우리 예수님은 사울로 하여금 멸망받는 인생이 되지 않도록 인생의 브레이크를 잡아 주시고 있습니다. 낭떠러지로 달려가는 그의 인생을 멈추어 세워 주시고 있습니다. 결과를 놓고 보니까 사울의 인생의 브레이크를 잡아 준 것처럼 복된 것도 없습니다. 사울을 멈추어 세워 주므로 그의 인생이 파토나지 아니하고 축복의 인생이 되도록 해 주신 것입니다. 예수님의 제자들을 향해 증오심에 불타 올라 달려가는 사울의 인생의 브레이크를 잡아 주신 예수님이 없었다면 그는 우리 기독교 역사에 길이길이 보존될 원수의 두목이 되었을 것입니다. 그의 고백처럼 그는 괴수 중에 괴수로 여김을 받았을 것입니다. 교회를 핍박한 자요 주의 성도들을 핍박한 철천지 원수로 남았을 것입니다.

사울의 의도대로 놔두었다면 그는 성공했노라고 말할지 모르지만 예수님이 아니었다면 사울이라는 청년은 인류 역사에 문을 닫을 때까지 빌라도와 함께 그의 2인자 자리에 앉아 주의 성도들에게 정죄를 받았을 것입니다. 예수님의 리스트에 예수님을 대항하고 대적한 기록들이 낱낱이 보관되었을 것입니다. 그렇게 되었다면 참으로 끔찍한 일이 아닙니까.

그런데 우리 예수님은 사울로 하여금 그런 끔찍한 사람이 되지 않도록 해 주셨으니 얼마나 감사한 일입니까. 우리 예수님이 하신 일이 얼마나 잘한 일입니까. 얼마나 고마운 일을 하셨습니까. 우리 예수님은 사울에게 가장 귀한 일을 해 주신 것입니다.

우리는 지금 사울과 같은 사람이 안 되게 해 주신 예수님께 참 감사합니다.

예수님께서 사울을 변화시켜 주신 바람에 저와 우리 모두는 사울의 덕을 보고 사는 것입니다.

본 9장 3절 '홀연히 하늘로서 빛이 저를 둘러 비추는지라'

사울은 살기가 등등하여 예수님의 제자들을 예루살렘으로 결박하여 잡아 오려고 달음박질하여 뛰어가고 있었습니다. 이대로 가다가는 예수님의 제자들은 사울의 손에 다 붙잡혀 죽임을 당할 신세가 되었습니다.

다메섹으로 달려가던 사울을 묵묵히 지켜보고 계신 우리 예수님은 이때 어떻게 하십니까. 그냥 놔두면 안 될 것 같아서 홀연히 하늘로서 빛을 사울에게 둘러 비추십니다.

'홀연히 하늘로서 빛이 저를 둘러 비추는지라' 이것이 무슨 뜻입니까?

교만하고 거만한 사람을 살리는 길은 어디에 있습니까? 살기가 등등한 사람을 누가 구원시켜 주겠습니까? 오직 한 가지 길밖에 없습니다. 그것이 무엇입니까? 홀연히 하늘로서 예수님의 빛이 저를 둘러 비추는 빛밖에 다른 방도가 없습니다.

홀연히 하늘로서 빛을 비출 때만 살기가 등등한 사울이 변화받아 사도 바울이 될 수 있습니다. 오직 홀연히 하늘로서 빛난 빛이 저를 둘러 비출 때만 위협과 살기가 등등한 포행자가 변화되어 선한 자가 될 수 있습니다. 하늘에서 빛이 비춰져야만 강퍅하고 완악한 자가 구원받을 수 있는 것입니다. 우리 인간은 홀연히 하늘로서 예수님의 빛의 쪼임을 받아야 합니다.

빛의 쪼임을 받지 못하면 어느 누구도 변화받을 수 없습니다. 어느 누구도 거짓과 허물이 벗겨지지 않습니다. '히브리서 4장 12-13절' '하나님의 말씀은 살았고 운동력이 있어 좌우에 날선 어떤 검보다도 예리하여 혼과 영과 및 관절과 골수를 찔러 쪼개기까지 하며 또 마음의 생각과 뜻을 감찰하나니 지으신 것이 하나라도 그 앞에 나타나지 않음이 없고 오직 만물이 우리를 상관하시는 자의 눈앞에 벌거벗은 것 같이 드러나느니라'라고 하였습니다.

우리 인생의 거짓과 허물을 벗겨 주실 분은 오직 예수님의 빛밖에 없습니다. 우리 인생의 거짓과 허물을 칼로 도려낸들 벗겨지지 않습니다. 톱으로 썰어 낸들 썰리는 것이 아닙니다. 절구통에 넣어 찧는들 벗겨지는 것이 아닙니다. 절대로 벗겨지지 않습니다. 히브리서 말씀처럼 운동력이 있는 말씀의 빛으로 좌우에 날선 어떤 검보다도 예리하여 골수와 관절을 쪼개기까지 한 예수님의 빛만이 우리 인생의 거짓과 허물을 벗겨 낼 수 있습니다. 하늘로서 비추는 예수님의 빛이 우리의 마음과 생각을 갈라놓아야 변화받을 수 있습니다. 탐욕과 욕망으로 가득 찬 우리의 생각을 갈라놓지 아니하면 변화받을 수 없습니다. 사울과 같은 인생이 변화받는 것은 예수님의 빛만이 가능합니다.

(3) 사울을 땅에 엎드려 뜨리신 예수님

본 9장 4절 '땅에 엎드려져 들으매 소리 있어 가라사대 사
울아 사울아 네가 어찌하여 나를 핍박하느냐 하시거늘'

예수님은 사울을 땅에 엎드려 뜨렸습니다. 예수님은 한 방에 사울의
기를 꺾으셨습니다. 사울의 뿔을 뽑아내셨습니다. 사랑하는 형제자매들
이여. 제발 땅에 엎드리시기 바랍니다. 땅에 엎드려질 때만이 살길이 열
리는 줄 믿습니다. 땅에 엎드려지지 않으면 살길이 열리지 않습니다. 하
나님은 땅에 엎드린 자를 통하여 역사를 이루어 가십니다. '에이 저보고
땅에 엎드리라고요. 모처럼 명품 옷을 샀는데 이 옷을 입고 땅에 엎드리
라고요. 그러면 흙도 묻고 먼지도 묻잖아요. 이 좋은 옷을 버리라는 말
인가요. 혹시 저보고 그렇게 하라고는 안 하시겠지요. 저는 엎드릴 수
없습니다. 제가 지금까지 살면서 번도 엎드려 본 일이 없었는데 이게 무
슨 해괴한 일입니까. 저한테 그렇게 하라고 하진 않겠지요.' 그러면 그
렇게 하세요. 엎드릴 수 없다면 마음대로 하세요. 우리가 지금 엎드리지
못하면 사울이 변화여 바울이 되지 못한다는 것을 알아야 합니다. 땅에
바짝 엎드려야만 사울이 변화여 바울이 되는 줄 믿습니다. 그렇다면 우
리가 여기에서 깨달아야 할 교훈이 무엇입니까? 우리가 엎드리기 전에
는 절대로 우리가 변화받을 수 없고 주님의 음성도 들을 수 없다는 것입

니다. 땅에 겸손히 엎드려져야만 우리는 변화받을 수 있고 주님의 음성을 들을 수 있습니다. 우리가 땅바닥에 엎드러지지 않는다면 주님의 음성을 들을 수 없었습니다. 사울을 보십시오. 그가 땅에 엎드리기 전에는 주님의 음성을 들을 수 없었습니다. 그가 땅에 엎드러졌을 때 그제서야 주님의 음성이 들려오기 시작하였습니다.

그제서야 주님의 음성을 들을 수 있었습니다. 주님의 음성은 서 있는 상태에서는 절대로 들리지 않습니다. 뻣뻣이 서 있으면 아무리 듣고 싶어도 들을 수 없습니다. 이것이 하늘의 법칙입니다. 주님의 음성은 언제 들려온다고요? 땅에 엎드려져야 들린다는 것입니다. 주님의 음성은 땅에 엎드려져야 들려온다는 것입니다.

땅에 엎드러져서 주님의 음성을 들어 보시기 바랍니다. 뭐라고 말씀하시고 있습니까?

본 9장 4절 '사울아 사울아 네가 어찌하여 나를 핍박하느냐'

사울로서는 천국에 갈 수 없음을 알아야 합니다. 갈 수 없고 말고요. 절대로 천국에 갈 수 없습니다. 이 시간 우리가 엎드러서 주님의 음성을 한번 들어 보시기 바랍니다. '사울아 사울아 네가 어찌하여 나를 핍박하느냐' '아무개야 아무개야 네가 어찌하여 나를 핍박하느냐' 하는 소리가 들려오지 않습니까. 우리는 대부분 하늘에서 천지가 진동하는 소리가 들려오는 줄 생각합니다. 무슨 굉장하고 대단한 소리가 들려올 줄로 생각합니다. 아닙니다. 천사의 소리가 들려오는 것이 아닙니다. 하늘에서 무슨 소리가 들려온다고요? '사울아 사울아 네가 어찌하여 나를 핍박하느냐' 우리가 예수님을 핍박했다는 소리가 들려온다는 것입니다. 우리는 대게 '예수님, 제가 언제 예수님을 핍박하였다고 그러세요. 그런 말을 저에게 하신다면 좀 섭섭한데요. 제가 예수님을 믿고 이렇게 큰 축복을 받았는데 그게 무슨 말씀이세요.'

'제가 예수님 믿고 이렇게 상상할 수 없는 축복을 받았다고 전국을 다니면서 간증하러 다니는 바람에 저의 인기는 최고입니다. 그리고 제가 예수님을 얼마나 많이 자랑을 했는데요. 사실 저를 모르는 사람이 없을 지경입니다. 주님이 저의 체면을 이렇게 살려 주시지 않았습니까. 그러다 보니 제가 이렇게 유명해지고 있는데 어떻게 주님을 핍박하였다고 그러십니까. 주님은 저를 모르시고 하는 말이지요.' '내가 너를 잘 알지 모를 리가 없지. 그러나 내가 너를 알기는 아는데 이것밖에 모르겠구나.'

'네가 나를 핍박한 것밖에 모르겠다.' '마태복음 7장 22-23절' '그 날에 많은 사람이 나더러 이르되 주여 우리가 주의 이름으로 선지자 노릇하며 주의 이름으로 귀신을 쫓아 내며 주의 이름으로 많은 권능을 행치 아니하였나이까 하리니' '그 때에 내가 저희에게 밝히 말하되 내가 너희를 도무지 알지 못하니 불법을 행하는 자들아 내게서 다 떠나가라' 예수님은 우리가 이렇게 자랑하는 것을 보시고 '오, 그래 참 장하다. 참, 훌륭하다. 너는 이 땅에서 상급을 많이 받았구나.'라고 하시며 '마태복음 6장 1-7절' '사람에게 보이시려고 그들 앞에서 의를 행치 않도록 주의하라 그렇지 아니하면 하늘에 계신 너희 아버지께 상을 얻지 못하느니라' '그러므로 구제할 때에 외식하는 자가 사람에게 영광을 얻으려고 하는 것 같이 너희 앞에 나팔을 불지 말라 진실로 너희에게 이르노니 저희는 자기 상을 이미 받았느니라' 그런즉 너는 사람들한테 상을 많이 받았으니까 그것 때문에 하늘 나라에서도 상급이 많이 쌓았다고 생각하지 말라고 경각심을 불러일으켜 주시고 있습니다.

'네가 어찌하여 나를 핍박하느냐' '내가 너희들에게 바라는 것이 있다. 너의 변화된 모습을 보고 거꾸림을 당한 사람이 한 사람이라도 있었으면 내가 한이 없겠다. 정말 사울처럼 땅에 엎드려진 사람이 좀 나왔으면 참 좋겠다.' 단지 주님이 우리에게 원하시는 것은 우리가 주님을 자랑하는 것을 싫어하시는 것이 아닙니다. 주님을 자랑하는데 얼마나 좋습니까. 주님은 이것 때문에 '네가 어찌하여 나를 핍박하느냐고 말씀'하시는 것이 아닙니다.

우리가 주님을 핍박한다는 의미는 다름이 아니라 신앙의 본이 되는 사람이 없기 때문이 아닐까요. 우리 자신들이나 우리 주위에 본받을 만한 신앙인이 없다는 것이 우리로 하여금 절망스럽게 만드는 것입니다. 이러한 부분들이 얼마나 회개해야 할 조건들인지 모릅니다. 과연 우리 자신들은 얼마나 신앙적으로 본받을 인격을 갖추고 있는지 살펴보면서 부끄러워 땅에 엎드릴 수밖에 없습니다. 그런 면에서 볼 때 우리는 이제 이기적이고 탐욕적인 마음들을 다 내려놓아야 합니다.

세상으로 향하던 마음들을 주님에게로 향해야 하겠습니다. 땅에 엎드러지는 마음이 이 마음입니다. 우리가 땅에 엎드려질 때만이 우리에게 소망이 있습니다. 주님은 땅에 엎드린 자를 일으켜 세워 주실 줄 믿습니다. 그래야 우리의 손을 잡아 주실 줄 믿습니다. 우리가 땅에 엎드러지

지 않는다면 주님은 결코 우리를 일으켜 세워 주지 않을 것입니다. 일으
켜 세워 준다는 것은 엎드려져 있는 자를 세워 준다는 것이지 일어나 있
는 자를 일으켜 세워 준다는 뜻이 아닙니다. 겸손히 땅에 엎드리시기 바
랍니다.

> 로마서 2장 19-24절 '어두움에 있는 자의 빛이요 어리석
> 은 자의 훈도요 어린아이의 선생이라고 스스로 믿으니…
> 다른 사람을 가르치는 네가 네 자신을 가르치지 아니하느
> 냐…율법을 자랑하는 네가 율법을 범함으로 하나님을 욕
> 되게 하느냐…하나님의 이름이 너희로 인하여 이방인 중
> 에서 모독을 받는도다'

오늘 우리는 겸손히 엎드려 회개해야 하겠습니다. '오 예수님 그동안
제가 예수님을 핍박하며 다녔습니다. 오 주여 뉘시니이까. 예수님을 자
랑하기보다는 저의 업적을 발표하러 다녔습니다. 그리하여 순수한 교회
들을 이기적인 교회로 전락시키는 주범이 되고 말았습니다.'

'성도들은 저의 업적을 탐내면서 탐욕을 부리도록 했습니다. 성도들이
경건함과 순결함으로 살게 하는 간증보다는 욕심을 자극시키는 간증을
하는 바람에 성도들이 다 타락하고 말았습니다. 다 이 죄인의 잘못입니
다. 이제부터는 저의 업적을 발표하러 다니지 않겠습니다. 오 주여 용서
하여 주시옵소서. 주여 저에게도 예수님의 빛을 비춰 주시옵소서. 하늘
로서 홀연히 비추는 빛으로 저를 변화시켜 주옵소서.' 예수님께서 빛을

비추는 사람은 누가 되었든지 간에 다 변화받을 줄 믿습니다.

그 사람만큼은 깨어지지 않을 것 같았는데, 그 사람만큼은 굴복하지 않을 것 같았는데, 그 사람만큼은 쓰러지지 않을 것 같았는데 하늘로서 홀연히 빛을 비춤 받은 사람은 다 변화 받을 줄 믿습니다. 예수님의 빛을 받은 사람은 누구 되었든지 간에 깨어지고, 굴복되고, 쓰러지고, 엎드러져서 사울이 변화여 사도 바울로 변화받을 줄 믿습니다.

14. 내가 택한 나의 그릇이라

사도행전 9:6-19

사울은 종교적인 우월감과 특권의식에 사로잡혀 자기가 최고라는 자부심으로 산 사람입니다. 본인이 옳다고 생각하는 것은 누가 뭐래도 관철시키는 사람이었습니다. 사울은 무엇이든지 할 수 있다는 자신만만한 사람이었습니다.

그런데 이러한 사람이 지금은 어떻게 되었습니까. 그렇게 기세가 당당했던 사울은 성령의 강력한 빛을 받고 그만 실명되어 버리고 말았습니다. 이때 땅에 꼬꾸라져 아무것도 할 수 없는 신세가 되어 버리고 말았습니다.

현재 사울은 죽은 목숨이나 다를 바 없었습니다. 앞 못 보는 그가 무엇을 하겠습니까. 아무것도 할 수 없습니다. 그는 거덜난 인생이 된 것입니다. 파토난 인생이 된 것입니다. 주님께서 그의 눈을 고쳐 주시지 아니하시면 그가 바디매오의 신세가 아니 된다고 누가 보장하겠습니까.

(1) 일어나라 말씀하신 예수님

사도행전 9장 6절 '네가 일어나 성으로 들어가라 행할 것

을 네게 이를 자가 있느니라 하시니'

땅에 엎드려져 있는 사울에게 주님의 음성이 들려오고 있습니다. 사울이 더 이상 일어설 수 없을 때 주의 음성이 들려오고 있습니다. 무슨 음성입니까. '네가 일어나 성으로 들어가라 너에게 어떻게 행할 것을 가르쳐 줄 사람이 있다'라며 음성을 들려주십니다. 우리의 생명과 소망이 되신 예수님께서 깨어지고 부숴진 사울을 다시 일으켜 세워 주십니다. 주님은 잘났다고 뽐내는 자를 일으켜 세워 주시는 것이 아닙니다. 땅에 엎드려져 있는 자를 일으켜 세워 주셔서 새로운 인생이 되게 하시는 것입니다.

주님은 일어나 있는 자를 일으켜 세워 주시는 것이 아니라 땅에 겸손히 엎드려져 있는 자를 일으켜 쓰시는 주님이십니다. 자기 힘으로 일어설 수 없는 자를 일으켜 주시는 것이지 자기 힘으로 일어설 수 있는 자를 일으켜 세워 주시는 것이 아닙니다. 좀 역설적이지만 주님은 자기 힘으로 일어설 수 없는 사람을 붙잡아 주시지 자기 힘으로 일어설 수 있는 사람을 붙잡아 주시는 것이 아닙니다. 그러므로 현재 우리가 무슨 일을 하는 것이 중요한 것이 아닙니다.

땅에 겸손히 엎드려 있는 마음이 우리에게 필요합니다. 사울은 전에 자기 힘을 의지하고 산 대표적인 사람입니다. 그러나 지금은 자기 힘으로 일어설 수 없고 오직 남의 도움을 필요로 한 사람이 되어 버리고 말았습니다. 얼마나 불쌍한 신세가 되었습니까.

본 9장 7절 '같이 가던 사람들은 소리만 듣고 아무도 보지
못하여 말을 못하고 섰더라'

　햇빛보다 더 광명한 빛이 비취고 큰 소리가 들리는데도 하나님의 선택을 받지 아니한 사람들은 보아도 보지 못하고 들어도 듣지 못하는 기이한 현상이 일어나게 되었습니다. 하나님께서 다 가려 주시고 덮어 주시니 아무도 확인할 수 없었습니다. 무슨 소리가 들리기는 했는데 소리만 듣고 내용에 대해서는 알 수 없었습니다. 하늘에서 빛을 비추이지만 하나님의 기적을 체험할 수 없었습니다. 왜냐하면 그들은 보아도 믿지 않고 불신하고 거부했기 때문에 하나님이 안 보여 주시고 못 보게 하신 것입니다. 그러면 그 소리를 누구만 듣게 합니까. 같은 장소에 있었지만 오직 사울만 그 소리를 듣게 하시는 것입니다. 참으로 신기한 일이 아닙니까. 아무도 주님의 음성을 분별하지 못했지만 사울만 주님의 음성을 듣고 분별하게 하시는 것입니다. 주님이 사울에게 하는 말을 분명히 알아듣는 것입니다.

본 9장 8절 '사울이 땅에서 일어나 눈을 떴으나 보지 못하고 사람의 손에 끌려 다메섹으로 들어가서'

　사울의 인생은 끝난 것입니다. 최고의 인생을 살겠노라고 거침없이 달려왔지만 최고의 인생은커녕 사람의 손에 끌려다니는 비참한 신세가 된 것입니다.

하나님 없이 최고의 인생을 꿈꾸는 자들은 하나님이 이렇게 추락시켜 버리는 것입니다. 하나님 없는 최고의 인생이 어디 있습니까. 하나님 없이 승승장구한다고 해서 그것이 성공적인 인생입니까? 아닙니다. 어림도 없습니다.

'사울이 땅에서 일어나 눈을 떴으나 보지 못하고 사람의 손에 끌려' 눈은 떴으나 아무것도 할 수 없고 아무것도 볼 수 없는 시각장애인이 되어 버리고 만 것입니다.

이제 사울은 남의 도움을 받지 아니하면 한 발자국도 움직일 수 없는 가련한 사람이 되어 버린 것입니다. 하나님의 손이 막으면 눈먼 시각장애인이 될 수밖에 없습니다.

하나님께서 손바닥으로 눈을 가리우시면 아무도 볼 수 없습니다.

사울이 다메섹성에 간 이유는 예수 믿는 사람들을 체포하여 예루살렘으로 끌고 오려고 간 곳인데 자신의 꿈은 다 깨어지고 길바닥에 주저앉아 있는 신세가 되고 만 것입니다. 사울은 지금까지 자기 힘을 자랑하며 다메섹 언덕까지 달려왔지만 그 언덕도 넘지 못하고 정작 그 성에도 들어갈 수 없게 된 것입니다.

이처럼 하나님의 도움을 받지 아니하는 인생은 하나님의 성에 들어갈 수 없음을 알아야 합니다. 하나님의 거룩한 성에 들어가려면 팔팔했던 힘이 다 꺾여야 합니다. 인간적인 힘은 완전히 소진되어야 합니다. 그래야 천사의 도움으로 거룩한 성에 들어갈 수 있습니다. 팔팔한 힘을 가지고서는 절대로 거룩한 성에 들어갈 수 없습니다. 다메섹 언덕에서 꼬꾸라져야지 아직도 힘이 남았다고 과시하면 천사의 도움을 받을 수 없습니다. 우리는 천사의 도움으로만 천국에 들어갈 수 있음을 알아야 합니다. 다메섹 언덕에 겸손히 엎드러져 있어야 주님이 우리를 일으켜서 거룩한 성으로 인도해 주시는 것입니다.

본 9장 9절 '사흘 동안을 보지 못하고 식음을 전폐하니라'

사울은 사흘 동안 꼼짝 하지 못하고 금식기도 아닌 금식기도를 하게 되었습니다. 예수님의 3일 동안 십자가 사건을 보는 것 같습니다.

9절 말씀은 우리 기독교 역사에 없어서는 안 될 말씀입니다. 이 9절 말씀이 우리 기독교 역사를 뒤바꾸어 놓은 위대한 말씀입니다. 사울은 이 기간 동안 인생의 가장 어두운 시간을 보냈습니다. 가장 고통스러운 시간이었습니다. 그후에도 많은 고난이 있었지만 그가 살아온 이래 처음 겪은 인생의 겨울이었습니다.

우리는 9절 말씀에 대해서 큰 비중을 두고 있지 않지만 사울이 이 사흘 동안 보지 못하고 식음을 전폐한 사건이 없었다면 아직도 우리는 복음을 듣지 못한 눈먼 시각장애인이요 귀먹은 자들이 되었을 것입니다. 그래요. 어떻게 한 사람이 사흘을 보지 못하고 식음을 전폐한 금식기도 아닌 금식기도를 통해서 하나님의 역사가 새롭게 꽃필 수 있었겠습니까? 보기만 해도 흥분이 되는 말씀입니다.

이 사흘이 없었다면 보지 못하는 사흘이 없었다면 우리는 과연 어떻게 되었겠습니까? 끔찍하지 않습니까? 이 사흘은 인류 역사에 가장 귀중한 시간입니다. 이 사흘이 있었기에 우리도 지금 여기에 있는 것입니다. 이 사흘 동안 사울이 바울로 변화되지 않았다면 어찌 할 뻔했습니까. 이 사흘이 있겠기에 온 세계가 복음으로 뒤집어지는 역사가 일어나게 된 것입니다.

(2) 사울을 위해 준비한 사람 아나니아

> 본 9장 10절 '그 때에 다메섹에 아나니아라 하는 제자가 있더니 주께서 환상 중에 불러 가라사대 아나니아야 하시거늘 대답하되 주여 내가 여기 있나이다 하니'

환상 중에 아나니아를 불러 준비하시는 자상한 예수님을 봅니다.

누구를 위해서 친히 이렇게 준비하고 있습니까. 사울을 위하여 준비하시고 있는 것입니다. 주님이 우리를 부르실 때 알아차리는 영감의 센스가 아나니아처럼 있어야 합니다. 아! 지금 주님이 무슨 일을 하시려고 나를 부르시고 있구나 하는 영적인 센스가 번뜩여야 합니다.

'주여 내가 여기 있나이다.' 이렇게 대답하는 자가 복받은 자입니다. 주님이 우리를 부리실 때 뭔가 하시고자 하는 일 때문에 부르시는 것입니다. 하지만 우리는 영이 둔해서 주님의 부르심에 순종하지 못하고 엉뚱하게 처신할 때가 얼마나 많은지 모릅니다. 이것은 우리의 영이 둔해서 그러는 것입니다. 아나니아는 영이 깨어 있어서 즉시 반응하는 것을 알 수 있습니다. '주님 무슨 일입니까. 주님 무슨 일이든지 명령하시면 순종하겠습니다.'

본 9장 11-12절 '주께서 가라사대 일어나 직가라 하는 거
리로 가서 유다 집에서 다소 사람 사울이라 하는 자를 찾
으라 저가 기도하는 중이라'
'저가 아나니아라 하는 사람이 들어와서 자기에게 안수하
여 다시 보게 하는 것을 보았느니라'

사울은 사흘 동안 무엇을 하고 있었습니까. 기도하고 있었습니다. 사
울은 절망 속에 있었지만 기도했던 것입니다. '하나님 저를 용서하세요.
제가 다 잘못했습니다. 저에게 한 번만 기회를 주신다면 주를 위하여 충
성하겠습니다. 제가 몰라서 주님을 핍박했습니다. 주님 저를 용서해 주
시고 이제는 주님을 위하여 살 수 있도록 기회를 주세요.' 하면서 기도한
것입니다. 환난 중에 기도할 때 새로운 사명을 주시는 것을 알 수 있습니
다. 우리는 어떤 중에도 기도의 줄을 놓쳐서는 안 됩니다.

본 9장 12절 '저가 아나니아라 하는 사람이 들어와서 자기
에게 안수하여 다시 보게 하는 것을 보았느니라'

기도하는 사울에게 무슨 환상을 보여 주었습니까. 아나니아라는 사람
이 자기에게 들어와서 안수하여 눈을 다시 보게 하는 기적의 장면을 보
여 주신 것입니다. 주님은 먼저 환상으로 아나니아에게 보여 주셨고 또
사울에게도 똑같이 보여 주신 것입니다. 하나님은 무슨 일이든지 일방
적으로 하시지 않고 쌍방이 서로 잘 알 수 있도록 알려 주셔서 서로에게

부딪칠 충격을 최소화시켜 주시면서 주님의 뜻을 이루어 가시는 것을 볼 수 있습니다.

아나니아에게는 왜 그 일을 해야만 하는지 자세히 설명해 주시고 실수하지 않고 잘할 수 있도록 하십니다. 사울에게도 현재 벌어지고 있는 모든 일을 거부하지 말고 잘 받아들여서 주님께서 원하시는 대로 순종하게 하시는 것입니다. 주님께서 각본을 계획하시고 출연자에게 자신의 각본대로 연기할 수 있도록 설명해 주시며 진행해 가시는 것입니다.

하나님의 일은 하나님께서 계획하시고 그 계획대로 진행해 가시는 것입니다. 그러니까 우리가 기도하다가 떠오르는 영감이 있으면 그 영감대로 순종하면 복을 받는 것입니다. 그러나 그 영감은 내 마음에 꼭 들거나 좋게 보이기 때문에 순종하는 것이 아닙니다. 내 마음이나 뜻과는 전혀 맞지 않지만 순종하는 것입니다. 내 마음에 안 들어도 주님께서 원하시는 일이면 순종해야 하는 것입니다. 그 사실을 어떻게 알 수 있습니까?

본 9장 13-14절 '아나니아가 대답하되 주여 이 사람에 대하여 내가 여기에서 듣사온즉 예루살렘에 주의 성도들 에게 적잖은 해를 끼쳤다 하더니'
'여기서도 주의 이름을 부르는 모든 자를 결박할 권세를 대제사장들에게 받았나이다'

아나니아가 뭐라고 대답을 합니까. 주의 성도에게 적지 않은 해를 끼쳤다는 소식을 들었다는 것입니다. 아나니아로서는 순종할 수 없는 조건들입니다. '주의 성도에게 적지 않은 해를 준다는데 제가 어떻게 그러한 사람에게 가서 안수할 수 있겠습니까?'라고 반문할 수 있었습니다. '주님, 얼마나 더 많이 주의 성도들에게 해를 입히시려고 그러십니까. 주님. 뭔가 잘못된 것 아닙니까. 저한테 하라고 해도 이것만은 거역하겠습니다. 왜 저를 그렇게 나쁜 놈한테 가라고 하십니까. 제발 저에게 그러한 일을 시키지 말아 주십시오. 그러한 놈하고 동조했다가 무슨 봉변을 당하게 하시려고 그러십니까.' 우리는 이러한 경우 이렇게 항변할 때가 있습니다.

사울의 조건만 따진다면 할 수 없는 일입니다. 그러나 이것은 우리의 생각이지 주님의 생각은 아닙니다.

(3) 택한 나의 그릇이라

> 본 9장 15절 '주께서 가라사대 가라 이 사람은 내 이름을 위하여 이방인과 임금들과 이스라엘 자손들 앞에 전하기 위하여 택한 나의 그릇이라'

아나니아의 생각과는 달리 주님께서 사울을 택한 나의 그릇이라는 것입니다. 1. 인간적으로 보면 아나니아는 착한 사람이요 존경받는 사람입니다. 2. 그러나 사울은 나쁜 사람입니다. 교회를 핍박한 사람이요, 주의 성도들을 대적한 사람입니다. 악행을 저지른 사람입니다. 인간적으로 보면 형편없는 사람이었지만 그러나 주님께서 준비한 사람이었다는 것입니다. 보세요. 착한 아나니아는 사울을 안수해 주고 눈을 뜨게 해 주는 데까지만 쓰임받는 것입니다. 처음에는 나쁜 사람이었지만 불의한 사람이었지만 나중에는 아주 귀한 그릇으로 보배로운 그릇으로 쓰임받는 것을 볼 수 있습니다.

우리도 이제 하나님이 품으시는 비전을 품을 수 있어야 합니다. 지금은 형편없는 그릇이지만 미래에 쓰임받을 그릇을 위하여 잘 준비해야 합니다. 우리의 사명은 안수해서 눈을 뜨게 하는 데까지만 쓰임받는 것입니다. 주님이 우리에게 주신 사명은 내가 옳아서 하는 것이 아닙니다. 주님이 하라고 하신 일이기 때문에 말씀을 믿고 순종하는 것입니다. 그리하여 사람들의 눈을 뜨게 해 주어야 합니다.

그러면 주님이 알아서 쓰실 자는 쓰시고 걸러 낼 자는 걸러 내시는 것입니다. 우리는 주님이 쓰시고자 택한 자를 오해해서는 안 됩니다. 잘못된 선입관으로 내가 걸러 내면 잘못된 것입니다. 만약 아나니아가 인간적인 선입관으로 버티다가 끝끝내 주님의 뜻을 따르지 않고 자기 고집만 부렸다면 얼마나 우리 기독교에 손해가 되었겠습니까. 착한 아나니아는 사울에게 안수하는 그 정도밖에 쓰임 받지 않습니까. 그러나 우리가 보기에는 교회의 박해자요 핍박자인 사울은 얼마나 하나님께 크게 쓰임 받습니까. 이처럼 우리의 편견, 선입관, 잘못된 시각으로 주님의 뜻을 따르지 않고 거역하면 큰 실수를 하는 것입니다. 주님이 하시고자 하는 몫까지 참견하고 침범해서는 안 되는 것입니다. 우리 그리스도인들은 하나님의 청지기입니다. 청지기는 주인의 심부름꾼입니다. 주인이 시키면 내가 싫은 일이든 내 맘이 안 드는 일이든 주인의 뜻대로 해야 하는 것이 청지기의 삶입니다. 싫다고 안 하면 청지기의 삶이 아닙니다. 이것이 하나님의 청지기들이 해야 할 일입니다. 주인은 내가 좋아하는 일을 시키는 것이 아닙니다. 주인이 좋아하는 일을 시키는 것입니다. 그럴 때 내 입장을 고려하면 안 됩니다. 그러면 청지기로서 자격이 없는 사람입니다.

> 9장 17절 '아나니아가 떠나 그 집에 들어가서 그에게 안수하여 가로되 형제 사울아 주 곧 네가 오는 길에서 나타나시던 예수께서 나를 보내어 너로 다시 보게 하시고 성령으로 충만하게 하신다 하니'

아나니아는 자신의 생각보다는 주님께서 원하시는 일에 순종을 했습니다. 사울이라는 원수를 찾아가서… 형제 사울아 하면서 안수해 주었습니다. 그리고 예수께서 너로 다시 보게 하신다고 말씀해 주었습니다. 할렐루야 아나니아가 사울에게 찾아가서 원수라고 말하지 않고 형제 사울아 하면서 형제로 받아들였습니다.

사울은 이 말 한마디에 그의 마음이 녹아 내렸습니다. 울분과 분노와 강퍅한 마음으로 견딜 수 없었던 사울은 형제 사울이라는 말 한마디에 그만 모든 울분이 눈 녹듯이 녹아 내렸습니다. '자기는 그들의 형제가 아니고 철천지원수일진대 형제라니… 과연 주님의 제자들은 대단한 자들이구나. 보통 사람들이 아니구나 뭔가 달라도 다르구나…' 그리고 아나니아는 사울에게 성령으로 충만하게 하신다고 말하자 그는 즉시로 성령으로 충만하게 되었습니다. 이것을 보면 하나님은 자신이 직접 일하실 수 있지만 그렇게 하시지 않으시고 택한 종을 통해서 일하시는 것을 볼 수 있습니다. 오늘날도 하나님은 사람을 통해서 일하십니다.

졸지에 비참한 신세가 되어 버린 사울은 누구의 도움으로 살아났습니까.

자기가 핍박했던 사람들의 도움으로 살아날 수 있었습니다. 그들의 도움 없이는 살 수 없었습니다. 사울은 자기가 핍박한 사람들의 도움으로 살 수 있을 줄 꿈엔들 생각이나 했겠습니까. 그들은 다 죽어야만 할 대상으로 생각했지 그들의 도움으로 살 줄은 누가 알았습니까. 그러나 죽어야만 한다고 생각했던 사람들이 사울의 영혼을 살리는 선한 목자가 된 것입니다. 할렐루야 사울의 생명을 살려 준 생명의 은인들이 된 것입니다. 그렇습니다. 하나님의 역사는 역전과 역전의 드라마인 것입니다. 약자가 강자를 이기고 병든 자가 고침받고 하나님께 영광을 돌리고 주님을 증거하는 자로 삼아 주시는 것입니다. 사울처럼 혈기 왕성하여 지칠 줄 모르고 달려가던 자들은 다메섹 언덕에 거꾸러뜨려서 기도하는 자 앞에 오게해서 영혼을 고침받게 하는 것이 하나님의 역사인 것입니다.

본 9장 18절 '즉시 사울의 눈에서 비늘 같은 것이 벗어져
다시 보게 된지라 일어나 세례를 받고'

아나니아가 안수해 주자 눈은 떴지만 앞을 못 보던 사울은 눈에서 비늘 같은 것이 벗겨져 다시 보게 되었습니다. 그리고 일어나 세례를 받았습니다. 이제 사울은 정식으로 하나님의 자녀가 되었습니다.

그래요. 주님의 제자들은 이 역할을 잘 감당해야 합니다. 오늘날 많은 사람들은 눈은 떴으나 보지 못하고 방황하고 있습니다. 그들은 절대로 눈을 덮고 있는 비늘을 벗기지 못합니다. 우리의 손길이 있어야 눈을 덮고 있는 비늘이 벗겨지는 것입니다. 이제 우리는 다른 사람들의 눈에서 비늘을 벗겨 주는 직분을 잘 감당해야 합니다.

사람들의 눈에 낀 비늘을 벗겨 주는 일은 우리의 몫입니다. 우리의 사명입니다. 우리의 일감입니다. 사람들의 눈에 있는 비늘은 우리의 손이 닿아야 벗겨지는 것입니다. 우리의 손길이 어떻게 하느냐에 따라서 눈의 비늘이 벗겨지기도 하고 안 벗겨지기도 하는 것입니다.

본 9장 19절 '음식을 먹으매 강건하여지니라'

우리 기독교는 의식주 문제를 외면하는 종교가 아닙니다. 배고프게 하는 종교가 아닙니다. 의식주를 해결해 주는 종교입니다. 배불리 먹여 주는 축복의 기독교입니다. 삶의 복지를 향상시켜 주는 기독교입니다. 보세요. 눈을 치료받은 사울에게 주님은 무엇부터 해 줍니까. 음식부터 먹여 주지 않습니까. 육의 양식을 먹여 주는 것입니다. 이뿐 아니라 우리 기독교는 영의 양식도 먹여 줍니다. 육의 양식을 먹어도 이렇게 강건한데 영의 양식을 먹으면 얼마나 더 강건하겠습니까. 사울은 육의 양식을 먹고 참으로 강건했습니다. 그런데 하나님은 육의 양식뿐 아니라 영의 양식까지 먹여 주셔서 주님께 합당한 그릇으로 쓰임받게 하시는 것입니다. 그리하여 사울은 더욱 강건하여 복음을 땅끝까지 전하게 되었던 것입니다.

　그러므로 우리에게 육의 양식도 필요하지만 영의 양식이 더 필요함을 알 수 있습니다. 육의 양식을 먹어도 이렇게 강건할진대 주님의 일을 하는데 영의 양식을 먹으면 얼마나 더 강건하여 주님의 일을 하겠습니까. 이것이 바로 아나니아가 할 일이었습니다. 이 일은 이제 우리 그리스도인들이 해야 할 영적인 사명이요 영적인 일감입니다.

　사울로서는 천국에 갈 수 없습니다

15. 바울의 복음 전도

사도행전 9:19-30

망망대해를 거침 없이 달려가던 사울은 어떻게 되었습니까. 아무도 그의 인생을 막을 수 없을 것 같았는데 예수님께서 그의 인생을 막아 주셨습니다. 예수님이 막아 주시지 않았다면 그는 보나마나 막가는 인생이 되었을 것입니다. 세상은 사울처럼 살아가는 사람들을 성공한 사람들이라고 인정할지 모르지만 하나님 앞에서는 실패한 인생이라 할 수 있습니다.

그러나 예수님은 그의 인생이 망하는 인생이 되지 않도록 다메섹 언덕에서 꺼꾸러 뜨리시고 그를 만나 주셨습니다. 예수님은 사울을 향해 '내가 택한 나의 그릇'이라고 말씀하시고 새로운 사명을 주셨습니다. 무슨 사명을 주셨어요. 마태복음 28장 18-20절에서 '예수께서 나아와 일러 가라사대 하늘과 땅의 모든 권세를 내게 주셨으니 그러므로 너희는 가서 모든 족속으로 제자를 삼아 아버지와 아들과 성령으로 이름으로 세례를 주고 내가 너희에게 분부한 모든 것을 가르쳐 지키게 하라 볼찌어다 내가 세상 끝날까지 너희와 항상 함께 있으리라 하시니라'라고 하셨습니다.

예수님께서 자신을 핍박하는 사울을 변화시켜 예수 그리스도를 증거하는 사역자로 삼아 주신 목적은 이 꿈을 이루시기 위해서였습니다. 우리 기독교의 비밀은 사울 같은 사람을 변화시켜 그리스도를 증거하는 사역자로 삼아 주는 데 있습니다. 얼마나 큰 축복입니까. 우리 기독교의 최고의 축복인 줄 믿습니다. 하나님 앞에 꺼꾸림을 받고 예수 그리스도를 만나는 사람들은 다 사울과 같은 인생이 될 수 있습니다. 우리 기독교는 앞으로도 사울과 같은 인생들이 새롭게 변화되는 역사가 항상 일어날 것입니다.

하나님 앞에 꺼꾸림을 당하는 것이 마치 세상적으로는 실패한 사람처럼 보이지만 안 그렇습니다. 하나님 앞에 꺼꾸러져야 사람들은 변화받을 수 있습니다. 하나님은 이러한 사람들을 들어 써 주십니다. 사람이 변화받는 것처럼 큰 축복이 어디 있습니까. 사람이 변화받아 하나님께 쓰임 받는다면 이보다 큰 축복이 어디 있겠습니까. 그러면 인간적으로 실패한 언덕이라고 여겼던 그 실패의 언덕에서 사울은 어떠한 사람으로 변화되었습니까? 예수 그리스도를 만나고 온전한 그리스도인으로 변화되었습니다. 사울은 그리스도인이 되자마자 곧바로 예수 그리스도를 증거하는 증인이 되었습니다.

그런데 우리는 변화받은 바울처럼 살려고 하지 않고 여전히 옛 사울처럼 살려는 사람들이 많이 있습니다. '에베소서 4장 22-24절'에 '너희는 유혹의 욕심을 따라 썩어져 가는 구습을 좇는 옛 사람을 벗어 버리고 오직 심령으로 새롭게 되어 하나님을 따라 의와 진리의 거룩함으로 지으심을 받은 새 사람을 입으라'라고 하였습니다. 우리가 구습을 좇는 옛 사람을 벗어 버리지 못하고 변화받지 못한 사울처럼 살아도 누가 뭐라고 말할 사람이 없겠지만 그러나 우리 인생들은 그렇게 살면 안 됩니다.

우리가 어떻게 살든 상관할 필요가 없지만 인생을 살다가 죽고 난 다음에는 하나님의 심판을 받아야 합니다. 모든 인생들은 한 사람도 예외 없이 다 하나님의 법정에 서야 합니다.

> 로마서 14장 10절 '네가 어찌하여 네 형제를 판단하느뇨
> 어찌하여 네 형제를 업신여기느뇨 우리가 다 하나님의 심
> 판대 앞에 서리라'

우리 인생들은 마지막에 하나님의 법정에 서서 심판을 받아야 합니다. 우리가 한평생 살아온 생에 대해서 판결을 받아야 합니다.

그날에 나는 하나님의 심판을 안 받을 거라고 한들 아무 소용이 없습니다. 어느 누구도 제외될 수 없고 숨을 수가 없습니다. 하나님의 심판을 피할 사람은 아무도 없습니다. 하나님의 심판대 앞에서는 어느 것 하나 그냥 통과되는 것이 없습니다. 어느 것 하나 눈감아 주는 것이 없습니다. 이때는 어떠한 뇌물로도 통과할 수 없습니다. 우리가 살아온 이력서대로 하나님은 판단을 내리시는 것입니다.

> 고린도후서 5장 10절 '이는 우리가 다 반드시 그리스도의
> 심판대 앞에 드러나 각각 선악간에 그 몸으로 행한 것을
> 따라 받으려 함이라'

하나님을 믿고 선한 삶을 살았다면 선한 상급을 받을 것이고, 악한 삶

을 살았다면 악한 보응을 받을 것입니다. 선한 사람이든 악한 사람이든 하나님의 판결을 받아야 합니다.

> 로마서 2장 7-8절 '참고 선을 행하여 영광과 존귀와 썩지 아니함을 구하는 자에게는 영생으로 하시고 오직 당을 지어 진리를 좇지 아니하고 불의를 좇는 자에게는 노와 분으로 하시리라'

우리가 참고 선을 행하며 살았다면 하나님의 심판대 앞에서 우리 주 예수님이 변호사가 되어 주셔서 우리를 변호해 주실 것입니다. 하나님 우편에 우리 주 예수님이 계시면서 '아버지, 저자는 하나님을 위하여 정직하게 살았습니다. 용서해 주세요. 칭찬과 존귀함을 받을 수 있습니다.' 하면서 하나님께 간언하시면 예수님의 간청을 들으시고 존귀와 영광의 왕관을 씌워 주시는 것입니다.

하나님의 심판대 앞에서는 인간의 의지나 힘이나 능력이나 권세나 학벌이나 지식이나 명예가 아무 의미가 없습니다. 사울처럼 인간적으로 유능하고 훌륭했을지 모르지만 하나님을 대적하고 그리스도인들을 핍박했다면 하나님의 엄한 형벌만이 주어질 것입니다.

하나님의 심판은 우리의 이력서대로 등급을 매기실 것입니다. 선을 행한 사람은 등급에 따라 어떤 사람은 10고을, 5고을, 1고을을 차지할 수 있도록 하실 것입니다.

디모데후서 4장 8절 '이제 후로는 나를 위하여 의의 면류
관이 예비되었으므로 주 곧 의로우신 재판장이 그 날에 내
게 주실 것이니 내게만 아니라 주의 나타나심을 사모하는
모든 자에게니라'

우리 기독교 역사에 중요한 사건은 사울입니다. 사울의 변화는 기독
교 역사에 혁명이라고 할 수 있습니다. 만약 사울이 그리스도인으로 변
화받지 못했다면 그는 어떻게 되었으며 우리 기독교는 어떻게 되었겠습
니까. 물론 다른 사람을 들어 쓰셨겠지만 그러나 복음이 얼마나 우리에
게까지 전해지는 속도가 느리게 전해지지 않았겠습니까. 우리까지 전해
지는 시기가 장장 2000년이나 걸렸는데 말입니다.

아직도 우리는 복음을 전해 듣지 못했을 수도 있었습니다. 다메섹 언
덕에서 사울이 변화받아 바울이 되는 바람에 오늘 우리는 예수 그리스
도의 복음을 듣고 예수 그리스도를 영접하여 하나님의 자녀들이 된 것
입니다.

그러므로 우리는 우리 교회에서 사울과 같은 사람이 변화받아 사도 바
울과 같은 사람이 나올 수 있도록 기도해야 합니다. 한 사람의 변화는 지
역을 변화시키고 공동체를 변화시키고 민족을 변화시키고 세계를 변화
시킬 수 있습니다. 하나님은 여러 사람을 변화시켜서 쓰시기도 하지만
사울과 같은 한 사람을 변화시켜서 쓰시는 하나님입니다. 한 사람의 변
화는 이만큼 중요합니다. 우리 기독교는 한 사람을 변화시키는 데 초점
을 맞추어야 합니다. 수많은 무리가 아닙니다. 수많은 군중이나 다수가

아닙니다.

언제나 한 사람에게 모든 자원과 투자를 쏟아부어야 합니다.

한 사람을 변화시키는 데 교회의 총력을 기울여야 합니다.

(1) 예수는 하나님의 아들이심을 전파하는 사울

본 9장 20절 '즉시로 각 회당에서 예수의 하나님의 아들이
심을 전파하니'

자신만을 위하여 살아온 사울은 어떻게 변화되어 가고 있습니까. '즉
시로 각 회당에 들어가서 예수의 하나님의 아들이심을 전파하는 사람이
되었던 것입니다.'

사울은 즉시로 어디로 갔습니까. 해외 여행을 떠난 것이 아니라 하나
님께 예배드리는 회당(교회)으로 갔습니다. 그리고 그곳에서 예수님이
하나님의 아들이심을 증거했습니다.

이것을 볼 때 우리에게 하나님의 교회가 얼마나 중요한지를 확인할 수
있습니다.

각 지역마다 동리마다 회당(교회)이 세워져야 합니다. 사울은 하나님
의 성전에서 복음을 전했습니다. 저도 하나님의 성전에서 복음을 전할
수 있도록 기도하고 있습니다. 제대로 된 하나님의 교회가 세워질 수 있
도록 기도하고 있습니다.

다메섹 언덕에서 예수 그리스도를 만난 사울은 주저하지 않았습니다.

머물러 있지 않았습니다. 과연 이것이 옳은가 옳지 않은가 의심하지 않았습니다. 예수 그리스도가 하나님의 아들이심을 믿고 난 다음에 그는 그 즉시로 회당에 들어가 예수님이 하나님의 아들이심을 전파하였습니다. 나의 택한 그릇이라는 소명을 다시 한번 확인해 주고 있습니다.

본문 말씀을 통해서 우리가 전파해야 할 메시지가 무엇인지 알 수 있습니다.

우리가 전파해야 할 메시지는 바로 예수님은 하나님의 아들이심을 전파하는 것입니다. 하나님이 보내 주시겠다고 한 메시야가 예수 그리스도였기 때문이었습니다.

하나님의 아들 예수님이 이 땅에 오신 목적이 어디에 있었습니까.

인류를 죄에서 구원해 주시려고 이 땅에 오셨습니다. 하나님이 직접 자기 아들을 이 땅에 보내 주셔서 인류의 죄악을 구원해 주시기 위해서였습니다.

사도 바울은 이 영적인 비밀을 알았으므로 하나님의 성전으로 그 즉시 달려가서 하나님이 보내 주신 독생자가 예수님이며 이 예수님이 바로 하나님의 아들이며 하나님의 아들 되신 예수님이 인류의 메시야요 그리스도임을 전했던 것입니다. 굉장한 복음입니다. 최고의 복음입니다.

우리 인생이 하나님 앞에 어떻게 살아야 합니까. 오늘 이 시간 우리는 이제 바울처럼 변화받아 예수님은 하나님의 아들이심을 증거하는 증인들이 다 되어야 하겠습니다.

본 9장 12절 '듣는 사람이 다 놀라 말하되 이 사람이 예루

살렘에서 이 이름 부르는 사람을 잔해하던 자가 아니냐 여
기 온 것도 저희를 결박하여 대제사장들에게 끌어 가고자
함이 아니냐 하더라'

우리 자신들이 변화받으면 사람들이 깜짝 놀라는 일이 생기는 것입니
다.

다메섹으로 그리스도인들을 핍박하러 가던 사울이 갑자기 변화받고
예수님이 하나님의 아들이심을 전하자 전에 사울을 알던 사람들이 다
놀라워합니다. 왜 다들 놀랐습니까. 그들이 뭐라고 말을 하지요. '이 사
람이 예루살렘에서 이 이름을 부르는 사람들을 잔해하던 자가 아니냐'
'여기 온 것도 저희를 결박하여 대제사장들에게 끌어 가고자 함이 아니
냐' 전에 사울을 알던 사람들의 눈에 기가 막힌 현상이 전개되는 것을 보
고 소스라치게 되었습니다.

누가 이렇게 기가 막힌 드라마를 연출할 수 있겠습니까. 오직 생명의
예수님밖에 없습니다. 예수님만이 멸망으로 달려가는 인생들을 깊은 수
렁에서 건져 주시고 축복받는 인생으로 만들어 주시는 것입니다. 우리
가 주를 위하여 살고자 결단할 때 내 인생을 승리자로 삼아 주시는 것입
니다.

머지않아 우리 교회를 보고 많은 사람들이 놀라 '저자는 그러던 자가
아니던가. 그런데 지금 일어나고 있는 이 놀라운 능력과 기적은 어쩜인
고.' 하면서 하나님께 영광 돌리는 역사가 일어날 줄 믿습니다. 많은 사
람들이 다 놀라는 일이 일어난다는 것입니다.

(2) 예수는 그리스도라고 증거하는 사울

> 본 9장 22절 '사울은 힘을 더 얻어 예수를 그리스도라 증명
> 하여 다메섹에 사는 유대인들을 굴복시키니라'

사울에 대해서 잘 알던 사람들도 사울의 갑작스러운 변화에 의아해할 수밖에 없었습니다. 도저히 이해할 수 없었습니다. '이게 어찌된 일이란 말인가.'

변화된 사울은 지금 무엇을 하고 있습니까. 힘을 더 얻어 복음을 담대히 전하고 있습니다.

그러자 상상할 수 없는 기적이 일어나게 되었습니다. 다메섹에 사는 유대인들도 복음 앞에 굴복하는 역사가 일어나게 된 것입니다. 사람들은 권세와 능력을 가질수록 누구 앞에 굴복하기를 싫어합니다. 그러나 오직 복음 앞에서만은 천하에 권세자라도 굴복하게 되어 있습니다.

우리가 세상의 권세자들을 굴복시키기 위해서는 어떻게 해야 할까요.

우리의 근육을 키우고 힘을 키울 때 굴복하는 것이 아니라 예수 그리스도의 복음을 전할 때 굴복하게 되는 것입니다. 우리가 아무리 경력을 쌓고 명성을 내세운들 여기에 사람들이 굴복하는 것이 아닙니다. 설령 굴복한다고 해도 진실한 굴복이 아닙니다.

오직 예수 그리스도의 복음을 전할 때만이 사람들은 예수님께 굴복되는 것입니다. 성령님이 굴복시켜야 가능한 것입니다. 사람이 굴복한다고 해서 굴복됩니까? 아닙니다. 주먹이 세다고 굴복하는 것이 아닙니다.

우리가 주먹이 무서워 사람 앞에 굴복하면 망하지만 주님 앞에 굴복하면 복받는 인생이 되는 것입니다.

주님이 굴복시키기 전에 먼저 나오면 큰 축복을 받을 수 있습니다. 우리는 예수님께 굴복해야 살길이 열리는 것입니다. 우리가 순수하게 굴복하고 예수님께 나오면 되는데 굴복하지 않으려고 하니까 주님이 강제로 굴복시키는 것입니다.

(3) 예수님 때문에 역으로 핍박당하는 사울

> 본 9장 23절 '여러 날이 지나매 유대인들이 사울 죽이기를
> 공모하더니'

복음 전하는 사울에게 무슨 일이 발생하게 되지요? '유대인들이 사울 죽이기를 공모하게 되었다는 것입니다.' 전에는 사울이 그리스도인들을 죽이기를 꾀하더니 이제는 반대로 유대인들이 사울 죽이기를 공모하게 된 것입니다. 공모했다는 것은 '유대인들이 사울 죽이기를 계획했다는 뜻입니다.' 어찌 이런 일이 벌어질 수 있습니까.

이 모든 배후에는 원수 마귀의 공작이 깔려 있는 것입니다. 처음에는 원수 마귀가 사울을 사용했는데 사울이 반기를 들고 하나님께 돌아오자 이제는 유대인들을 들어 사울을 죽이기로 조정을 하고 있는 것입니다. 예수 그리스도의 복음이 광범위하게 확장되자 복음의 확장을 막기 위해서 사단의 본부가 초비상이 걸린 것입니다. 그들의 작전은 유대인들을 전면에 세

위 사울을 죽이면 성공할 것으로 착각한 것입니다. 사단의 목적은 오직 복음 확장을 막는 길입니다. 그래서 사울을 죽이기로 결정을 한 것입니다.

본 9장 24절 '그 계교가 사울에게 알려지니라 저희가 그를 죽이려고 밤낮으로 성문을 지키거늘'

하나님은 우리에게 좋은 소식도 다 알게 해 주시지만 나쁜 소식도 다 알게 해 주시는 것입니다. 사울이 변화받아 예수 그리스도를 복음을 전하자 유대인들이 어떻게 나왔습니까?

사울을 죽이기로 유대이들이 공모하게 되었습니다. 그런데 유대인들이 사울을 죽이기로 공모했다는 계교가 사울에게 알려지게 된 것입니다. 하나님 안에서는 비밀이 없습니다. 온 천하에 다 드러나게 되어 있습니다. 악한 공모들은 다 들통나게 되어 있습니다. 숨길 수가 없습니다. 하나님이 알게 해 주시면 다 알게 되는 것입니다. 하나님이 알려 주시기 때문에 우리는 은밀한 공모를 알게 되는 것입니다. 하나님이 가르쳐 주시니까 아는 것이지 가르쳐 주시지 아니하면 알 수 없습니다.

후에 사도 바울이 이런 고백을 합니다. 하나님이 자신을 어떤 상황에서 보호해 주셨는지 간증합니다. '고린도후서 11장 26절' '여러 번 여행에 강의 위험과 강도의 위험과 동족의 위험과 이방인의 위험과 시내의 위험과 광야의 위험과 바다의 위험과 거짓 형제 중의 위험을 당'했지만 하나님이 어떻게 해 주셨다고요? 사도 바울은 복음을 전하면서 수많은 위험 앞에 노출되기도 하였지만 하나님께서 철저히 보호하여 주신 것입니다. 하나님은 믿음의 자녀들을 강도의 위험, 강의 위험, 생활의 위험에서 지켜 주시고 보호하여 주시는 것입니다.

> 신명기 1장 31절 '광야에서도 너희가 당하였거니와 사람
> 이 자기 아들을 안음 같이 너희 하나님 여호와께서 너희를
> 행로 중에 너희를 안으사 이곳까지 이르게 하셨느니라'

하나님은 친히 알아서 우리 앞에 놓여 있는 위험한 것들은 다 치워 주시고 제거해 주시는 하나님입니다. 모든 악한 계교들을 하나님의 종들에게 보여 주서서 위험을 피하게 하십니다. 하나님의 종들에게는 비밀들을 다 알게 해 주서서 위험으로부터 보호받게 하시는 것입니다.

'저희가 그를 죽이려고' 악한 계교가 알려진 다음 아무리 성문을 밤낮으로 지키고 있다고 해서 그들의 바람대로 시행됩니까. 백날 기다려도 아무 소용이 없는 것입니다. 사울은 나타나지 않는 것입니다. 하나님이 미리 피할 길을 열어 주셨는데 사울이 그들에게 잡힐 수가 없는 것입니다. 원수 마귀는 우리 가정을 경제의 올가미로 잡으려고 했지만 하나님은 기가 막힌 방법으로 경제의 올가미에서 벗어나게 해 주신 것입니다. 이것이 하나님의 방법입니다.

우리는 복음을 전하다 보면 어차피 핍박을 받게 되어 있습니다. 주를 위하여 핍박을 받게 되는 것입니다. 복음을 전하다가 다가오는 핍박을 무서워하면 안 됩니다. 주님의 일을 하다 보면 여러가지 문제를 겪을 수 있습니다. 문제를 안 겪는다면 이상한 일입니다. 우리가 이상한 일을 만

나도 절대로 두려워하면 안 됩니다. 강하고 담대한 믿음으로 싸워서 물리쳐야 합니다. 그리하면 주님께서 승리하게 해 주실 줄 믿습니다.

본 9장 25절 '그의 제자들이 밤에 광주리에 사울을 담아 성문에서 달아 내리니라'

하나님은 유대인의 위험에서 사울을 어떻게 피할 길을 열어 주십니까. 주님의 제자들에 의해서 밤에 광주리를 타고 달아나게 하십니다. 하나님은 사울을 유대인의 손에서 완전히 벗어나게 하십니다. 광주리가 구원의 방주가 되게 하신 것입니다. 이 광주리는 누구를 상징하고 있습니까. 예수 그리스도를 상징하고 있습니다. 광주리 되신 예수 그리스도 안에 들어가 있으면 무사히 구원을 받는 것입니다. 광주리가 사울을 구원시켜 줄 줄 어떻게 알았겠습니까. 그러나 사울은 광주리를 타고 다메섹성을 빠져나갔던 것입니다. 하나님이 지켜 주시고 열어 주시면 피할 길이 천길 만길 열리는 것입니다. 하지만 하나님이 막으시면 천길 만길도 다 막히는 것입니다. 다 차단되는 것입니다.

우리도 종종 그런 체험을 하지 않습니까. 하나님이 능력이 없어서 우리를 축복해 주시지 않은 것이 아니에요. 우리가 바른 길에 서 있지 않으면 다 막으시는 것입니다. 아무 길도 보이지 않게 하시는 것입니다. 다른 길을 다 닫아 버리시고 막아 버리시는 것입니다. 죽을 고생을 하시게 하는 것입니다. 그렇지만 여기에도 하나님의 계획이 있는 것입니다. 그 가운데서도 유일하게 한 가지 길만 열어 주시고 우리를 보호해 주시는 것을 알 수 있습니다. 오직 주님께로 나아오는 길만 열어 놓으시고 그 길로 빠져나오게 하십니다. 제자들이 밤에 광주리에 사울을 담아 성문에서 달아 내려서 탈출하게 하시는 것입니다.

본 9장 26절 '사울이 예루살렘에 가서 제자들을 사귀고자
하나 다 두려워하여 그의 제자 됨을 믿지 아니하니'

사울은 다메섹성에서 탈출하여 예루살렘으로 올라가게 되었습니다.

그곳에서 제자들을 사귀고자 했지만 사울에 대해서 잘 아는 제자들은 사울과 사귀기를 꺼려 했습니다. 왜냐하면 교회를 핍박하고 그리스도인들을 박해한 사울과 사귄다는 것은 쉬운 일이 아니었기 때문입니다. 사울은 정식으로 그리스도인이 되었지만 제자들은 그것을 알지 못하고 오해를 하였습니다.

사울을 단단히 오해한 제자들은 나름대로 생각하기를 뭔가 꼼수가 있어서 자기들을 속이고 더 큰 피해를 입히려고 예루살렘에 왔다고 의심했습니다. 자기들을 속인다고 생각했습니다. 그래서 제자들은 사울을 멀리할 수밖에 없었습니다. 사실 제자들을 나무랄 수 없습니다. 그동안 사울이 오죽했어야지요. 사울은 변화받았지만 그동안 행위를 보면 제자들은 편견과 선입관을 가질 만했습니다.

그렇다면 이제 사울도 제자들에게 믿음을 얻기 위해서 더 많은 희생과 대가를 지불해야 할 것입니다. 그래야 되지 않겠습니까. 남에게 신뢰를 얻고 믿음을 준다는 것이 쉬운 일이겠습니까. 성령님의 도우심이 아니고서는 불가능한 일입니다.

그러나 사도들이나 제자들도 사울이 예수님께 돌아온 이상 색안경을 끼고 대하지 말아야 합니다. 예수 그리스도안에서 용서하고 사랑해 주어야 합니다. 이것이 우리 기독교의 비밀이고 축복입니다.

'요한복음 13장 34-35절'에 '새 계명을 너희에게 주노니 서로 사랑하라 내가 너희를 사랑한 것 같이 너희도 서로 사랑하라 너희가 서로 사랑하면 이로써 너희가 내 제자인 줄 알리라'라고 말씀하였습니다. 우리 예수님께서 새 계명을 주셔서 서로 사랑하라고 하셨으니 우리도 서로 사랑해야 할 줄 믿습니다. 도저히 용서받을 수 없는 죄인을 주님께서 먼저 우리를 용서해 주셨습니다. 도저히 사랑받을 수 없는 죄인을 사랑해 주셨습니다. 그래요. 우리 주님께서 나를 먼저 사랑해 주신 것처럼 우리도 사울을 받아 주고 용서하며 사랑해 주어야 합니다. 예수 그리스도 안에 들어왔는데도 여전히 따돌리고 소외시킨다면 그 책임은 우리가 져야 하는 것입니다.

변화받지 아니한 사람도 문제이지만 예수님을 만나고 변화받은 자를 안 받아 주고 배척하는 것도 문제일 수밖에 없습니다. 넓은 마음으로 옛 사람을 보지 말고 변화된 사람을 보고 받아들이고 품어 주어야 합니다. 이러한 삶을 우리 주님께서 더 원하시고 있습니다.

오늘부터 우리는 누구든 인간적으로 판단하지 말고 예수 그리스도를 영접하고 변화받았다면 다 받아 주고 용서해 주어야 하겠습니다.

본 9장 27절 '바나바가 데리고 사도들에게 가서 그가 길에

서 어떻게 주를 본 것과 주께서 그에게 말씀하신 일과 다메섹에서 그가 어떻게 예수의 이름으로 담대히 말하던 것을 말하니라'

제자들과 사울 사이에는 건널 수 없는 다리가 놓여 있었습니다. 그러자 바나바가 중간에서 가교역할을 합니다. 우리 교회도 바나바가 같은 성도가 필요합니다. 과거만 보는 제자들도 문제이지만 성숙한 바나바가 나타나서 화목시키고 화해시키는 중보자가 많이 나와야 합니다.

우리는 사람에 대해서 오해할 수 있습니다. 사울이 행한 일들은 인간적인 관점에서 보더라도 용서받을 수 없는 행동이었습니다. 하지만 이제는 예수 그리스도 안으로 돌아온 사울에 대해서 더 이상 과거는 중요하지 않습니다. 과거는 다 잊어버리고 예수님 안에서 새롭게 출발을 하는 것이 더 중요한 것입니다. 왜냐하면 우리 인간은 다 불완전하고 온전하지 못하기 때문입니다. 인간은 인간이기 때문에 실수하고 잘못을 범할 수밖에 없습니다. 그러기 때문에 교회는 바나바처럼 화해시키고 화목시키는 리더자가 중요합니다. 바나바가 가교역할을 하지 못했다면 제자들과 사울은 하나가 되지 못했을 것입니다.

그러면 바나바가 사도들과 제자들에게 사울을 어떻게 소개하고 있습니까?

사도들과 제자들은 사울에 대해서 다 잘 알고 있었습니다. 잘 알고는 있었지만 아직까지 사울이 사랑하는 주님을 만나고 변화받은 것에 대해서 알지 못했습니다. 그래서 바나바는 사도들과 제자들에게 사울이 다메섹에서 어떻게 주를 만났고, 그후 어떻게 변화받았으며 그리고 그가 거기서 어떻게 주를 전했는지에 관해서 자세히 설명해 주었습니다. 그러자 사랑하는 주님께서 사울을 직접 만나 주시고 주님을 만난 사울이 변화받아 다메섹에서 예수님을 전했다는 것이 제자들의 마음을 열어 주었습니다.

중간에서 잘 전해 주어야 합니다. 우리는 바나바와 같은 마음을 가져야 합니다.

분리시키고 분열시키는 역할을 하는 것이 아니라 하나가 되게 하고 화목하게 하는 역할을 해야 합니다. 우리 모두 바나바가 되어야 합니다.

본 9장 28절 '사울이 제자들과 함께 있어 예루살렘에 출입하며'

바나바의 말을 듣고 있던 제자들이 그제서야 안심하고 사울을 받아 주게 되었습니다. 바나바가 중간에서 조정 역할을 제대로 하여 준 바람에 사울과 제자들은 자연스럽게 주 안에서 하나가 되었습니다. 결코 섞일 수 없는 기름과 물이 예수님 안에서 하나가 된 것입니다. 인간적으로는 하나가 될 수 없었는데 우리 주님께서 은혜를 주셔서 하나로 만들었던 것입니다.

주님을 찬양합니다. 본문 '사울이 제자들과 함께 있어'라는 말씀은 단순한 말씀이 아닙니다. 세계 역사를 뒤집는 말씀이요. 세계를 복음화시키는 아주 귀중한 말씀입니다.

실질적으로 사울의 복음은 여기서부터 시작되었다고 할 수 있습니다. 제자들과 사울이 함께 있었기 때문에 가능했습니다. 우리도 함께해야 합니다. 서로 분리되어 있으면 안 됩니다. 우리도 함께하고 함께 뭉쳐 있어야 할 수 있습니다.

본 9장 29절 '또 주 예수의 이름으로 담대히 말하고 헬라파 유대인들과 함께 말하며 변론하니 그 사람들이 죽이기로 힘쓰거늘'

사울은 지칠 줄 모르는 열정으로 담대히 복음을 전하면서 이제는 헬라파 유대인에게까지 예수님을 전하고 있습니다. 그러자 그들은 사울을 어떻게 하고자 했습니까. 사울을 죽이기로 힘을 썼다고 기록하고 있습니다. 사실 성도들의 삶은 광야 길을 걸어가는 것과 같습니다. 곳곳에 함정이 깔려 있다 해도 과언이 아닙니다. 원수 마귀는 한시도 휴전 없이 복음의 확장을 싫어하고 방해를 놓고 있습니다.

오늘 우리 기독교가 안티의 공격을 받는다고 하지만 이미 2000년 전 예수님이나 사울이 우리보다 더 많은 환난과 공격을 받았습니다. 그에 비해 오늘날의 안티는 아무것도 아닙니다. 그들 때문에 복음 전파가 위축되어서는 안 되는 것입니다. 안티가 무서워서 주 예수의 이름을 담대히 전하지 못하면 교회의 생명력을 잃고 마는 것입니다. 그들의 공격을 두려워하지 않고 주 예수의 이름을 담대히 전할 수 있어야 합니다.

주 예수의 이름을 전파하는 곳에는 언제나 방해 세력이 있다는 것을 알고 더욱 담대히 주 예수의 이름을 전파해야 합니다. 그리할 때 하나님께서 방해 세력들을 다 물리쳐 주시고 지켜 주시는 것입니다.

본 9장 30절 '형제들이 알고 가이사랴로 데리고 내려가서 다소로 보내니라'

사울은 고향 다소로 가게 되었습니다. 수년 동안 고향에 머물면서 하나님의 때를 기다렸습니다. 사울은 고향 다소에서 하나님의 때를 기다리는 훈련을 받았습니다.

민수기 9장 21-23절 '혹시 구름이 저녁부터 아침까지 있다가 아침에 그 구름이 떠오를 때에는 그들이 진행하였고 구름이 밤낮 있다가 떠오르면 곧 진행하였으며 이틀이든지 한 달이든지 일 년이든지 구름이 성막 위에 머물러 있을 동안에는 이스라엘 자손이 유진하고 진행치 아니하다가 떠오르면 진행하였으니 곧 그들이 여호와의 명을 좇아 진을 치고 여호와의 명을 좇아 진행하고 또 모세로 전하신 여호와의 명을 따라 여호와의 직임을 지켰더라'

우리도 잔류의 세월을 보내야 합니다. 묻혀 있는 시간을 보내야 합니다. 사울은 깊은 터널 안에서 다음을 위해서 조용히 준비했습니다. 이 준비 기간을 통해서 사울은 더 크게 주님께 쓰임 받을 수 있었습니다.

16. 든든히 서 가는 교회

사도행전 9:31-40

하나님의 교회는 주님의 은혜 속에 든든히 서 가는 중이었는데 사울이라는 청년의 등장으로 말미암아 예루살렘 교회는 큰 환난을 당하게 되었습니다.

큰 핍박이 불어닥치자 성도들은 환난을 피하여 사방으로 흩어지게 되었습니다.

흩어지면서 가는 곳마다 복음을 전하게 되었고 하나님을 모르는 이방 족속에게 복음이 전해지기 시작했습니다. 하나님의 교회는 소수로 시작하였지만 반전과 반전을 거듭하면서 복음이 전파되는 곳에 교회가 세워졌고 계속 성장해 갔습니다.

하나님의 교회는 언제나 역전 홈런을 칠 수 있습니다. 교회가 큰 위기를 만났지만 이 위기는 오히려 복음을 확장시키는 데 중요한 지렛대 역할을 하였습니다. 하나님의 교회가 이렇게 성장할 수 있었던 것은 사울이 교회를 핍박하는 바람에 주어진 기회였습니다.

사울이 교회를 핍박하지 않았다면 지금도 제자들은 예루살렘에 모여서 자기들끼리만 공유하였을 것입니다. 교회에 핍박이 있었기 때문에 예루살렘에 머물러 있을 수가 없어서 전국으로 흩어지면서 복음을 전했던 것입니다. 이것은 의외의 일이 아니라 하나님의 섭리에 의한 필연적인 결과인 것입니다. 그 결과로 하나님의 교회는 주님의 은혜로 든든히 서 가게 되었습니다.

또한 이러한 열매가 맺어지게 된 것은 청년 사울이 다메섹 언덕에서 극적으로 예수 그리스도를 만나고 그리스도인으로 180도 변화된 것이 결정적 계기가 되었습니다.

> 본 9장 31절 '그리하여 온 유대와 갈릴리와 사마리아 교회가 평안하여 든든히 서 가고 주를 경외함과 성령의 위로로 진행하여 수가 더 많아지더라'

성령의 능력으로 말미암아 복음은 더욱 흥왕하게 일어나게 되었습니다. 예루살렘에서부터 시작된 복음의 역사는 유대와 갈릴리와 사마리아 땅끝까지 광범위하게 확장되어 갔습니다. 하나님이 함께하는 교회는 어떤 교회입니까. 본문에서 교회의 아름다운 모습을 보여 주고 있습니다.

하나님의 교회는 하나님의 은혜로 주를 경외하는 역사가 일어날 때 아름다운 교회가 되는 것입니다. 하나님의 교회는 하나님의 은혜로 성령의 위로가 충만하여 성도 수가 더 많아져 갈 때 아름다운 교회입니다.

(1) 평안히 세워져야 하는 하나님의 교회

오늘부터 우리 교회는 하나님의 평안함 속에 든든히 서 가는 교회가 되어야 하겠습니다. 주를 경외함과 성령의 위로로 진행하여 성도 수가 더욱 많아지는 축복을 받아야 하겠습니다. 이런 아름다운 교회가 될 수 있도록 우리의 간절한 소원인 교회 건물이 세워지도록 기도해야 할 줄 믿습니다. 그러면 우리 교회가 평안하여 든든히 서가는 교회가 되기 위해서는 어떻게 해야 합니까. 겸손하게 자기에게 주어진 사명을 충실하게 감당할 때 평안히 세워져 갈 수 있습니다. 작은 사명이든 큰 사명이든 성실하게 해야 합니다. 남의 큰 떡을 부러워하며 불만으로 하면 안됩니다. 항상 기쁨으로 헌신해야 합니다. 감사하며 충성해야 합니다. 땅에 엎드려 있는 마음으로 해야 합니다. 서로 세워 주고 밀어 주고 격려해 주고 위로해 줄 때 평안히 세워질 수 있습니다. 서로 남을 깎아내리지 말고 서로 업신여기지 말고 서로 존경하고 높여 줄 수 있어야 합니다.

> 마태복음 7장 12절 '그러므로 무엇이든지 남에게 대접을 받고자 하는 대로 너희도 남을 대접하라 이것이 율법이요 선지자니라'

혹시라도 우리가 겸손하지 못하고 교만하면 교회는 절대로 평안히 세워질 수 없습니다. 우리가 교만하면 교회는 무너지고 깨어지고 맙니다. '잠언 18장 12절' '사람의 마음의 교만은 멸망의 선봉이요' 명심하십시오. 겸손해야 합니다. 낮아져야 합니다. 땅에 엎드려 있어야 합니다. '잠언 18장 12절' '겸손은 존귀의 앞잡이니라' 교회 안에 우수한 사람도 있을 것입니다. 교회 안에 특별한 사람도 있을 것입니다. 그렇더라도 자신을 내

세우지 말아야 합니다. 자신이 우수하다고 내세우는 순간 교회는 분열할 수 있습니다. 깨어질 수 있습니다. 절대로 고개를 세우면 안 됩니다. 매사에 자신을 낮추어야 합니다. 언제나 겸손해야 합니다. 그래야만 우리 교회가 하나님의 평안함 속에 든든히 서 갈 수 있습니다.

교회의 비밀 병기는 무엇입니까. 평안함입니다. 평안함이 없는 교회는 참된 교회가 아닙니다. 불안한 교회는 참된 교회가 될 수 없습니다. 분열하는 교회는 참된 교회가 아닙니다. 나뉘는 교회는 참된 교회가 아닙니다.

주님께서 부활하신 후 첫 말씀이 '너희에게 평안함이 있을 찌어다'라고 말씀을 하십니다. '요한복음 20장 26절'에 '예수께서 오사 가운데 서서 가라사대 너희에게 평강이 있을찌어다' 그렇습니다. 교회는 성도들에게 평안함과 평안을 선물로 안겨 주는 교회가 되어야 합니다. 여러 가지 환난과 고통을 당한 성도들이 교회에 나와서 평안함의 축복을 받아야 합니다. 하나님의 교회에 나오면 근심 걱정이 다 사라지고 평안한 축복을 받아야 진짜 교회인 것입니다.

(2) 든든히 서 가야 하는 하나님의 교회

교회는 하나님이 세우신 기관입니다. 교회는 반석 위에 세움을 받는 곳입니다. '마태복음 16장 18절'에 '이 반석 위에 내 교회를 세우리니 음부의 권세가 이기지 못하리라' '디모데전서 3장 14절'에 '이 집은 살아 계신 하나님의 교회요 진리의 기둥과 터이니라'라고 말씀합니다.

교회는 하나님이 지키시고 보호해 주시기 때문에 어느 누구도 무너뜨릴 수 없습니다. 세상의 눈보라가 휘몰아치고 비바람이 불어도 흔들리지 않고 든든히 서 갈 수 있습니다.

> 마태복음 7장 24-25절 '그러므로 누구든지 나의 이 말을 듣고 행하는 자는 그 집을 반석 위에 지은 지혜로운 사람 같으리니 비가 내리고 창수가 나고 바람이 불어 그 집에 부딪히되 무너지지 아니하나니 이는 주초를 반석 위에 놓은 연고요'

하나님의 교회가 든든히 서 가는 비결은 어디에 있습니까. 서로 사랑하는 데 있습니다. 서로의 유익을 위하여 살아갈 때 교회는 든든히 서 갈 수 있습니다.

> 고린도전서 10장 23-24절 '모든 것이 가하나 모든 것이 유익한 것이 아니요 모든 것이 가하나 모든 것이 덕을 세우는 것이 아니니 누구든지 자기의 유익을 구하지 말고 남의 유익을 구하라'

성도들이 서로의 유익을 위하여 살아가면 아무도 우리를 무너뜨릴 수 없습니다. 하나님의 교회를 방해할 수 없습니다. 우리 교회가 든든히 서 가기 위해서는 서로의 유익을 위하여 살가는 것은 필수적인 생활 방식입니다. 우리 신앙인들이 기본적인 생활도 살아가지 않으면서 교회가 든든히 서 간다는 것은 불가능한 일입니다. 성경에서 제시해 준 기본적인 신앙생활을 준수할 때 우리 교회는 든든히 서 갈 수 있습니다.

> 디모데전서 2장 10절 '오직 선행으로 하기를 원하라 이것이 하나님을 경외한다 하는 자들에게 마땅한 것이니라'
> 디모데전서 6장 18절 '선한 일을 행하고 선한 사업에 부하고 나눠주기를 좋아하며 동정하는 자가 되게 하라'

교회가 든든히 서 가기 위해서 주님 안에서 일치된 마음으로 뭉쳐야 합니다. 우리 성도들의 말과 행동이 일치되어야 합니다. 그리할 때 우리 교회는 든든히 서 갈 수 있습니다. 하나님의 교회가 든든히 서 갈 때 교회는 성장하고 발전하는 것입니다.

(3) 주를 경외하는 역사가 일어나야 하는 하나님의 교회

교회는 주를 경외하는 곳이지 사람을 경외하는 곳이 아닙니다. 혹시라도 주를 경외하지 않고 사람을 경외하고 있다면 회개하시기 바랍니다. 아브라함을 경외하고, 다윗을 경외하고, 베드로를 경외하고, 바울을 경외했다면 회개하시기 바랍니다. 그리고 어느 교파나 교단의 특정인을 경외했다면 회개하시기 바랍니다. 교회는 어느 특정인을 경외하면 반드시 탈이 나게 되어 있습니다. 잘못되어 가게 되어 있습니다. 우리가 홀륭한 사람들을 본받아 사는 것이야 아름다운 일이지만 그렇더라도 그분들은 경외의 대상이 아닙니다. 교회는 사람 중심으로 모여서는 안 됩니다. 한쪽으로 치우치는 것은 금물입니다.

하나님의 교회가 왜 분쟁이 일어납니까. 고린도 교회가 하나가 되지 못하고 분쟁이 일어났던 것은 왜입니까. 고린도 교회는 예수 그리스도의 중심으로 모이지 아니하고 '고린도전서 1장 12절' '나는 바울에게, 나는 아볼로에게, 나는 게바에게, 나는 그리스도에게 속한 자라' 하면서 그리스도를 따르지 아니하고 자신들이 선호하는 종들을 따르고 추종하였습니다.

오늘날 교회가 분쟁이 일어나고 분파가 생기는 것은 왜 그렇습니까.

자기들이 선호하는 신학과 신앙 노선을 따르고 추종하기 때문입니다. 이러한 곳에는 반드시 분쟁이 생기게 되어 있습니다. 자기들이 선호하는 목회자를 따르는 사람들은 자신들이 선호하는 목회자나 신앙 노선을 따르지 않으면 다른 사람들을 배척하고 소외시켜 버립니다. 그래서 교회 안에서도 자기와 수준이 맞는 사람이나 코드가 맞는 사람끼리 모여서 교제하고 사귐을 갖습니다. 이러한 사람들은 주님을 경외하기보다는 유명한 사람들을 경외하고 따르는 사람입니다. 절대로 주님을 경외하는 사람이 아닙니다. 교회도 사람 중심으로 모이면 계파주의와 파벌주의가 팽배해질 수밖에 없습니다. 그곳에는 하나가 될 수 없습니다.

그러므로 교회는 사람이 그 중심에 서 있으면 안 됩니다. 오직 예수 그리스도만 중심에 서 있어야 합니다. 우리는 오직 예수 그리스도만 경외해야 합니다. 예수 그리스도의 중심으로 서 있어야 교회는 하나가 될 수 있습니다. 주님을 경외하는 곳에는 분열이나 분쟁이 일어날 수 없습니다.

우리가 여호와를 경외하기만 하면 우리는 얼마든지 남에게 양보할 수 있습니다. 우리가 여호와를 경외하기만 하면 우리는 얼마든지 남을 이해할 수 있습니다. 우리가 여호와를 경외하기만 하면 우리는 얼마든지 남을 사랑해 줄 수 있습니다. 그만큼 우리가 주를 경외한다는 것이 중요합니다.

그러면 우리가 주를 경외할 때 하나님은 우리에게 무슨 축복을 주십니까.

'신명기 10장 12절' '이스라엘아 네 하나님 여호와께서 네게 요구하시는 것이 무엇이냐 곧 네 하나님을 경외하며 그 도를 행하고 그를 사랑하며 마음을 다하고 성품을 다하여 네 하나님 여호와를 섬기며'라고 말씀합니다. '시편 39편 9절' '너희 성도들아 여호와를 경외하라 저를 경외하는 자에게는 부족함이 없으리라'라고 하였습니다. 교회가 하나가 되어서 주님을 경외하면 부족함이 없는 교회가 된다는 것입니다. 풍성한 교회가 된다는 것입니다. 주님이 우리와 함께해 주신다는 것입니다.

(4) 모든 성도들이 성령의 위로를 덧입을 수 있어야 하는 교회

교회의 축복권은 성령의 위로에 있습니다. 교회에 나오면 성령의 위로를 받을 수 있습니다. 교회에 나오면 성령님께서 모든 성도들을 위로해 주시는 것입니다. 성령의 위로의 역할을 우리 교회가 해야 하겠습니다. 우리는 남을 위로해 주는 직책을 맡은 사람입니다.

로마서 12장 18절 '할 수 있거든 너희로서는 모든 사람으로 더불어 평화하라'

고린도후서 5장 18-19절 '모든 것이 하나님께로 났나니 저가 그리스도로 말미암아 우리를 자기와 화목하게 하시고 또 우리에게 화목하게 하는 직책을 주셨으니 이는 하나님께서 그리스도 안에서 계시사 세상을 자기와 화목하게 하시며 저희를 저희의 죄를 저희에게 돌리지 아니하시고 화목하게 하는 말씀을 우리에게 부탁하셨느니라'

모든 성도들은 교회에 나와서 위로를 받고 싶어 합니다. 주의 종에게, 사모에게, 장로에게, 집사에게 위로가 필요 합니다. 위로가 필요 없는 사람은 없습니다. 위로가 다 필요합니다. 위로를 받고자 나온 성도에게 상처를 주고 아픔을 주면 안 됩니다.

물론 사람들이 모인 곳에는 문제가 없을 수는 없습니다. 완벽하지 않을 수도 있습니다. 설령 그럴지라도 우리는 위로해 줄 수 있어야 합니다. 위로해 주고 위로를 받아야 합니다. 우리는 마음만 먹으면 얼마든지 할 수 있습니다.

아무쪼록 우리 교회는 서로 사로 위로해 주고 위로를 받는 교회가 되어야 합니다.

로마서 14장 1-2절 '믿음이 연약한 자를 너희가 받되 그의 의심하는 자를 비판하지 말라 어떤 사람은 모든 것은 먹을

만한 믿음이 있고 연약한 자는 채소를 먹느니라'

고린도후서 1장 3-4절 '찬송하리로다 그는 우리 주 예수

그리스도의 하나님이시요 자비의 아버지시요 모든 위로

의 하나님이시며 우리의 모든 환난 중에서 우리를 위로하

사 우리로 하여금 하나님께 받는 위로로써 모든 환난 중에

있는 자들을 능히 위로하게 하시는 이시로다'

우리가 지금까지 가난하게 살고 있습니다. 지금까지 병마에 시달리고 있습니까, 지금까지 어려움을 겪고 있습니까. 지금까지 시련을 당하고 있습니까. 지금까지 환난 속에 살고 있습니까. 왜 그렇습니까. 우리의 모든 환난 중에 우리를 위로하사 우리고 하여금 하나님께 받은 위로로써 모든 환난 중에 있는 자들을 위로하게 하기 위해서 그런 시련과 환난을 겪게 했다는 것입니다. 한 가지 목적을 위해서라는 것입니다. 좋은데요. 제가 위로를 받아야지 누구를 위로해 주겠어요. 꼭 그럴까요.

우리가 가난하고 병들었을 때 주님은 우리를 어떻게 해 주셨다고요. 주님이 먼저 우리를 위로해 주셨다는 것입니다. 우리가 하나님께 받는 위로로 말미암아 역으로 가난하고 병든 자를 위로해 줄 수 있다는 것입니다. 주님을 따르는 제자들이 때로는 주님께 실망을 안겨 줄 때도 있었지만 그때마다 주님은 따뜻한 사랑으로 제자들을 위로해 주었습니다. 주님의 이러한 사랑과 배려 때문에 제자들도 후에 주님이 맡겨 주신 사명을 잘 감당할 수 있었습니다.

교회에 나올 때 남을 미워하기 위해서 나오는 성도는 없을 것입니다.

남을 사랑하기 위해서 나와야 할 줄 믿습니다. 남을 위로해 주기 위해서 나와야 할 줄 믿습니다. 그래야 교회가 평안함 속에 든든히 서 갈 수 있습니다.

(5) 베드로를 통해서 일어나는 기적들

> 본 32-33절 '때에 베드로가 사방으로 두루 행하다가 룻다에 사는 성도들에게도 내려갔더니'
> '거기서 애니아라하는 사람을 만나매 그가 중풍병으로 상위에 누운 지 팔년이라'

사도 베드로가 등장합니다. 얼마나 환난이 심했으면 요한과도 동행하지 못하고 혼자 활동을 했겠습니까. 언제나 두 분이 함께 다니셨는데 요한의 이름이 나오지 않은 것을 보니까 베드로 혼자 전도여행을 한 것 같습니다. 예루살렘에 환난이 없었다면 아직까지 그곳에 머물면서 복음 사역을 감당하셨을 것입니다. 그러나 극심한 환난 때문에 보금자리를 떠나서 혼자 다니면서 복음을 전하시게 되었습니다.

그러면 베드로가 어떻게 복음을 전하고 있습니까. 사방으로 두루 행하면서 복음을 전하였습니다. 예수님 말씀처럼 이제는 사람 낚는 어부로서 살아가고 있는 것입니다. 두루 복음을 전하다가 베드로가 어디까지 오게 되었습니까. 룻다까지 오게 되었습니다.

베드로는 룻다에서 애니아라는 성도를 만나게 됩니다. 그런데 이 사람은 무슨 병으로 자리에 누워 있었습니까. 중풍병으로 팔 년이나 누워 고통 속에 있었습니다. 그러니 얼마나 고생을 많이 했겠습니까. 아무 소망 없이 살아가는 애니아는 하나님의 종 사도 베드로를 만나게 되는 것입니다.

만남이 축복입니다. 우리는 누구를 만나야 합니까. 예수 그리스도를 만나야 합니다. 우리가 예수 그리스도를 만나기만 하면 기적 같은 인생을 살 수 있습니다. 베드로가 예수 그리스도를 만나서 이렇게 값진 인생을 살 수 있었던 것입니다. 우리도 예수 그리스도를 만나면 이렇게 값진 인생을 살 수 있습니다.

> 본 34-35절 '베드로가 가로되 애니아야 예수 그리스도께서 너를 낫게 하시니 일어나 내 자리를 정돈하라 한대 곧 일어나니'
> '룻다와 사론에 사는 사람들이 다 그를 보고 주께로 돌아가니라'

사도 베드로는 애니아를 바라보고 뭐라고 말을 합니까? 예수 그리스도께서 너를 낫게 하시니 일어나라고 명령을 하는 것입니다. 그러자 누구의 이름으로 애니아의 중풍병이 낫게 됩니까? 예수 그리스도의 이름으로 애니아가 병 고침을 받게 되는 것입니다. 우리가 누구의 이름으로 병을 고쳐야 하는지 알 수 있습니다. 예수 그리스도의 이름으로 병을 고쳐야 한다는 것입니다.

병 고침 받는 역사를 통해 룻다와 시론에 무슨 일이 일어나게 되었습니까? 애니아가 중풍병에서 고침받았다는 소식을 들은 사람들이 주께로 돌아오는 역사가 일어나게 되었습니다. 교회는 언제나 이렇게 신유의 역사가 일어나야 합니다. 교회는 병고침의 능력이 나타나야 합니다. 교회는 하나님의 초자연적인 역사가 일어나야 하는 것입니다. 교회는 주님의 역사로 병 고침을 받아야 많은 사람들이 교회로 나올 수 있습니다. 주께로 돌아오는 역사가 일어나는 것입니다.

> 본 36-37절 '욥바에 다비다라 하는 여제자가 있으니 그 이름을 번역하면 도르가라 선행과 구제하는 일이 심히 많더니'
>
> '그 때에 병들어 죽으매 시체를 씻어 다락에 뉘우니라'

욥바에 누가 살고 있었습니까. 여제자 다비다가 살고 있었습니다. 다비다를 번역하면 '도르가'라는 사람이 있었습니다.

그런데 이 사람은 어떠한 사람이었습니까? 선행과 구제를 심히 많이 한 여제자였습니다. 우리는 이 말씀을 통해서 제자의 본분이 어떠해야 하는지 알 수 있습니다. 선행과 구제를 심히 많이 해야 한다는 것입니다. 우리도 이제는 선행과 구제를 심히 많이 하는 제자의 삶을 살아야 하겠습니다. 제자의 삶이란 선행과 구제를 많이 해야 합니다. 이것이 바로 제자의 삶입니다.

이렇게 선행과 구제를 많이 한 여제자 도르가가 그만 병들어 죽게 되었습니다. 선행과 구제를 많이 해도 아무 소용이 없어 보였습니다. 그러나 선행과 구제의 아름다운 삶은 결코 묻혀 버리는 것이 아닙니다. 하나님께서 다 기억하시고 갚아 주시는 것입니다.

> 본 38-39절 '룻다가 욥바에 가까운지라 제자들이 베드로가 거기 있음을 듣고 두 사람을 보내어 지체 말고 오라고 간청하니'
> '베드로가 일어나 저희와 함께 가서 이르매 저희가 데리고 다락에 올라가니 모든 과부가 베드로의 곁에 서서 울며 도르가가 저희와 함께 있을 때에 지은 속옷과 겉옷을 다 내어 보이거늘'

룻다에 베드로가 있다는 것을 알고 제자들을 보내어 빨리 오라고 간청을 했습니다. 베드로가 오자 말자 도르가가 누워 있는 다락에 올라가서 그녀의 죽음을 보게 하고 살아생전에 드로가가 자기네들에게 지어 준 속옷과 겉옷을 보여 주며 그녀의 선행과 덕행을 칭찬하고 있음을 봅니다.

그렇습니다. 선행과 구제는 결코 묻혀 버리는 것이 아닙니다. 다 기억되는 것입니다. 그래서 우리는 평상시 이웃에게 선행과 구제를 많이 해야 되는 것입니다. 그러면 내가 정말 어려울 때 하나님의 도움을 받을 수 있는 것입니다.

> 40절 '베드로가 사람을 다 내어 보내고 무릎을 꿇고 기도

하고 돌이켜 시체를 향하여 가로되 다비다야 일어나라 하
니 그가 눈을 떠 베드로를 보고 일어나 앉는지라'

베드로가 도르가를 어떻게 살리고 있습니까? 무릎을 꿇고 간절히 기
도하고 나서 죽은 자를 살리는 것을 볼 수 있습니다. 간절히 기도하고 나
서 '다비다야 일어나라'고 명령하자 죽은 자가 살아나게 되었습니다. 베
드로가 이렇게 큰 능력과 기적을 베풀 수 있었던 배경에는 무릎 꿇고 간
절히 하나님께 기도한 믿음 때문임을 알 수 있습니다. 베드로가 고백했
듯이 이것은 개인의 경건함이나 능력으로 행한 것이 아니라 오직 예수
그리스도를 믿는 믿음이 이러한 역사를 이루어 낸 것입니다. 오직 예수
그리스도의 이름의 권세와 능력을 확신했기 때문에 베드로에게 이러한
능력이 나타난 것입니다.

지금 우리에게 가장 필요로 하는 것은 예수 그리스도를 믿는 믿음입니
다. 이 외에는 어떤 것도 중요한 것이 없습니다. 만약 베드로가 예수 그
리스도의 이름을 믿지 않고 다른 이름으로 했다면 이러한 능력을 발휘
하지 못했을 것입니다. 베드로는 어떠한 상황에서도 예수 그리스도의
이름을 믿고 행했기 때문에 예수님이 행하시던 역사를 베드로도 동일하
게 행할 수 있었던 것입니다. 베드로는 죽은 자를 살릴 때 겸손히 무릎
꿇고 기도한 다음 살렸습니다.

우리도 베드로처럼 큰 문제 앞에 겸손히 무릎 꿇고 기도할 수 있어야
합니다.

우리가 은사를 쓸 때 어떠한 자세여야 하는지 잘 알 수 있는 대목입니다.

주님의 역사는 항상 겸손하게 해야 합니다. 겸손함을 유지하는 것은 오직 예수 그리스도의 이름을 믿는 믿음뿐입니다. 이것은 우리에게 무엇을 의미해 주고 있습니까? 베드로도 행했기 때문에 우리도 행할 수 있다는 것입니다. 우리도 예수 그리스도의 이름을 확실히 믿으면 그대로 행할 수 있는 것입니다. 문제는 믿음이 없는 것이 문제입니다. 우리는 지금 예수님의 능력과 축복이 절실히 필요로 하고 있습니다. 그렇다면 우리가 예수님의 기적을 체험하려면 어떻게 해야 합니까? 예수님의 축복을 받으려면 한 가지밖에 없습니다. 오직 예수 그리스도의 이름의 권세를 믿는 믿음뿐입니다. 예수 그리스도의 이름의 권세를 믿고 살면 베드로가 일으켰던 역사뿐 아니라 더 큰 역사도 일으킬 수 있는 것입니다.

이 시간 큰 믿음 산 믿음, 견고한 믿음이 생겼으면 좋겠습니다.

17. '아브라함의 품에 있는 나사로'입니다

누가복음 16:19-23

하나님은 물질의 축복을 약속해 주시고 있습니다. 하나님을 잘 믿으면 물질의 축복을 주시겠다고 약속합니다. 우리가 부하게 사는 것은 하나님의 축복이요 은혜인 줄 믿습니다. 하나님은 부 자체를 악이다, 죄라고 정죄하거나 판단하시지 않습니다. 하나님이 악하게 보는 것은 하나님이 주신 부를 잘못 사용하기 때문입니다.

그러면 우리가 받은 복을 어떻게 써야 공평하고 선하게 사용하는 것입니까. 우리 이웃에게 물질을 베풀어 주고 나눠 주는 것이 올바르게 사용하는 것입니다. 우리 이웃을 외면한 채 물질을 움켜잡는 것은 선하게 사용하는 것이 아닙니다. 자신의 욕심을 위하여 이기적이고 탐욕적으로 사용하면 안 됩니다. 우리가 소유하고 있는 물질을 우리 이웃에게 손을 펴서 나누어 주는 것이 선하게 사용하는 것입니다. 사랑하는 형제자매여, 좀 남에게 주면서 사시기 바랍니다. 너무 인색하게 살지 말고 넉넉히 인심도 쓰면서 넓은 마음으로 사시기 바랍니다. 주는 자가 복이 있는 줄 믿습니다. 우리 이웃에게 손을 활짝 펴서 베풀어 주고 나누어 주는 곳에 우리 인생의 행복인 줄 믿습니다. 이웃에게 손을 펴는 곳에 하나님의 축복이 폭포수처럼 쏟아질 줄 믿습니다.

'누가복음 6장 38절'에 '주라 그리하면 너희에게 줄 것이니 곧 후히 되어 누르고 흔들어 넘치도록 하여 너희에게 안겨 주리라'라고 약속합니다.

여기서 주라고 하는 것은 어떤 조건이나 자격을 따지지 말고 그저 주라는 뜻입니다. 우리는 남에게 주기는 주는데 나에게 유익이 되면 주고 나에게 유익이 되지 아니하면 안 주는 경향이 있습니다. 이런 식으로 물질을 쓰지 말라고 말씀합니다. 나에게 유익이 되든, 나에게 손해가 되든 상관하지 말고 아낌 없이 베풀어 주어야 합니다. 아무 조건 없이 가난한 이웃에게 주어야 한다는 것이 성경의 가르침입니다.

우리 예수님께서 30배, 60배. 100배를 축복해 주신다고 말씀하셨을 때 어디에 기준을 정하시고 말씀하였습니까. 우리가 소유하고 있는 것 위에 30배, 60배, 100배의 축복을 주시겠다고 말씀한 것입니까. 그것이 아니라는 것입니다. 그동안 우리는 내가 소유하고 있는 것을 가지고 30배, 60배, 100배의 축복을 적용해 왔습니다. 이것은 잘못 적용한 것입니다. 예를 들어 내가 지금 10개를 가지고 있습니다. 우리는 대부분 내가 가지고 있는 10개 위에 30배, 60배, 100배의 축복이 임하는 것으로 생각했습니다.

우리 예수님은 30배, 60배, 100배의 축복의 원리를 말씀하였을 때 이렇게 적용시키지 않았다는 것을 알아야 합니다. 가령 내가 가지고 있는 10개 중에 남에게 3개를 주었습니다. 남에게 3개를 주지 않았더라면 10개가 남았을 텐데 7개밖에 남지 않았습니다. 이렇게 되면 얼마나 손해를 본 느낌이 듭니까. 과연 손해를 본 것입니까. 손해를 본 것이 아닙니다.

10중에 7개밖에 남지 않았기 때문에 성경은 손해를 보았다고 말하지 않습니다. 엄밀히 말해서 10개도 내 것이 아니고, 7개도 내 것이 아닙니다. 우리는 대부분 내가 가지고 있는 10개가 내 것이라고 생각하는데 내 것이 아닙니다. 우리의 것은 하나도 없습니다. 우리는 하나님의 것을 잠시 임대하여 쓰다가 때가 되면 빈손으로 아버지 품에 돌아가야 하는 것이 우리 인생입니다. 결국 우리는 '남에게 준 3개만이 내 것이 되는 것'입니다. 그런데요. 남에게 준 3개가 어떻게 내 것이 되는 것입니까? 남의 것이지요. 남의 것이 아닙니다. 역설적이지만 남에게 준 3개만이 내 것입니다.

성경은 이 점을 확실하게 강조하고 있습니다. 자, 한번 계산해 보겠습니다. 10x0은 몇 개입니까. 0개입니다. 10개는 하나도 남지 않습니다. 10개를 가지고 30배, 60배, 100배를 적용하는 것이기 때문입니다. 다시 남에게 준 3개를 가지고 계산해 볼까요. 3x30은 몇 개입니까. 90배입니다. 3x60은 몇 개입니까. 180개입니다, 3x100은 몇 개입니까. 300개입니다.

이렇게 계산해 보면 10개가 많아요 3개가 많아요. 10개는 0개밖에 되지 않습니다. 3개는 90배, 180배, 300배가 남게 되는 것입니다. 이것이 바로 주님이 말씀하신 30배, 60배, 100배의 축복의 원리인 줄 믿습니다.

자 본문을 보겠습니다.

> 본 19-20절 '한 부자가 있어 자색 옷과 고운 베옷을 입고
> 날마다 호화로이 연락하는데 나사로라 이름한 한 거지가
> 헌데를 앓으며 그 부자의 대문에 누워'

한 고을에 굉장한 부자가 살고 있었습니다. 이 사람은 상상할 수 없는 갑부 중에 갑부였습니다. 부자답게 자색 옷과 고운 베옷을 입고 날마다 호의호식하며 인생을 즐기며 살고 있습니다. 남이야 고통을 받든 말든 자기만 편안하게 살면 그것으로 만족하며 살았습니다. 오직 인생을 즐기며 사는 것으로 만족하며 살았습니다. 사실 우리도 부자가 이렇게 호의호식하며 사는 것을 보면 얼마나 부럽습니까. 우리도 부자처럼 인생을 즐기며 살고 싶은 충동을 받을 때가 많이 있습니다. 하지만 이것은 행복의 조건이 아닙니다. 우리 인생은 땀을 흘려야 하고 열심히 노동을 해야 보람을 느끼게 되어 있습니다. 신선한 노동의 가치를 모른 채 인생을 즐기기만 하는 것은 행복이 아니라 불행한 삶입니다. 이윽고 가난한 사람이 나오고 있습니다. 가난한 나사로의 형편을 어떻게 묘사하고 있습니까. 부자와는 너무 대조적인 모습입니다. 그는 가난한 사람이요. 직업은 거지였고 몸은 병든 사람이었습니다. 병들어 있다 보니 일도 할 수 없고 돈도 벌 수가 없으니까 부자에게 도움을 바라는 마음으로 부자 대문 앞에 누워 있었습니다. 헐벗고 병든 나사로는 헌데를 앓으며 굶주린 가운데 고통의 날을 보내고 있었을 때 부자의 집안에서는 풍악을 울리며 즐거운 잔치를 벌이고 있었습니다. 부자가 한 번쯤은 자기 대문 앞에 병든 나사로가 헌데를 앓으며 누워 있다는 것을 보았을 텐데 그 부자의 눈에는 대문 앞에 누워 있는 나사로의 모습이 보이지 않았던 것 같습니다.

본 21절 '부자의 상에서 떨어지는 것으로 배불리려 하매 심지어 개들이 와서 그 헌데를 핥더라'

가난하고 궁핍한 나사로가 왜 부자의 대문 앞에 누워 있었습니까? 너무 배고파서 부자의 상에서 떨어지는 부스러기라도 배를 채우기 위해서였습니다. 하지만 병든 나사로는 부자의 상에서 떨어지는 부스러기로 배를 채우기는커녕 배를 쫄쫄 굶으며 개들이 와서 그 헌데를 핥고 있었습니다. 그러니 이 걸인의 형편이 얼마나 처절하고 비참합니까. 인간의 불행을 잘 대변해 주고 있습니다. 헌데를 핥으며 대문 앞에 누워 있는 나사로를 부자는 충분히 도와줄 수 있었을 텐데 철저히 그를 외면한 채 살았습니다. 자기 집 대문 앞에서 있는 나사로를 도와준다는 말은 그의 사전에는 있을 수 없었습니다. 부자는 나사로를 불쌍히 여겨 주는 마음이 없었습니다. 나사로를 긍휼히 여겨 주는 마음이 없었습니다. 나사로는 부스러기라도 배를 채우려고 했지만 부자는 그것 마저 자비를 베풀어 주지 않았습니다. 부자는 부스러기라도 아까워했습니다. '신명기 15장 7-8절' 말씀에 보면 다음과 같습니다. 하나님께서 우리들에게 물질을 축복해 주신다는 의미는 이것입니다. '네 하나님 여호와께서 네게 주신 땅 어느 성읍에서든지 가난한 형제가 너와 함께 거하거든 그 가난한 형제에게 네 마음을 강퍅히 하지 말며 네 손을 움켜 쥐지 말고 반드시 네 손을 그에게 펴며 그 구하는 대로 쓸 것을 넉넉히 꾸어 주라'고 말씀합니다. '10절'에서는 '너는 반드시 그에게 구제할 것이요'라고 말씀하시고 있습니다. 하나님께서 가난한 형제를 우리 곁에 두신 목적이 어디에 있습니까?

가난한 형제를 구제해 주고 도와주라고 우리 곁에 두신 것입니다. 가난한 형제를 도와주면 우리를 축복해 주시려고 우리 곁에 두신 것이지

골탕 먹이려고 우리 곁에 두신 것이 아닙니다. 이것은 반드시 우리가 실천해 옮겨야 할 사랑의 의무입니다. 가난한 형제를 도와주는 것은 우리가 감당치 못할 일이 아니라 충분히 감당할 수 있는 일이기 때문에 하나님이 우리들에게 맡겨 주신 것입니다. 부자는 '야고보서 2장 15-17절' '만일 형제나 자매가 헐벗고 일용할 양식이 없는데 너희 중에 누구든지 이르되 평안히 가라, 더웁게 하라, 배부르게 하라 하며 그 몸에 쓸 것을 주지 아니하면 무슨 이익이 있으리요' '행함이 없는 믿음은 그 자체가 죽은 것이라'고 말씀합니다. 부자는 성경이 제시해 준 삶과 너무 동떨어지게 살았습니다.

'사도행전 20장 35절'에 사도 바울은 '범사에 너희에게 모본을 보였노니 곧 이같이 수고하여 약한 사람들을 돕고 또 주 예수의 친히 말씀하신 바 주는 것이 받는 것보다 복이 있다 하심을 기억하여야 할찌니라'고 말씀합니다. '그것 참 좋은 데요, 평생 남에게 주면 나는 뭐 먹고살아요?'가 아닙니다. 우리가 평생 남에게 베풀어 주면 우리 예수님께서 약속해 주신 말씀처럼 '너희에게 줄 것이니 곧 후히 되어 누르고 흔들어 넘치도록 하여 너희에게 안겨 주리라'는 약속된 축복을 받도록 하기 위함입니다.

본 22절 '이에 그 거지가 죽어 천사들에게 받들려 아브라함의 품에 들어가고 부자도 죽어 장사되매'

이 세상에서 버림 받았던 거지 나사로는 살아생전에 누구한테도 위로를 받지 못한 채 불쌍히 살았습니다. 그는 조국과 동족에게서도 버림을 받았고, 이웃에게도 버림을 받았고, 가족에게도 버림을 받았고, 그 부자한테도 철저히 버림을 받았습니다. 가난한 나사로는 이렇게 불쌍히 살다가 그만 운명을 하고 말았습니다. 아마 그는 죽어서도 어느 분의 장례식처럼 꽃 한 송이 바치는 사람이 없었을 것입니다. 어디에 묻혔는지 아무도 알 수 없었을 것입니다. 그는 이렇게 죽음을 맞이하였습니다. 이윽고 희한한 사건이 발생하게 되었습니다. 이 세상에서는 아무도 그를 거들떠 보지 않았지만 그 걸인이 죽자 말자 그에게 어떤 일이 벌어졌습니까. 천사들에게 받들려 아브라함의 품에 안기게 되었습니다. 드디어 나사로는 죽어서야 평안한 안식을 누릴 수 있게 되었습니다. 이제 그의 인생은 완전히 180도 달라졌습니다. 가련한 나사로가 살아생전에는 인생 역전을 꿈도 꿀 수 없었는데 그의 인생은 죽어서야 인생 역전이 된 것입니다. 그가 죽어서 될 줄은 몰랐지만 아무튼 나사로는 죽어서 인생 역전이 된 것입니다. 인생 역전은 하나님이 바꿔 주셔야 가능합니다. 하나님이 해 주셔야 인생 역전이 되는 것입니다. 하지만 그에게는 인생 역전이 될 만한 이력서가 아무것도 없었습니다. 그가 이 세상에서 훌륭한 일을 하여 훈장을 받은 것도 아니고, 그렇다고 무슨 화려한 공헌을 세운 것도 아니었습니다. 남다른 무슨 큰 업적을 남긴 것도 아니었습니다.

오히려 사람들의 천덕꾸러기로서 남에게 부담만 준 사람이었습니다. 평생 남의 도움만 바라고 산 사람이 무슨 기념비적인 일을 했겠습니까. 나사로에게 자랑할 만한 것이, 내세울 만한 것이 아무것도 없었습니다. 이러한 사람인데 그가 무슨 이유로 아브라함의 품에 안기게 되었습니까. 사실 나사로에겐 한 가지 재산밖에 없었습니다. 그에게 무슨 재산이 있었습니까? 믿음의 재산이었습니다. 하나님 아버지를 경외하는 믿음의 재산밖에 없었습니다. 그는 아무리 인생이 힘들고, 어려워도 끝까지 하나님을 믿고 살았습니다. 그는 죽는 날까지 믿음을 지켰습니다. 성경은 그가 믿음이 있었느냐 하나님을 경외했느냐에 대해서 말하지 않습니다.

그렇지만 그에게 믿음이 있었다는 것을 의심하지 않습니다. 하나님도 나사로의 이 믿음을 보시고 아브라함의 품에 안기게 한 줄 믿습니다. 하나님의 섭리에 의해서 나사로는 아브라함의 품에 안기게 된 것입니다. 아 불쌍한 나사로가 죽어 아브라함의 품에 안기는 날, 필연적인지 모르겠지만 부자도 그만 죽어 장사 지내게 되었습니다. 이런 이야기가 있잖아요. 정승의 개가 죽으면 문전성시를 이루지만 정작 정승이 죽으면 개도 찾아오지 않는다는 말이 있습니다.

마치 부자로 살 때는 대단한 것 같았지만 부자가 죽으니까 개들도 거들떠 보지 않는 것입니다. 우리 인생이 그런 것입니다. 부자로 살 때는 사람들이 자기에게 이득이 되니까 찾아왔지만 부자가 죽자, 누구 하나 부자의 죽음에 대해서 애통해하거나 애도해 주는 사람이 없었습니다. 본문은 우리 인생들에게 무엇을 가르쳐 주고 있습니까. 이 세상 모든 사람들은 한 사람도 외에 없이 가난한 사람도 죽고, 부자도 죽는다는 것을 가르쳐 주고 있습니다. 유명한 사람도 죽고, 무명의 사람도 죽는다는 것입니다. '히브리서 9장 27절' '한번 죽는 사람에게 정한 것이요 그 후에는 심판이 있으리니'라고 말씀합니다. 성경은 확실하게 우리 인생들에게 죽음이 있다는 것을 말씀하여 주시고 있습니다. 많은 사람들이 죽음이 실제하지만 자기만큼은 죽지 않을 것처럼 살고 있습니다. 이것이 바로 우리 인생의 어리석음입니다. 우리는 무엇을 분명히 알고 살아야 합니까. '나는 분명히 죽는다.' '죽음은 모든 사람에게 정하신 이치다.'

이것을 알고 살아야 어리석게 살지 않습니다. 만약 부자가 자기도 죽는다는 것을 알았다면 인생을 그렇게 어리석게 살지 않았을 것입니다. 부자는 오늘의 현실만 즐기며 산다는 생각밖에 없었습니다. 물론 우리가 자신만을 위하여 사는 것도 중요하지만, 죽음 후에 들어갈 나라가 있다는 것을 알고 살아야 합니다. 그 나라가 내세의 나라입니다.

부자는 자신만을 위하여 살다가 내세를 전혀 준비하지 않은 채 죽음을 맞이하게 되었습니다. 사람은 언제 죽을지 모릅니다. 천만만년 사는 것이 아닙니다. 영원히 사는 것이 아닙니다. 그러기 때문에 우리는 내세를 잘 예비하고 준비하며 살아야 합니다. 내세를 준비하지 않은 채 죽으면 안 됩니다. 제발 부탁합니다. 내세를 잘 준비하시기 바랍니다.

그러면 우리가 내세를 어떻게 잘 준비해야 합니까. 남에게 더 많은 사랑을 해 주고, 선행을 베풀어 주는 것이 내세를 준비하는 것입니다. 남의 유익을 위하여 봉사하며 사는 것이 내세를 준비하는 삶입니다. 즉 가난한 나사로를 도와줄 여력이 있다면 도와주며 사는 것이 내세를 준비하는 것입니다. 내가 가지고 있는 10개 중에 3개를 남에게 주는 것이 내세를 준비하는 것입니다.

이것만이 꼭 내세를 준비하는 것이라고 말하기는 맞을 수도 있고 안 맞을 수도 있지만 이것이 내세를 준비하는 것임을 믿습니다.

남에게 준 3개가 바로 내세를 준비하는 상급임을 믿습니다. 내가 가지고 있는 소유를 아까워 남에게 3개 마저 주지 않는다면 이 사람은 내세를 준비하지 않는 사람입니다.

이러한 사람에게는 내세에서 받을 상급이 하나도 없습니다.

본 23절 '저가 음부에서 고통 중에 눈을 들어 멀리 아브라함과 그의 품에 있는 나사로를 보고'

부자가 이런 비참한 운명이 될 줄 누가 알았겠습니까. 살아서는 몰랐는데 죽어서 보니까 가난한 자와 부자의 운명이 서로 바뀌게 되었습니다. 인생의 마지막 때는 서로 뒤바뀐 운명이 온다는 것을 알아야 합니다. 거지 나사로는 천사에 받들려 아브라함의 품에 안긴 반면, 부자는 천사들로부터 철저히 외면당한 체 마귀를 위하여 예비된 음부에 떨어지게 되었습니다.

'저가 음부에서 고통 중에 눈을 들어 멀리 아브라함과 그 품에 있는 나사로를 보고' 성경은 분명히 하늘 나라와 음부의 나라가 존재한다고 가르치고 있습니다. 불쌍한 나사로가 하늘 나라에 들어갈 자격을 갖추었기 때문에 들어간 것은 아니었을 것입니다. 하나님의 은혜로 들어간 줄 믿습니다. 본문에서 부자가 아브라함의 품에 안기지 못하고 음부에 떨어진 원인이 어디에 있었습니까. 부자는 가난한 나사로를 충분히 도와줄 여력이 있었지만 자기가 가지고 있는 재산이 아까워 도와주지 않은 바람에 아브라함의 품에 안기지 못한 것입니다. 살아생전에 가난한 나사로에게 부스러기라도 아까워하지 않고 베풀어 주었다면 결코 상을 잃지 않았을 것입니다. 하지만 부자는 부자라서 아브라함의 품에 못 안긴 것이 아니라 부를 잘못 사용했기 때문에 아브라함의 품에 들어가지 못한 것입니다.

우리가 분명히 알아야 할 것은 부자처럼 부를 잘못 사용하면 아브라함의 품에 안길 수 없음을 알아야 합니다. 나사로가 아브라함의 품에 안기어 행복하게 살고 있는 반면에, 부자가 음부에 가서 어떻게 살고 있습니까. 행복하게 살고 있습니까. 행복하게 살기는커녕 불행하게 살고 있습니다. 고통을 받고 있습니다. 음부가 어떤 곳인지 잘 보여 주고 있습니다. 한마디로 고통받는 곳입니다.

성경은 음부를 이렇게 기록하고 있습니다. '마가복음 9장 48-49절'에 '거기는 구더기도 죽지 않고 불도 꺼지지 아니하느니라' '사람마다 불로서 소금 치듯 함을 받으리라'고 말씀합니다. 그런데 희한한 것은 부자 고통 중에 누구를 바라보고 있습니까. 아브라함의 품에 있는 나사로를 보는 것입니다. 이 광경을 본 부자는 무슨 생각을 했겠습니까? 한번 조용히 생각해 보시기 바랍니다. '아 내가 참 잘못 살았구나?' 살아생전에 불쌍한 나사로를 도와주었어야 했는데 도와주지 않은 것을 생각하고 후회했을 것입니다.

그는 자기가 부자로 살아서 이런 고통을 받는 것이 아니라 불쌍한 나사로를 도와주지 않아서 이런 고통을 받는다고 생각했을 것입니다. 물론 나사로를 도와주지 않아서 고통을 받는다고 할 수는 없지만 전혀 무관하지 않다는 것을 성경은 암시해 주시고 있습니다. 우리도 종종 우리의 삶이 힘들고 어려울 때 이런 생각을 하잖아요.

'아 그때 그 형제를 그 자매를 도와주었어야 했는데. 그때 도와주지 않고 외면해서 내가 지금 고통을 받고 있구나.'라고 생각할 때가 많잖아요. 꼭 그래서 고통을 받는 것은 아니지만 다 관련이 있다는 것입니다. 만약 부자가 살아생전에 가난한 나사로를 도와주었다면 어떻게 했겠습니까? 자기가 직접 하나님께 말씀을 안 드리더라도 나사로에게 자랑스럽게 이렇게 말하였을 것입니다. 지금 부자가 나사로를 보고 있으니까 말입니다.

'나사로야, 나사로야' 하면서 자랑스럽게 불렀을 것입니다. 나사로가 가만히 들어 보니 어디서 많이 들었던 목소리입니다. 자나 깨나 들었던 반가운 어르신의 목소리입니다. 나사로는 그 목소리에 살고 죽었기 때문입니다. 나사로는 떨리는 소리로 '네, 어르신님 말씀하세요. 제가 여기 있습니다.' 부자는 큰 소리로 나사로에게 말합니다. 자기가 그동안 나사로에게 인애를 베풀었던 선행에 대해서 말합니다.

'네가 먹을 것이 없을 때에 내가 너에게 먹을 것을 주었고, 네가 옷이 없어 추위에 떨고 있을 때에 내가 너에게 옷을 입혔고, 네가 병들었을 때에 내가 너를 도와주지 않았느냐 너는 알고 있지.' '…네 어르신님. 제가 다 알고 있지요. 모를 리 없습니다. 제가 살아생전에는 어르신의 선행을 갚을 길이 없었는데 이제야 갚을 길이 생겼네요. 내가 내 아브라함의 아버지께 어르신의 선행을 다 말씀을 드리겠습니다. 나의 아브라함 아버지시여. 저 어르신께서 내가 배고플 때에 먹을 것을 주었고 옷이 없어 추울 때에 따뜻한 옷을 입혀 주었고 내가 병들었을 때에 저를 돌봐 주었습니다. 꼭 저 어르신의 선행을 다 갚아 주시기 바랍니다.' 우리가 남에게 베푼 선행이 없어지는 것이 아닙니다. 그대로 남아 있습니다. 마지막 결산의 때에 다 드러나게 되어 있습니다.

나사로의 말을 들어 본 하나님 아버지는 어떻게 나오겠어요. '오? 그래 너의 말을 들어 보니까 과연 너의 어르신이 좋은 일을 많이 하였구나. 저렇게 많은 선행을 베풀었는데 내가 몰라보았구나. 미안하다. 알았다. 그래, 내가 들어간 아브라함의 품에 너의 어르신도 들어가게 하겠다.' 이런 멋진 광경이 연출되지 않겠습니까. 아 그런데 그 부자에게 이런 감동적인 이야기가 없습니다.

사울로서는 천국에 갈 수 없습니다

18. 내가 이 불꽃 가운데서 고민하나이다

누가복음 16:24-28

우리는 본문에 나오는 부자에게서 우리들이 받아야 할 감동의 이야기가 없다는 것입니다. 참으로 충격이 아닐 수 없습니다. 부자로 살 때에는 뭔가 굉장한 사람 같았지만 이렇게 졸부로 살았다니 어이가 없는 것입니다. 자신이 부를 가지고 있었을 때 가난한 나사로를 도와주었더라면 좋았을 것을, 부스러기라도 아까워 베풀지 않았기 때문에 아무런 감동을 받을 수 없는 것입니다.

그러니 부자가 아브라함의 품에 있는 나사로를 보고 무슨 할 말이 있겠습니까. 부자는 도무지 할 말이 없습니다. 부자가 무슨 낯짝으로 나사로에게 말하겠습니까. 입이 천 개라도 할 말이 없습니다. 부자는 누구한테도 하소연할 수 없습니다. 이 얼마나 답답한 일입니까. 자기가 판 무덤에 자기가 들어간 것입니다.

그의 인생은 결국 마지막 날에 모든 것이 허사로 끝나고 만 것입니다. 우리들에게도 이러한 불상사가 일어나지 않도록 살아생전에 좋은 일을 많이 해야 할 줄 믿습니다. 자, 그러면 우리가 본문 말씀을 통하여 유의해야 할 점이 무엇입니까. 사람이 한번 죽고 난 다음에는 다른 기회가 주어지지 않는다는 것입니다. 살아생전에 부자는 선행을 베풀 수 있는 기회를 놓치고 만 것입니다. 죽고 난 다음에는 살아생전에 좋은 일 많이 할 걸 하면서 아무리 후회해도 아무 소용이 없다는 것입니다. 가슴을 치고 통곡한들 기회가 다시 찾아오지 않는다는 것입니다. 남에게 선행을 베풀 수 있는 기회가 다시 돌아오지 않는다는 것입니다.

죽음 후에는 이웃을 도와줄 수 있는 기회가 다시 돌아오지 않는다는 것입니다. 우리가 이러한 측면에서 생각해 볼 때 우리는 살아생전에 참으로 가치 있는 선행의 삶을 살아야 할 줄 믿습니다. 우리가 이렇게 가치 있게 살아야 죽은 후에도 후회하지 않는 것입니다. 그렇다면 우리들에게 부가 있다면 어떻게 사용해야 합니까. 우리가 어려움 당하는 사람들에게 나눠 주고 베풀어 줄 수 있어야 한다는 것입니다.

우리가 이렇게 할 때만이 하늘 나라에 가서 후회하지 않을 수 있습니다. 부 자체는 하나님이 주신 축복입니다. 우리는 부하게 살아야 합니다. 그러나 우리가 부하게 살 때 감당해야 할 사명이 있습니다. 부를 쌓아 놓기만 하면 안 된다는 것입니다. 내가 가진 부를 가난한 이웃에게 나누어 주어야 한다는 것입니다. 물론 우리가 선행을 베풀고 남을 도와주어야 천국에 가고 안 베풀면 지옥에 가는 것은 아닙니다. 하지만 우리가 마땅히 해야 할 인간의 도리는 가난한 이웃을 섬기고 돌보는 일인 것입니다. '디모데전서 6장 17절'에 '내가 이 세대에 악한 자들을 명하여 마음을 높이지 말고 정함이 없는 재물에 소망을 두지 말고 오직 우리에게 모든 것을 후히 주사 누리게 하시는 하나님께 두라'고 말씀합니다. '사도행전 9장 36절'에 보면 욥바에 사는 드로가가 어떻게 살았다고 소개하고 있습니까?

'도르가가 선행과 구제하는 일이 심히 많더니' 바로 상급이 선행과 구제입니다. '사도행전 10장 2절'에 로마 백부장 고넬료를 어떻게 소개하고 있습니까? '그가 경건하여 온 집으로 더불어 하나님을 경외하며 백성을 많이 구제하고 하나님께 항상 기도하더니' '4절' 말씀에 '천사가 가로되 네 기도와 구제가 하나님 앞에 상달하여 기억하신 바 되었으니'라고 말씀합니다. 우리가 남에게 봉사한 선행과 구제를 하나님이 다 기억하시고 있다는 것입니다.

그런즉 지금 우리가 죽고 싶어도 죽으면 안 된다는 것입니다. 천국에 갈 자신이 있으시면 먼저 가서도 됩니다. 그러나 아직 천국 갈 자신감이 없으시면 더 오래 살다가 천국에 가야 하는 것입니다. 우리가 왜 오래 살다가 천국에 가야 합니까? 우리는 우리 이웃에게 좋은 일 더 많이 하시고 천국에 가야 한다는 것입니다. 우리는 하늘에 상급을 많이 저축해 놓으시고 천국에 가셔야 합니다. 우리가 이 땅에서 상급을 쌓지 아니하고 천국에 가는 일이 없기를 바랍니다. 우리가 이 땅에서 상급을 많이 쌓지 아니하고 천국에 가면 우리를 환영해 줄까요? 환영받을 자신이 있습니까? 아니면 칭찬은커녕 야단을 맞겠습니까? 선행도 하나 안 했는데 환영해 줄 리 없습니다. 야단 맞습니다. 버림을 받습니다. 이것뿐만 아니라 이 땅에서 우리가 상급을 많이 쌓지 못하면 하늘 나라에 가서도 받을 상급이 없습니다.

우리는 이 땅에서 상급을 많이 쌓고 두고 가야 천국에 가서도 상급을 받을 수 있는 것입니다. 사도 바울은 '디모데전서 6장 18절'에 '선한 일을 행하고 선한 사업에 부하고 나눠 주기를 좋아하며 동정하는 자가 되라'고 말씀합니다. 그러므로 우리가 이 땅에서 더 오래 살아야 할 목적이 여기에 있습니다. 우리는 우리 인생을 허랑방탕하게 살기 위해서, 자신의 쾌락을 즐기기 위해서 오래 살고자 하는 것이 아닙니다. 이 세상에서 우리가 좀 더 하나님의 영광을 위하여 보람되고 가치 있는 삶을 살기 위해서 오래 살고자 하는 것입니다. 남에게 더 많은 봉사와 선행을 하기 위해서 오래 살고자 하는 것입니다. 그래야만 우리가 천국에 간다는 보장은 없지만 최소한 우리가 천국에 가서도 야단은 맞지 않지요. 우리가 천국에 가서 주님으로부터 칭찬을 받는 것은 이 땅에서 우리가 얼마나 남을 위해서 봉사와 희생을 많이 했느냐에 달려 있는 줄 믿습니다. 이것이 바로 우리가 천국에 가서 칭찬받을 수 있는 재산인 것입니다. 하나님의 품에 안길 수 있는 비결은 하나님을 잘 믿고 남에게 선행을 베풀고 섬기는 데 있음을 믿습니다. '디모데전서 6장 19절'에 '이것이 장래에 자기를 위하여 좋은 터를 쌓아 참된 생명을 취하는 것이라'고 말씀합니다.

> 본 24-25절 '불러 가로되 아버지 아브라함이여 나를 긍휼히 여기사 나사로를 보내어 그 손가락 끝에 물을 찍어 내 혀를 서늘하게 하소서 내가 이 불꽃 가운데서 고민하나이다' '아브라함이 가로되 애 너는 살았을 때에 네 좋은 것을 받았고 나사로는 고난을 받았으니 이것을 기억하라 이제 저는 여기서 위로를 받고 너는 고민을 받느니라'

사울로서는 천국에 갈 수 없습니다

부자는 어느 날 졸지에 죽고 말았습니다. 이것이 바로 우리 인생의 운명인 것입니다. 그런데 우리 인생이 죽으면 그것으로 끝나지 않는다는 것입니다.

인생의 죽음 뒤에 새로운 세계가 있다는 것입니다. 예수님이 본 비유의 말씀을 하신 것도 천국과 음부의 세계가 있다는 것을 가르쳐 주시기 위해서였습니다. 그러면 부자가 죽고 난 다음 어디로 들어갔습니까? 나사로는 아브라함의 품에, 부자는 음부의 세계에 떨어져 고통을 받고 있습니다. 서로 뒤바뀐 운명이 되어 버리고 만 것입니다.

나사로는 좋은 나라에 들어갔습니다. 반면에 부자는 고통받는 음부의 나라에 들어가게 된 것입니다. 부자도 당연히 나사로처럼 아브라함의 품에 들어가고 싶었지만 좋은 나라에 들어가지 못한 것입니다. 부자는 좋은 나라와는 전혀 다른 음부의 나라에 들어가게 된 것입니다. 누가 음부의 나라에 들어가고 싶은 사람이 어디 있겠습니까? 꿈에서라도 들어가고 싶지 않을 것입니다. 그렇다면 음부의 나라가 어떤 곳인데 우리가 들어가지 말아야 합니까? '불러 가로되 아버지 아브라함이여 나를 긍휼히 여기사 나사로를 보내어 그 손가락 끝에 물을 찍어 내 혀를 서늘하게 하소서 내가 이 불꽃 가운데서 고민하나이다'

'아브라함이 가로되 애 너는 살았을 때에 네 좋은 것을 받았고 나사로는 고난을 받았으니 이것을 기억하라 이제 저는 여기서 위로를 받고 너는 고민을 받느니라'고 말씀합니다. 음부의 나라가 이런 곳이라는 것입니다. 목이 타 들어가도 물 한 방울 마실 수 없는 곳이 음부라는 것입니다. 음부는 불꽃 가운데 고통을 받는 곳이라는 것입니다. 음부가 이렇게 무서운 곳이므로 우리는 절대로 음부에 들어가지 말아야 하는 것입니다.

예수님은 본 절에서 천국과 음부를 비교하시면서 어떤 차이점을 주는지 가르쳐 주시고 있습니다. 나사로가 들어간 아브라함의 나라는 보상해 주는 나라요, 부자가 들어간 음부의 나라는 고통받는 나라라는 것입니다. 음부의 나라는 위로해 주고 갚아주는 나라가 아닙니다. 징벌받는 나라요 저주받는 나라인 것입니다. 그러면 부자가 아브라함의 품에 안기지 못하고 음부에 들어간 이유가 어디에 있었습니까? 단지 부자라서 천국에 못 가고 음부에 들어간 것이 아닙니다, 부자로서 마땅히 지켜야 할 도리를 지키지 못해서 천국에 못 들어간 것입니다. 그런즉 우리가 남보다 많은 것을 가지고 있다면 남을 위하여 봉사할 수 있어야 하는 것입니다.

인생으로서 이웃에 대한 책임을 감당해야 한다는 것입니다. 자기보다 가난하고 약한 사람들을 돌보고 섬겨 주는 일이 인생으로서 감당해야 할 사명이라는 것입니다. 부자에게 국가를 책임지라는 것이 아닙니다. 국가는 국가가 책임지니까요. 지금 부자가 해야 할 일은 자기 대문 앞에 앉아 누워 있는 나사로를 돌보는 일이었습니다. 그런데 부자는 가난한 자를 돌보는 일에 책임을 감당하지 못했습니다. 이웃에 대한 책임을 망각하고 자신만을 위하여 산 것입니다. 그렇다면 부자가 잘살기 위해서 어떻게 살았어야 했을까요? 궁핍하고 소외된 사람들에게 자신의 재물을 나눠 주는 생활을 살았어야 했습니다. 자기가 가지고 있는 부를 잘 사용하며 살았어야 했습니다. 우리는 우리의 부를 잘 사용하고 잘 살아야 할

줄 믿습니다. 그런데 우리가 가지고 있는 부를 잘 사용하지 아니하고 잘
못 사용하면 천국에 들어갈 수 있을까요. 들어갈 수 없습니다. 부를 잘
사용해야 천국에 들어갈 수 있는 것입니다. 물질을 잘 사용한 사람은 천
국에서 환영을 받을 수 있습니다. 반대로 물질을 잘 사용하지 못한 사람
은 천국에서 환영받을 수 없습니다. 천국에서 환영받기는커녕 문전박
대를 당하고 마는 것입니다. 천국에서 환영해 주고 맞이해 줄 사람이 없
습니다. 천국에서 영접해 줄 사람이 아무도 없습니다. 물질을 잘 사용한
사람만 천국에 들어가 환영받을 수 있습니다.

하나님은 물질을 잘 사용한 사람들에게 천국 잔치에 참여할 수 있도록
초대장을 보낼 것입니다. 아직까지 초대장이 없는 사람들은 초대장을
받기 위하여 물질을 잘 사용하시기 바랍니다. 이미 초대장은 발송되었
습니다. 그러나 천국 잔치에 참석할 있도록 초대장을 받지 못했다면 큰
일입니다. 물질을 잘못 사용한 결과입니다. 우리의 이름이 생명책에 기
록해 놓지 않았다는 것을 알아야 합니다. 생명책에 이름이 기록되지 않
았는데 초대장을 발송할 리 없습니다. 생명책에 이름이 기록된 자에게
만 초대장을 발송하여 천국 잔치에 참석하게 한 것입니다. 아무튼 천국
잔치에 초대받지 못한 사람이 없기를 바랍니다. 천국 잔치에 초대받지
못한 사람처럼 비극적인 일도 없습니다. 우리가 천국 잔치에 초대받지
못해도 무방하다고 생각하시면 안 됩니다. 천국 잔치에 초대받지 못하
면 어디로 가실 건데요? 천국 잔치에 참석하지 못하고 가실 나라가 있습
니까? 착각하지 마시기 바랍니다. 갈 나라가 아무 데도 없습니다. 지옥
밖에 갈 곳이 없습니다. 우리가 천국에 못 가면 지옥에 가야 하는 것입니

다. 우리 인생은 영원히 사는 것이 아니라 잠깐 살다가 죽는 것입니다. 우리 인생은 반드시 죽는다는 것입니다. 하나님이 우리 각자에게 허용해 주시는 시간 안에서만 살다가 하나님께 돌아가야 하는 것이 우리 인생인 것입니다. '창세기 3장 19절'에 '흙으로 돌아가라 필경은 흙으로 돌아가리니 그 속에서 네가 취함을 입었음으리라'고 말씀합니다.

이것이 우리 인생인 것입니다. 우리 인생의 본질을 흙입니다. 하나님은 흙으로 우리 인생은 만들었습니다. 흙에서 취함을 받았기 때문에 흙으로 돌아가는 것이 이치라는 것입니다.

'전도서 7장 21절'에 '초상집에 가는 것이 잔치 집에 가는 것보다 나으니 모든 사람이 결국 이와 같이 됨이라'고 말씀합니다. 그러므로 모든 인간들은 필경은 죽는다는 것을 알고 사는 것이 지혜인 것입니다. 인생이 죽는다는 것을 모르고 사는 것처럼 어리석은 인간도 없습니다. 우리 인생은 죽는 것으로 끝나는 것이 아니라 하나님의 심판을 받아야 한다는 것입니다. 우리는 심판의 결과에 따라서 가야 할 나라가 있다는 것입니다.

천국과 지옥의 나라로 가야 한다는 것입니다. 천국에 가는 사람과 지옥에 가는 사람이 있다는 것입니다. 천국에 갈 사람과 지옥에 갈 사람을 하나님이 결정해 주신다는 것입니다.

이것 때문에 우리는 살아생전에 하나님을 잘 믿고 살아야 하는 것입니다. '시편 119편 9절'에 '청년이 무엇으로 그 행실을 깨끗케 하리이까' 우리는 주의 말씀을 따라 몸과 마음을 지키며 살아가야 한다는 것입니다. 우리는 주의 말씀을 따라 살지 아니하면 잘 산다고 할 수 없습니다.

우리가 부자처럼 사는 것은 잘못 사는 것입니다. 부자는 자신의 재물을 가지고 어려운 이웃을 위하여 살지 않았기 때문에 잘못 산 것입니다. 이처럼 우리가 영적인 세계를 안다는 것이 얼마나 큰 축복입니까. 부자가 영적인 세계를 전혀 알지 못했기 때문에 그저 먹고 마시고 인생을 즐기며 산 것입니다. 부자는 늦게서야 영적인 세계를 알게 된 것입니다.

그리하여 '아버지 아브라함이여 나를 긍휼히 여기사 나사로를 보내어 그 손가락 끝에 물을 찍어 내 혀를 서늘하게 하소서 내가 이 불꽃 가운데서 고민하나이다'라고 탄식하며 구원받게 해 달라고 하였습니다. 하나님은 그 부자에게 뭐라고 말씀합니까. '아브라함이 가로되 얘 너는 살았을 때에 네 좋은 것을 받았고 나사로는 고난을 받았으니 이것을 기억하라 이제 저는 여기서 위로를 받고 너는 고민을 받느니라'고 말씀합니다.

본 26절 '이뿐 아니라 너희와 우리 사이에 큰 구렁이 끼어
있어 여기서 너희에게 건너가고자 하되 할 수 없고 거기서
우리에게 건너 올 수도 없게 하였느니라'

참으로 충격적인 말씀이 아닐 수 없습니다. 본문 말씀은 우리가 왜 믿음으로 살아야 하는지 그 단서를 알려 주시고 있습니다. 천국과 음부 사이에는 큰 구렁이 끼어 있다는 것입니다. 큰 구렁이가 끼어 있다는 것은 '천국에서 음부로 건너갈 수도 없고, 음부에서 천국으로 건너올 수도 없다'는 말씀입니다. 이것은 진리인 것입니다. 본 말씀은 우리 인생들에게 섣불리 살아서는 안된다는 것을 경고해 준 말씀인 것입니다. 우리가 아무렇게나 살아서는 안 된다는 충고의 말씀인 것입니다. 우리 나라에 남과 북 38선이 가로막고 있어서 남에서 북으로 건너갈 수 없고, 북쪽에서 남쪽으로 함부로 넘어올 수 없습니다. 하지만 38선이 아무리 견고하게 가로막혀 있더라도 마음만 먹으면 남쪽에서 북쪽으로 넘어갈 수 있고, 북쪽에서 남쪽으로 넘어올 수 있습니다. 세상 법정에서 판사가 판결을 내리면 그 형을 받아야 합니다. 그러나 항소하여 형을 줄일 수 있습니다. 하지만 천국과 음부 사이에는 큰 구렁이 끼어 있어서 천국에서 음부로 갈 수 없고 음부에서 천국으로 건너갈 수 없다는 것입니다.

> 본 27-28절 '가로되 그러면 구하노니 아버지여 나사로를
> 내 아버지의 집에 보내소서'
> '내 형제 다섯이 있으니 저희에게 증거하게 하여 저희로
> 이 고통 받는 곳에 오지 않게 하소서'

부자에게 다른 형제가 있었는데 나사로를 보내어 나사로가 간 나라와 자기가 간 나라를 말하게 하여 이 고통받는 곳에 오지 않게 해 달라는 요청을 하고 있습니다. 부자는 깨달아도 너무 늦게 깨달았습니다. 부자는 깨달았지만 기회를 놓치고 만 것입니다. 우리는 부자처럼 이 세상에 살면서 기회를 놓치지 않도록 믿음 생활을 잘 살아야 할 줄 믿습니다. 우리가 저세상에 가서는 믿음 생활을 잘할 수 있는 기회가 한 번 더 허용되지 않는다는 것입니다. 잘 살 수 있는 기회가 이 땅에서만 주어진다는 것입니다. 그러므로 우리는 한번 주어진 기회를 놓치지 말아야 하겠습니다.

두 번 다시 기회가 주어지지 않습니다. 그렇다면 우리가 이제부터라도 기회를 놓치지 않기 위해서 해야 할 일이 무엇입니까. 우리는 우리 자신들이 하나님을 잘 믿고 살 뿐만 아니라 하나님을 믿지 않는 자들에게 복음을 전해서 하나님께 돌아와 구원을 받게 해야 한다는 것입니다. 이 거룩한 일보다 더 시급한 일도 없고 다급히 해야 할 일도 없습니다. 우리가 연일을 제쳐 놓고 신속하게 해야 할 일은 전도하는 일이요 예수 그리스도의 복음을 전파하는 일입니다. 그리하여 죽어 가는 영혼을 살려야 하는 것입니다. 예수 그리스도를 믿고 구원받아 고통받는 지옥에 들어가지 않도록 해야 하는 것입니다.

우리가 결국 들어가서는 안 될 곳이기에 나사로의 증거를 듣고 허랑방탕한 삶에서 돌이키기를 원했습니다. 부자는 나사로가 형제들에게 가서 이렇게 말해 주기를 원했습니다. '아우님들 형님이 어느 곳에 간지나 아세요? 좋은 나라에 들어가지 못하고 너무나 고통받는 곳에 가 있소. 그러니 도련님들 제발 부탁하니 이제라도 허랑방탕한 생활을 청산하고 하나님께 돌아와 주님의 뜻대로 살 수 있도록 형님이 저에게 부탁했소. 도련님들은 제가 이 땅에서 어떻게 살았는지 알고 있지 않소. 저는 지금 너무 행복한 나라에 들어가서 행복하게 살고 있소.' 나사로가 받은 축복을 보고 형제들이 변화받기를 원해서 아버지께 간청을 한 것입니다. 나사로를 내 아버지 집에 보내어 이 고통받는 곳에 오지 않도록 했으면 좋겠다는 마음에서였습니다. 부자는 살아서는 몰랐는데 죽어서 겪어 보니 이제야 깨닫게 된 것입니다. 고통 받는 곳에는 절대로 와서는 안 된다는 것을 알게 되었습니다. 우리가 절대로 들어가지 말아야 할 곳이 있습니다. 부자가 들어갔던 고통받는 나라요 음부의 나라요 지옥입니다. 우리는 이곳에 절대로 들어가면 안 됩니다. 부자가 하나님께 이렇게 호소하자 뭐라고 말합니까. '너는 네 좋은 것을 받았고'라고 말씀합니다. 맞잖아요. 부자로 살 때 즐길 것 다 즐기고, 좋은 것은 다 차지하고 살았잖아요.

> 본 29-30절 '아브라함이 가로되 저희에게 모세와 선지자들이 있으니 그들에게 들을지니라'
> '가로되 그렇지 아니하니라 아버지 아브라함이여 만일 죽은 저에게서 저희에게 가는 자가 있으면 회개하리이다'

아브라함은 저희에게 모세와 선지자들이 있으니 그들에게 들으라고 말합니까? 하나님은 이미 나사로보다 더 확실한 증거들을 모세와 선지자를 통해 전해 주었습니다. 그러자 부자는 그렇지 아니하다고 말합니다. '죽은 자가 저희에게 가는 자가 있으면 회개하리이다.' 부자의 말이 그럴싸합니다. 아브라함의 말처럼 모세와 선지자들이 전한 복음을 믿지 아니하면 죽은 나사로가 살아서 그들에게 증거하면 회개할 거라는 논리는 맞지 않습니다. 우리의 생각이 틀렸음을 알려 주시고 있습니다.

> 본 31절 '가로되 모세와 선지자들에게 듣지 아니하면 비록 죽은 자 가운데서 살아나는 자가 있을지라도 권함을 받지 아니하리라 하였다 하시니라'

모세와 선지자들이 전해 준 증거를 믿지 않으면 죽은 나사로가 살아서 그들에게 증거한다고 하더라도 믿지 않을 거라는 것입니다. 죽은 나사로가 아무리 말해도 결코 회개하지 않을 것입니다. 오늘날도 마찬가지입니다. 하나님이 세우신 주의 종들이 전하는 말씀을 듣지 않는다면 죽은 사람이 살아나서 증거한다면 과연 사람들은 믿을까요. 사람들은 믿지 않을 것입니다. 사람들이 믿었는지 안 믿었는지 어떻게 알 수 있습니까. 요한복음 11장에서 보면 나사로가 죽음에서 살아났을 때 믿은 사람도 있었지만, 믿지 않은 사람도 있었습니다. 오늘날 주의 종들이 전하는 복음은 하나님 말씀입니다. 하나님을 잘 믿어야 할 줄 믿습니다.

사울로서는
천국에 갈 수 없습니다

ⓒ 미가엘 선교회, 2024

초판 1쇄 발행 2024년 4월 16일

지은이	미가엘 선교회
펴낸이	이기봉
편집	좋은땅 편집팀
펴낸곳	도서출판 좋은땅
주소	서울특별시 마포구 양화로12길 26 지월드빌딩 (서교동 395-7)
전화	02)374-8616~7
팩스	02)374-8614
이메일	gworldbook@naver.com
홈페이지	www.g-world.co.kr

ISBN   979-11-388-2975-5 (03230)